中国传播学评论 第十一辑

算法城市

Chinese Communication Studies Review

潘霁 主编

中国传媒大学 出版社

·北京·

主办单位：复旦大学信息与传播研究中心

集刊主编：孙 玮
本辑主编：潘 霁

———————— 编辑部 ————————

编辑部主任：周海晏
编辑部成员：李梦颖　廖鹏然　程陶然

序言　用算法打开城市

◎ 潘　霁

算法融入城市，人类现代文明的新形态正在涌现出来。

城市成为人类现代文明的主导形态。地球整体也逐渐进化为"都市星球"。城市是多元性元素汇聚共存形成的：熙熙攘攘的人群、各种模态的象征符号和大量实物商品，在更大的范围，以液态的时空参数，发生着反复的邂逅与交汇。其中规则有迹可循，随着转型，也在不断发生变化。

在人类文明发展的漫漫长河中，类似的规则程序有宗教律令、家族宗法、国家法律、市场规律和文化制度等。传统的规则多基于个人意向，从人与人反复的互动关系产生出来。规则一旦形成，就会反过来影响交往，形成有意义的社会结构。这些规则以口口相传、文案或者模拟影音的方式存在，生成相对集中的权威中心。社会结构在形式上的固化束缚了个体勃勃的生命力，同时又生产了意义、身份，为超越结构创造了基本前提[1]。而规则的制定与具体实现不可避免地存在差异。两方面的张力为学者展开社会批判和反思实践奠定了基础。

时至数字时代，算法成为人类文明发展中新出现的自动化规则制定者。从技术角度来看，算法常被界定为由计算机设定的一系列数码形态的规则流程，它通过输入和输出来自动地解决特定问题[2]。在输入、输出程式化的实际运作间，算法能实时连接城市生活各个方面的大数据（可感知和不可感知的数据）、无处不在的空间传感器网络和大都市日益膨胀的运算分析系统。算法非人非神，但会依靠与数据和算力的连接，先发制人，主动行动，甚至自发地制定各种切实影响人们命运际遇的规则。事实上，算法在其程序的句法中已经包含了令特定程序规则的实现成为可能的命令结

---

[1] 特斯特.后现代性下的生命与多重时间[M].李康,译.北京：北京大学出版社,2010.
[2] TARLETON G, PABLO B, KIRSTEN F. Media technologies[M]. Cambridge：MIT Press, 2014.

构①。程序句法的自动运行,勾连数字技术、社会文化和自然环境。我们有意或无意地卷入算法城市的筑造,并栖居于其四处弥散的规定中。当算法逐渐变为数字城市核心的基础设施,系统自动化的运行开始越来越多地直接介入城市的问题,并主动提供各种现成可用的解决步骤和解决路径(至少也是解决步骤的选项)②。作为后果,算法渗入数字城市日常生活各个方面——银行贷款发放过程、就业求职的流程、交通管理的方式,甚至我们对外界环境的感知结构。由算法设定的规则流程与其他原有形态的规则共同发挥作用,塑造了数字城市的日常生活,个人的主体身份,乃至各类"资源"的界定、分布和流转。按加洛韦的说法,算法很大程度上是理解21世纪现代城市文明绝佳的隐喻和抓手③。

算法在驱动城市文明的运作中,呈现不少独特之处。

首先,算法指向非人行动者的自动运作。其形态的固化和对个体生命力的束缚更多采取"技术无意识"的形式。算法作为制定规则的自动化驱力不具有人类行动者的意向性和主体性;算法技术被认为涉及艰深的专业知识;而算法在运行中又常常是不可见的。于是,算法驱动伦理责任的分配和权力关系的形成也就更为弥散和隐蔽。算法对社科研究者而言仿佛成了密不透光的"黑盒子"。为打开算法技术的"黑盒子",不少算法研究力图以各种方法"复盘"复杂的算法公式。算法被设定为固定于斯且等待被揭露的神秘存在(即待复的盘)。仿佛忠实复盘"真实的算法"便自然能理解算法神秘的"真面目"。但大多数复盘的努力都遭遇了挫败。对此,布赫曾明确地提出现代媒介平台上的算法并非固定于斯而有待揭开的"黑盒子"④。相反,算法更具有传播"事件"的属性。言下之意,算法通常是在对原有时空惯例偶发性的打破中显现出来的。这样的界定推翻了对算法本质主义实体论的假设。相反,算法卷入动态过程、多样化实践和多重关系,并于其实际运作中形成、构成规则并成就自身。如此,学者应积极探寻算法研究的"第三条道路"。将算法视为动态的传播过程和沟通事件,更便于打开新的研究思路。研究将算法规则聚集在复杂的实现过程中,通过与既有知识形态、日常实践、具体的政治和文化生态发生交融。与其费劲地"复盘",研究者也许更应敏感地捕捉算法驱动下各种表象的动态,通过观察城市不同系统间经算法规则形成的反复连接,批判和反思算法技术运行的神秘实在。"祛魅"算法方有可能"超越"既

---

① GOFFEY A."Algorithm."in software studies:a lexicon[M]. Cambridge:MIT Press,2008.
② SEAVER N."Knowing algorithms."media in transition 8[EB/OL].(2013-08-01)[2014-08-21]. http://nickseaver.net/papers/seaverMiT8.pdf.
③ GALLOWAY A R. Gaming:essays on algorithmic culture[M]. Minneapolis:University of Minnesota Press,2006.
④ BUCHER T."Want to be on the top?"algorithmic power and the threat of invisibility on Facebook[J]. New Media and Society,2012,14(7):1164-1180.

有的算法规则。

其次,算法规则在不可避免的形式固化过程中,兼具较强的生成性。在显现和运行方式上,算法作为数字程序与口头和书写方式的传统规则不同。算法程序驱动的规则在与人的交互中,以个性化方式实时生成。它的生成和固化之间蕴含着数字媒介特有的暧昧属性①。事实上,算法程序的每次运行大都包含了城市异质性汇流网络中的各类行动者,以及连接彼此的步骤。程序的句法结构通常兼容规则的不断递归调整,并在每一次反复实现中机缘巧合出现差异(甚至是算法错误)。在2019年,复旦大学信息与传播中心、巴黎政治大学和伦敦国王学院合作举办的"算法追责"国际工作坊中,我们曾引用这个例子:警察在城市街道的巡逻执勤大体上需遵守警察行为条例中的明文规定。规定常涉及对执勤对象的界定方式(违法犯罪分子或普通市民),不同行动者之间的关系(训诫或保护)的生成及认定。而在每一次的具体街面情境中,执行警察的行为条例却又有无法复制的特性,具有"街面智慧"。

最后,算法并非是对世界规范化的客观"再现"。与之前诸多应然"再现"式的技术不同,算法往往依靠数据和强大的算力,通过先发制人的自主行动,创造新的城市感官体验结构。事实上,一方面,算法驱动将构成城市的异质沟通系统彼此连接,形成具有特定审美体验和文化意味的情境。特定算法的中介逻辑一旦形成,便在连接城市物流网络、文化符号系统和社会网络的时空参数上展现独立性。在算法情境的运行中,数字化的时空尺度产生与其他情境类型的差异。换而言之,算法散去,情境也就荡然无存。算法情境的独立运作具备了相对个人的优先地位。另一方面,维贝克等人在讨论自动技术的主体性问题时,曾提出将人类行动者和数字技术的复合体作为算法行动和伦理决策的主体②。人与技术的融合构成算法基本的行动单位。当技术被卷入不同的行动者网络,与其他行动者建立不同的关系,就会形成不同的技术,产生迥异的含义。由此可见,尽管算法常被描述为应用理性和计算逻辑的终极形态,但其成功的运行却常常取决于算法本身对"人类行为和意义的敏感程度"③。要避免就算法论算法,算法城市的研究有必要将算法置于具体的日常生活场景中详加探讨。

因此,复旦大学信息与传播中心推出本辑,意为算法城市方面的研究提供新的经验和思想养料,进而给数字时代传播学科在理论和方法上的探索打开一个不同

---

① 麦夸尔.地理媒介:网络化城市与公共空间的未来[M].潘霁,译.上海:复旦大学出版社,2019.
② VERBEEK P P. What things do: philosophical reflections on technology, agency and design[M]. Pennsylvania: Penn State University Press, 2005.
③ SEAVER N. Knowing algorithms. media in transition 8[EB/OL]. (2013-08-01)[2014-08-21]. http://nickseaver.net/papers/seaverMiT8.pdf.

的思路。

本辑的内容大概指向三方面的问题。第一,算法是什么。与算法的定义相关,算法的研究方法(论)会出现变化,其中牵涉算法技术的认识论与方法论,关于人类主体性的反思和对全球智能城市场景的反思等维度。第二,重新理解算法对重塑城市日常生活的重要意义。一方面,算法本身会按自身程序设定的规则对构成城市的人、符号和物流进行定义辨认和连接融通。日常生活中,受算法驱动的辨识连接本身便具有深刻的政治和文化意义。譬如,基于西方的种族平等问题,桑德维格等人曾分析发现惠普公司推出的照片识别算法不能将黑人识别为"人类"[1]。另一方面,城市的日常也成为实现和"超越"算法最为重要的场域。被卷入算法复杂运作中的人们,往往通过个人每天惯常的话语行为和反复的实践为算法生产出与工程师设计原意不同的含义,催生新的"街面算法智慧"。第三,算法如何设定我们对城市的审美和感知。算法程序与媒介技术结合,重新编织了我们对城市的文化审美和身体感知。由此,市民对城市空间的权力主张,人与城市间的"栖居"关系,乃至城市本身作为多种体验汇流节点的涌现和湮灭方式都出现了极大的改变。

据此,本辑的内容总共分为以下四个部分。

本辑的第一部分是算法的力量。所录文章主要选译自《Information, Communication & Society》期刊的2017年第20辑的第一期。这期是聚焦如何从社会科学的视角展开算法研究的专刊。期刊之所以设此专刊,不仅在于算法运行在社会权力的生成中正发挥越来越重要的作用,而且围绕算法的概念,普通人对算法的日常想象,乃至与算法相关的观念理念对于推动特定的社会秩序都产生了深远的影响。对比之下,从社会科学角度探索算法的研究路径,仍犹抱琵琶半遮面。在社会科学研究者中,对于什么是算法,如何可以获得关于算法运行的有效知识等基本问题,都存在着比较大的争议。故而,期刊邀请了算法研究领域主要的社会科学学者和人文学者,从不同的视角切入,参与对算法研究的集中讨论。通过分享不同的见解,揭示和梳理现有算法考察在理论取向和方法论上可能的路径,推动相关的思考与研究。本辑从这一期专刊中选择性地翻译了四篇文章,选择标准主要有三个方面:其一,要对全球学术界围绕算法的社会科学研究,从方法和路径上提供带有反思色彩的概览;其二,要充分展现从不同的进路展开算法城市研究的可能性;其三,要突出将算法与城市普通居民的日常生活实践勾连起来展开研究,通过日常发生的变化,揭示算法城市中行动主体在性质上的变化,人与

---

[1] SANDVIG C, KEVIN H, KARRIE K, et al. An algorithm audit[M]. Washington, D.C.: New America Foundation, 2014.

技术之间更为复杂的关联,乃至现代人类文明未来可能的发展方向。

本辑的第二部分由五篇探讨算法数字技术与城市关系的原创论文组成。对此有兴趣的读者,可以据此大体了解该领域从传播学、哲学、建筑学、城市规划学等诸多角度呈现的面貌和趋向。复旦大学信息与传播研究中心的潘霁尝试在人的尺度之外,将媒介沟通系统生生不息的可持续运作视为算法伦理的基石,提出媒介沟通系统运作本身要求"融通共生"作为调和人与技术关系的伦理基础。"融通共生"原则在个性推荐、资源分配和认同建立等算法伦理的热点领域形成不同的具体表达。毕业于伦敦国王学院数字人文专业的李梦颖,基于对当下社交机器人研究的梳理,展开了原创性的反思。她提出要打破自动程序和人类行动者之间"去伪存真"真假两元对立的迷思,通过对社交机器人的研究,更好地理解平台技术和商业逻辑,揭示人机交互的发展趋势。同济大学建筑与城市规划专业的钮心毅和刘思涵利用移动互联网定位的百度迁徙数据,从城市空间关联角度提出通过城际人员流动网络的时空特征,可以深入理解我国中心城市在数字时代具有的传播力。复旦大学信息与传播研究中心的周海晏指出,无人机航拍短视频拍摄对城市形象的建构属于新的"第四级仿象"生产方式——"仿生之城",它强调技术系统的驱动作用,通过抖音等平台的算法技术系统对航拍短视频进行仿象再生产,从而重新建构城市形象。最后,中国科协—复旦大学科技伦理与人类未来研究院、复旦大学哲学学院的杨庆峰提出,在城市多元差异的汇流中,自然物、文化物与历史物是城市中不在场之物的外在表征,通过将不在场之物的表征引入城市在场之物,会产生城市记忆叠加,实现城市与自然、文化和历史的融合。五篇文章的视野各有千秋,采用的理论和方法资源也不尽相同。希望这组从不同角度探讨数字技术与城市关联的文章,能获得跨学科同道们的指点并激发进一步的讨论,产生新的研究议题。

本辑的第三部分是复旦大学信息与传播研究中心的"切问近思半月谈"沙龙的相关成果。"切问近思半月谈"以凸显思想性、前沿性为宗旨,邀请跨学科专家学者或业界精英,围绕"新媒体与新思想""城市传播""新报刊史"等主题展开对话,以促进传播学研究的创新与发展。本辑刊出的内容中,黄旦从思考的基点和媒体在多重网络运作两个角度阐述了对媒介融合新的理解;孙玮从感觉和感官视角切入,反思媒介研究,提出人和媒体相互融合生成新的主体;克莱默尔探索建构"媒介信使理论",提出媒介的核心任务是将相异之物联系起来,从而令相异者间的交流成为可能;最后一篇是潘霁从口罩研究入手对媒介研究概念和方法的反思。为节省篇幅,这一部分的全部内容以荟萃的形式呈现,但仍尽可能保留了主讲者在沙龙活动中的即时表达,以便读者捕捉主讲者的思想火花和心路历程。每篇的标题后都标注了沙龙实际举办的日期,以便感兴趣的读者至复旦大学信息与传播研究中心的微信公众号查询相关内容。

本辑的最后一个部分是一组围绕算法技术与城市日常生活的调研报告。近几年,为了更清晰地了解算法系统的运作对城市日常的实际影响,复旦大学信息与传播研究中心的师生共同完成了一系列的实地经验调研,撰写了比较详尽的调查报告。本辑包含的几篇调研报告内容涉及蚂蚁森林的算法运作,普通市民对平台推荐算法的想象,城市快递骑手在算法技术系统中日常的传播实践,以及抖音算法生成的城市形象与市民对城市认知的关系等几个不同方面。经验调研与专辑的理论探讨相映成趣,希望能帮助大家了解数字技术,开展学术讨论。

目 录

第一部分 算法的力量

算法的社会权力 .... 大卫·比尔 著 曲惠宇 译 / 3
算法与日常 .... 米歇尔·威尔森 著 王敏燕 译 / 14
算法想象:探究脸书算法的日常影响 .... 泰纳·布赫 著 王 政 译 / 28
算法的批判思考与研究 .... 罗博·基钦 著 王 政 黄立鹤 译 / 43

第二部分 算法、数据与城市

融通共生:从媒介系统运作出发反思算法伦理 .... 潘 霁 / 67
超越"去伪存真":对当下社交机器人研究视角的反思 .... 李梦颖 / 77
基于百度迁徙数据的城际人员流动网络研究 .... 钮心毅 刘思涵 / 88
从"仿真之城"到"仿生之城":上海航拍短视频的"第四级仿象"生产 .... 周海晏 / 99
数据技术、城市隔离与记忆叠加 .... 杨庆峰 / 110

第三部分 "切问近思半月谈"沙龙荟萃

"融"而不"合":媒介卷叠千重网——媒介融合再思(2020年5月29日)
.... 黄 旦 / 123
"环球同此凉热"——人类感官的媒介再造(2020年5月29日) 孙 玮 / 129
实践的媒介哲学:信使模式——为什么连接和传输很重要(2020年11月20日)
.... 克莱默尔 / 134
口罩:城市重要的技术人造物和象征符号(2020年6月24日) 潘 霁 / 144

第四部分　算法生活调研报告

作为算法的"蚂蚁森林":与数据化低碳生活共舞　　　　　　　　林珺瑶　/ 153
我们何以"想象"算法？——抖音推荐系统的用户理解与互动　　　马云逸　/ 167
外卖员的算法实践与城市生活　　　　　　　　　　　　　　　　赵　迪　/ 185
算法短视频平台的城市意象:抖音重庆的构建　　　　　　　　　蔡世骄　/ 193

第一部分
算法的力量

算法的社会权力

◎ 大卫·比尔 著

曲惠宇 译

摘要:本文研究了算法的社会权力问题。从社会科学角度出发对算法进行了研究。文章分为两部分:第一部分,探讨了算法自身的权力,概述了算法的功能以及如何在社会中借助算法权力来实现这些功能;第二部分,重点介绍了算法的"概念化"。作者提出应将算法视为一种超出技术和物质的存在,研究算法概念所具有的潜在权力。在这一节,文章建议我们将算法概念视为更广泛的理性范畴及看待世界的方式。探索算法的概念能帮助我们了解算法在社会治理中的作用,包括算法对客观性计算研究的作用以及算法概念对政府治理的推动。

关键词:算法;权力;大数据;福柯;软件;编程

美国电视剧《Casual》(2016)让观众认识了亚历克斯。他是一个痴迷算法,却又对其不再抱有幻想的互联网企业家。我们发现亚历克斯创建的算法是他的线上约会公司——斯诺格取得巨大成功的关键。亚历克斯早已过着一种近乎颓废和奢侈的生活,但他仍不断调整和改动该算法,使其完善,并改进其功能。亚历克斯希望这个算法可以完美地匹配出情侣并预测该伴侣关系能否成功,包括亚历克斯自己的恋情。由于该算法仍待改进,因此他一直不断地钻研,试图优化算法的结果。他知道如何设置算法才能让他的优势显现,并凸显网站其他用户的优势。他知道怎样设置个人资料才能带来更多的配对,但亚历克斯希望该算法能对真实情况下的个人资料进行配对。在电视剧的第二季中,亚历克斯的联合公司陷入了困境。想要购买该公司的风险资本家揭示了问题所在,即这个算法太过完美了。因为该算法的预测过于准确,人们都找到了能长期相处的对象,便不再需要这个网站。解决此问题的方法,就是降低此算法的预测能力。

在该剧的场景安排中,算法作为一种间歇、模糊又强大的权力,促使亚历克斯不断追求完美,并积极建立了各种连接和社会关系。正如它们在社会世界中的存在一样,算法是背景设置的一部分①。在该剧中,算法并未引起太多注意,但它却是社会中非常强大的权力。不过,我们应当对此保持怀疑态度,因为这显然是对算法权力的一种想象。在这种想象下,编码有着超强的推理功能和预测能力。在本示例中有两点值得思考,首先,它说明了算法的嵌入性质及其在社交过程中的潜在作用②。但是,我要补充一点,算法运行及其功能是非常特殊的概念。更重要的是,正如我在文末所论证的,美国电视剧《Casual》只是我们设想如今算法权力的一个说明性的例子。也就是说,在研究算法的权力时,我们不仅需要考虑代码的影响和后果,还应将算法概念和思想在社会世界中的传播考虑在内。在研究算法概念的过程中,我们将发现与合理性、知识制定及规范相关的更多内容,包括算法概念在行事上所具有的信服力和影响力。

这里有一个非常著名的例子。1998年,拉里·佩奇和谢尔盖·布林在门洛帕克的一个车库里,开发了著名的网页排名算法(PageRank),该算法可驱动谷歌的搜索结果。麦考密克解释说,这种算法的强大之处在于其"大海捞针"的能力,它可对我们所接触的媒体进行分类和排序③。通过使用"权威"模型,该算法能借助营销人员来评估所选的搜索词的重要性④。随着算法的发展,网页排名算法的名望已不如从前。"技术无意识"⑤深受复杂媒体集束名声的影响,而网页排名算法就是复杂媒体集束中最突出的部分。因此,网页排名算法是个非典型的例子。这个算法人人皆知,它让我们反思算法塑造知识和产生成果的能力⑥。通常我们并不会将注意力放在算法的进程上。一旦我们开始了解这些进程(包括排序、过滤、搜索、优先级划分、推荐、决定等),或许就不会再好奇为何会有越来越多关于算法社会角色的讨论了。随着技术的密度持续上升,算法进程所承载的重要性和责任也不断增加,人们想了解算法进程是如何塑造社会和日常生活的⑦,也渴望知道"算法文化"⑧的经验以及"算法生活"⑨的存在形态。

这提出了两个问题。第一个问题:什么是算法;第二个问题:不同算法的运行方式。换句话说,我们需要探讨有关"算法的社会权力"的更多细节。也就是说,从某种

---

① PARISI L. Contagious architecture:computation,aesthetics,and space[M]. Cambridge:MIT Press,2013:26-36.
② KITCHIN R,DODGE M. Code/space:software and everyday life[M]. Cambridge:MIT Press,2011.
③ MACCORMICK J. 9 Algorithms that changed the future:the ingenious ideas that drive today's computers[M]. Princeton:Princeton University Press,2012.
④ 同③36.
⑤ THRIFT N. Knowing capitalism[M]. London:Sage,2006.
⑥ BILIĆ P. Search algorithms,hidden labour and information control[J]. Big Data & Society,2016(3):1-9.
⑦ MICHELE W. Algorithms (and the) everyday[J]. Information,Communication & Society,2017,20(1):137-150.
⑧ STRIPHAS T. Algorithmic culture[J]. European Journal of Cultural Studies,2015(18):395-412.
⑨ AMOORE L,PIOTUKH V. Algorithmic life:calculative devices in the age of big data[M]. London:Routledge,2016.

意义上说,我们需要了解什么是算法以及它们是做什么的,以便充分掌握它们的影响和结果。在这方面我们可能会存在理解上的障碍。因为精通社会理论和编码技术细节并不是件容易的事。并不是说精通这二者是不可能的,但它可能更需要团队合作而非个人的研究。比如,麦考密克《改变未来的九大算法》①(Nine Algorithms that changed the future)之类的书能帮助人们略知一二。但人们很难了解到研究的深层面,即许多算法形式的规模、变化和设计原理主要仍属于思里夫特②的"技术无意识"的范畴。最终社会科学家在一个频道工作,而编码人员在另一个频道中工作,彼此之间存在着难以跨越的鸿沟。现在有许多研究正在揭示特定算法进程的影响,例如布赫就对脸书边际排序算法(EdgeRank)进行了细致的研究③。布赫的研究很大程度上揭示了该流行社交媒体平台主页的性质,以及脸书主页对个人用户所见内容的安排。确实,如今人们研究算法的兴趣日益增长④。

　　在研究算法的社会权力时,首先我们应当充分了解研究对象。对算法的了解不充分可能会导致我们误判算法的权力或过分强调其重要性,将算法误认为是孤立的存在或者无法理解算法与技术的结合。这种困难让帕斯夸里得出结论:我们生活在一个"黑箱社会"中⑤。他认为如今的社会充满了"神秘技术"⑥。帕斯夸里的中心论点是编码规则制定的价值和特权被隐藏在"黑箱"中。帕斯夸里称,这很重要,因为越来越多的权力正在通过算法被表达出来⑦。这一观点引出一系列问题,比如算法在权力配置或表达方面上的能力。帕斯夸里研究了大数据与算法之间的联系,算法为这些大数据提供了目的和方向。因此,随着算法决策不断操作数据,算法得到了政治层面的关注。正如帕斯夸里所说,"关键决策不是基于数据本身的,而是基于算法分析的数据"。在这里,我们将算法所担任的角色比作代码中的决策部分⑧,它具有分析和决定的作用⑨。确实,在没有或很少人为干预的情况下做出决策的能力通常是算法潜在权力的

---

① MACCORMICK J. 9 Algorithms that changed the future:the ingenious ideas that drive today's computers[M]. Princeton:Princeton University Press,2012.
② THRIFT N. Knowing capitalism[M]. London:Sage,2006.
③ BUCHER T. "Want to be on top?" algorithmic power and the threat of invisibility on Facebook[J]. New Media & Society,2012(14):1164-1180.
④ ZIEWTTZ M. Governing algorithms[J]. Science,Technology & Human Values,2016a(41):3-132.
⑤ PASQUALE F. The black box society:the secret algorithms that control money and information[M]. Cambridge:Harvard University Press,2015.
⑥ 同⑤1.
⑦ 同⑤8.
⑧ BEER D. Popular culture and new media:the politics of circulation[M]. Basingstoke:Palgrave Macmillan,2013.
⑨ KITCHIN R. The data revolution:big data,open data,data infrastructures & their consequences[M]. London:Sage,2014.

核心内容。这再次引发了有关代理主体角色的相关问题[①],尤其是如今软件代表人类在社会治理中担任的制定和实施规划的角色,因此若想深入了解社会治理,显然需要注意以下几点。

探索算法的社会权力,关键在于我们如何看待这些算法。我们应该将它们视为代码行、对象,还是借助代码表现社会世界的进程？如果我们将算法从社会世界中分离出来,分析其属性和权力,就会发现,将其视为以独特形式存在的技术和自成一体的对象可能是错误的。分离算法探寻其功能,需要先将算法与社会世界分开,然后将其视为脱离社会进程的实体。算法不可避免地以社会世界的愿景为目标,其结果也会受到商业或其他利益和议程的影响。算法在社会环境中产生并与之共处,构成了社会世界不可或缺的一部分,早已融入了实践和结果中。随后,我们将算法之后果递归复盘到算法的设计中[②]。随着算法支持数据的流通,可以对需要调整结果的地方进行微调和重新编码[③]。因此,将算法脱离社会生态的范畴而进行单独的研究可能是错误的。不应将算法理解为存在于这些社会进程之外的对象。它们的存在和设计以及实施和重新设计都是社会权力的产物。

为了引起人们对实际情况下算法权力的广泛思考,我将简要概述以下观点,涉及算法与社会权力的动态关系。以下部分概述了一系列算法功能相关的问题,以及算法如何在社会治理中发挥权力。

一、权力与算法

过去十年,算法已经成为社会科学领域中相当成熟的存在[④]。当我们研究算法及其更广泛的变化时,可对感兴趣的问题进行重点分析,即分析算法的社会权力或通过算法运行的社会权力。本研究主要关注人机耦合[⑤][⑥][⑦][⑧]。随着"数据化"进程的不断

---

① PASQUALE F. The black box society:the secret algorithms that control money and information[M]. Cambridge:Harvard University Press,2015:38.
② PARISI L. Contagious architecture:computation, aesthetics, and space[M]. Cambridge:MIT Press,2013.
③ KITCHIN R,DODGE M. Code/space:software and everyday life[M]. Cambridge:MIT Press,2011.
④ ZIEWITZ M. Governing algorithms:myth,mess,and methods[J]. Science,Technology & Human Values,2016b(41):3-16.
⑤ BEER D. Popular culture and new media:the politics of circulation[M]. Basingstoke:Palgrave Macmillan,2013.
⑥ CRANG M,GRAHAM S. Sentient cities:ambient intelligence and the politics of urban space[J]. Information, Communication & Society,2007(10):792.
⑦ MACKENZIE A. Cutting code:software and sociality[M]. New York:Peter Lang,2006.
⑧ ZIEWTTZ M. Governing algorithms:myth, mess, and methods[J]. Science, Technology & Human Values, 2016b(41):7.

发展,数据通过不同方式给予人们反馈,这种观点最近被置于与代理主体地位相关的更广泛的辩论中①。

我们可以将这些问题与算法被人为决定并构建的特定问题联系起来②③,甚至可以将其与因特罗纳④所称的"人类代理编码"联系起来。这种想法把关注点置于算法以外,关注了哈拉维⑤、海尔斯⑥和米歇尔⑦在控制论、界面身体和后人类主义方面所做的研究。然而,由于算法系统不断出现在人们的日常生活中,算法引起了广泛关注,尤其如今算法无须通过人类操作就可做出自主决定,人类的决定权正在受到算法的限制与影响⑧。于是克劳福德⑨开始关注这种代理主体的问题,并思考算法之间是否可能产生竞争。有关代理主体的问题很复杂,但算法权力的概念通常以算法所承载的代理主体权力为前提。本·威廉姆森在他的文章中讨论了认知的作用。他讨论了关于"智慧城市"的流行观点,并探索了如何将其应用到"智慧教室"和"智慧教育"中,研究了"学习大脑"与"学习算法"的相互作用。他的研究有助于我们理解这一系列相互作用的方式。正如他所说,此研究的目的是探索如何"用算法来理解精神生活"。这为我们研究人机耦合提供了直接说明,这一主题与内兰和穆勒斯的文章中"分布式代理主体"的概念有关。当然,内兰、穆勒斯以及威廉姆森的平衡和揭示性分析都表明,人类很容易迷失在机器算法进行决策过程的情形中。相反,他们指出,如果代理主体确实是正确术语的话,那么各种代理主体间正在进行的交织要复杂得多,因此需要仔细和批判性地思考⑩。正如博林和施瓦茨所言,算法结果通常被转换回传统社会参数⑪。但是,从广义上讲,我们需要探索算法如何做出选择,或如何提供影响选择的信息。人类代理设计算法,决定着进程的发展以及建模到系统中的预期结果⑫。

由于算法被视为代码的决策部分,因此应当关注算法对组织、机构、商业和政府决

---

① KENNEDY H,POELL T,VAN DIJK J. Data and agency[J]. Big Data & Society,2015(3):1-2.
② AMOORE L. The politics of possibility[M]. Durham,NC:Duke University Press,2013.
③ BERRY D. Critical theory and the digital[M]. London:Bloomsbury,2014.
④ INTRONA L D. The enframing of code:agency, originality and the plagiarist[J]. Theory, Culture & Society, 2011(28):113-141.
⑤ HARAWAY D. Simians,cyborgs,and women:the reinvention of nature[M]. London:Free Association Books,1991.
⑥ HAYLES N K. How we became posthuman:virtual bodies in cybernetics,literature,and informatics[M]. Chicago,IL:The University of Chicago Press,1999.
⑦ MITCHELL W J. Me++:the cyborg self and the networked city[M]. Cambridge:MIT Press,2003.
⑧ BERRY D. Critical theory and the digital[M]. London:Bloomsbury,2014.
⑨ CRAWFORD K. Can an algorithm be agonistic? ten scenes from life in calculated publics[J]. Science,Technology & Human Values,2016(41):77-92.
⑩ AMOORE L. The politics of possibility[M]. Durham,NC:Duke University Press,2013.
⑪ BOLIN G,SCHWARZ J A. Heuristics of the algorithm:big data, user interpretation and institutional translation[J]. Big Data & Society,2015(2):1-12.
⑫ MACKENZIE A. Cutting code:software and sociality[M]. New York:Peter Lang,2006.

策的影响。第二期文献与上文的叙述相关,即算法在决策中的作用,包括算法对人们对待和判断事物的影响、对结果和机会分布的影响、算法系统对组织结构的构建、算法如何影响并促成选择以及这些选择对人们生活的影响。凯伦·杨的文章探讨了算法在监管和治理中的作用。凯伦·杨着眼于"设计"规则中算法和大数据所扮演的角色,随着大数据推力对抢先行为造成影响,在探索算法影响选择的过程中研究了"超级推力"的概念。此外,布赫对此过程的其他方面进行了研究。除了反思人们对算法的不同思考方式之外,布赫还直接研究了"人与算法相遇的情况和空间",以此探索"算法带给人们的感受",充实了这些"个人故事"的细节。因此,布赫的文章是对算法日常体验及其影响的研究。此研究得到了米歇尔·威尔逊文章的认可。该论文着重阐述算法对日常生活内在属性的影响。罗博·基钦也对此进行了研究。同样,吉列斯比阐述了算法进程如何反应才能促进结果转向特定议程,正如他所言,那些了解算法的人能够帮助事物"被算法识别"。吉列斯比的研究明确指出了理解和操作算法的方式,重新编码算法可降低特定事物的可见度。总而言之,这些文章提供了许多见解和视角,包括如何部署算法才能塑造其决策和行为,以及如何在日常生活中体验和响应算法进程。结合这些文章,可对各种规模的算法进行分析,包括跨国组织机构及个人机构的算法。通过参考其他资源,我们可以进一步改善这种多尺度的方法。例如,切尼—利波尔德研究了形成"算法身份"的可能性[1]。从这个角度出发,里德表示,我们可以探索介于更多算法概念理论及其技术细节之间的"中间地带"。对于里德来说,这是一个具有大量潜在分析空间的话题,该研究能将对算法更广泛的社会理解,与对算法技术能力和算法集成的理解联系起来。

  第三期文献研究了算法分类、指令和预测的问题,涉及算法创建、维护或巩固规范和概念的能力[2]。我们可以了解算法如何影响其遇到的事物,或如何确定优先级并显示排列结果,从而了解算法系统的预测对人们的作用。其中包括算法对人们所接触的人和事以及其他发现和经历所造成的改变。算法的强大之处体现在它们选择、归类、整理、指令和排列的能力,即决定什么最重要以及什么最先可见。同样,搜索结果也是一个相关案例。社交媒体主页动态或"当您不在时"的推特列表同样也是相关的案例。里德重点研究了算法的分类进程,他提醒我们,这些算法系统以及他所说的"算法技术"并非无迹可寻,而是建立在现有的分类手段、思想资源和类别范畴的基础上。

---

[1] CHENEY-LIPPOLD J. A new algorithmic identity:soft biopolitics and the modulation of control[J]. Theory, Culture & Society, 2011(28):164-181.
[2] CRANDALL J. The geospatialization of calculative operations:tracking, sensing and megacities[J]. Theory, Culture & Society, 2010(27):68-90.

马杰研究了资本主义意识形态如何被嵌入搜索引擎流程中,对于将更广泛的权力结构融入算法进程和算法设计中具有指导意义①。同样,基钦也以此为重点,概述了研究算法的各种可行方案,强调了算法的施为作用。基钦研究了算法的构造、运行以及执行。为此,他的文章提供了六种方法论,探寻了算法在指令进程中的施为作用。在基钦的研究中,他将算法的施为性与算法获取访问和管理异构形式等问题结合起来。此外,算法当然也会带来副作用,比如帕里泽在其著名作品中所提及的"过滤气泡"效应②(杨和里德都在本期有所讨论),表明了算法的排序进程可能会造成限制文化体验和社会联系的后果。算法或将缩小或隔绝外部影响,从而使人们不断接触同样的人、新闻,体验同样的文化等。在研究算法的分类和指令时,我们必须研究算法的重复模式,从而停止与现有模式相适应的交互作用。一些文章对算法指令进行了研究,比如内兰和穆勒斯对算法权力的概念提出了质疑。他们研究了算法动力学的分类和指令,进一步揭示了算法所具有的权力。他们指出,在探讨算法权力时,我们需要将这种权力视为一种"造成结果而非事件的原因"。也就是说,权力是在算法进程的结果中实现的。因此,需要特别注意"如果……就"之类的算法。他们认为我们应当将算法视为深层关系以及一系列彼此关联的产物。对于内兰和穆勒斯而言,算法本身并不是实体,它被"绑定"到各种关联和情景中。因此,要了解算法的排序能力,我们应当关注算法进程和各种结果的关联、相关从属物和关系,而非研究算法所承载的社会权力。

上述内容无法完整列出有关算法社会权力的全部讨论,相反,我仅粗略列出了一些最为突出的问题,如算法的功能和执行以及它们的社会角色、含义和结果。这些要点直接或间接地与本部分文章的许多主题相联系。但是,这个部分的文章所提出的许多想法和可能性,远超出上文粗略概述的范围。事实上我仅提及了其中很小的一部分。

二、算法概念的权力

上一节讨论了关于分析算法权力本身的争议问题。在总结并提出其他可能之前,本节将更直接地关注"算法概念"的权力。我们需要超越算法本身,将算法的概念视为更广泛的理性范畴和看待世界的方式。问题主要围绕如何界定算法以推进某些价值和可作计算的客观性。

---

① MAGER A. Algorithmic ideology:how capitalist society shapes search engines[J]. Information,Communication & Society,2012(15):769-787.
② PARISER E. The filter bubble:what the internet is hiding from You[M]. London:Viking,2011.

算法权力与真理的产生有关。至少在 20 世纪 70 年代中期,人们认为真理的产生与权力的运作有关①。福柯重点研究了真理,以此作为探究权力的"方式"②。在 1976 年的系列演讲"必须捍卫社会"(Society must be defended)中,他将真理、权力和知识(他更早之前对此关系进行了研究)相关联。在 1976 年 1 月 14 日的一次演讲中,福柯反思了他在前几年对待权力的方式③,他指出:

> 权力的多重关系横跨、表征并构成了社会主体。它们与真理的话语是密不可分的,除非一个真正的话语被建立、积累、传播和运作,否则权力就无法成立或发挥作用。除非某种真理的话语以该权力为基础并借助该权力而起作用,否则行使权力就无从谈起。

当然,福柯没有直接说明这些活跃算法系统的功能,也没有直接说明话语进入算法编码或由其输出决定的方式。但是,考虑到真理在权力"运作"中的作用,我们应该研究算法如何通过两种特定方式来产出真理。首先,算法进行物质介入。上文讨论过此话题,还有算法产生结果的许多其他方式,这些结果成为或反映了更为广泛的真理概念。然后权力通过算法进行运算,因为算法输出能够巩固、维系或产出某些真理。从这个角度来看,算法可被理解为围绕风险、品味、选择、生活方式、健康等事物来创建真理。然后,对真理的寻求同完美的算法设计结合在一起,生成一种可以实现完美物质介入的算法。该算法可能会遵循某种真理,或者其行为可能会产生某种真理。上述讨论中研究的第一种方式,与算法本身的权力行使有关。其次,我将在下文中重点研究我们对算法进行的话语干预,这更接近于福柯所提出的真理创造的类型,与算法的术语或概念的使用方式、算法的框架以及算法内包含的事实类型等有关。也就是说,算法也是语篇中存在的概念。我们可以研究如何使用该术语或概念来创建或永久保留与社会秩序相关的真理,或如何通过对算法的讨论或调用来逐渐形成某些真理。这表明算法的概念即算法本身在话语框架下展开工作。这个概念具有一定的说服力,并且可能蕴含更广泛的权力和合理性。在本文的开头,我简要提出了论点:研究这些实质性介入和话语性干预措施,以及算法通过生产和维护某些真理而体现社会权力的方式,将丰富对算法的研究。

我们可以参考福柯的一些其他著作,弄清上文的含义以及算法概念行使权力的方

---

① FOUCAULT M. Society must be defended:lectures at the collège de France,1975-76[M]. London:Penguin,2004.
② 同①24.
③ 同①24.

式。例如,福柯①说道:

> 我所质疑的不是这些话语所隐含的意义,而是它们明确显现的事实和情况;不是它们可能隐藏的内容,而是它们产生的转变;不是永久起源般保存其中的意义,而是它们共同存在、常驻和消失的领域。这是一个从外部性维度来分析话语的问题。

福柯指出本文的重点不在于话语本身的意义。相反,重点在于话语的条件、转变以及使用这种话语框架开拓其领域的潜力。这至少有助于我们了解算法的概念,并透过话语的详细说明了解话语建构物质存在本身的过程所发生的转变、塑造的领域以及显现的条件。福柯还提出,他的方法旨在分析话语本身,即存在于话语和事物之间的话语实践:在这些话语实践中,人们可以定义事物并提出单词的用法②。这只是一个初步拟定的方法。但这表明我们可以从这一角度来探索算法作为"事物"与"单词"间话语实践的关系及其可能发生的中断。

在尝试性模式下,在研究算法的社会权力时,也应研究算法的术语或概念。在某种程度上,这种权力会从其技术和材料形式中脱离出来,同时仍然保留一些外部性。因此,我们需要在其话语实践和框架内研究算法。算法的概念涉及影响和说服、提议、设想方法、治理和排序方式。另外,该术语表达了一种合理性,也属于一种思维方式。因此,我们应当探索并说明该术语的权力,同时重点揭露其更广泛的合理性。算法的概念是词汇的一部分,运用这些词汇能促进某种基于计算、竞争、效率、客观性和战略需要的合理性。因此,算法的概念可以在塑造决策、影响行为和引入某些方法和理念方面发挥强大的作用。算法权力不只体现在代码中,还体现在其成为话语理解期许和效率的方式中,其中提到的算法是"规范化代码"的一部分③。算法的概念也是一种社会权力,我们应该对此进行研究。"算法"一词带有某种权威性,很大程度上它因准确性和客观性而备受信赖,因此人们认为算法具备合理性。研究算法的话语可揭示其所处的更广泛的政治动态。

如上述所言,我们可对算法的社会权力这一维度进行研究,从而揭示这种权力的本质及其运转。因此,我们需要研究算法本身或与之相关的权力;如何将许诺与愿望设计到代码中,目的是揭示算法系统的可信任度(也就是说,这些系统是中立的、值得

---

① FOUCAULT M. Politics and the study of discourse[M]. Chicago:The University of Chicago Press,1991.
② FOUCAULT M. Foucault live:collected interviews,1961—1984[M]. New York:Semiotext,1989.
③ FOUCAULT M. Society must be defended:lectures at the collège de France,1975—1976[M]. London:Penguin, 2004:38.

信赖的系统,超出了人类的能力)。最后,揭示算法视域对算法系统的扩展和集成作用。研究算法系统有助于算法融入社会和组织结构并传播其隐含逻辑。例如,塞蒂娜[1]将其研究成果与算法概念联系起来,从而构建了组织运作的虚拟部分。

两种方法可用于研究算法的社会权力。在这方面,福柯[2]提出了以下相关观点:

> 它是形成和积累知识的实际工具、观察方法、记录技术、调查研究程序和验证机制。也就是说,除非产出了知识或者知识仪器,否则精密的权力机制就不能发挥其作用。

这表明,我们应当将算法视为生成权力的知识仪器。然而,与此同时,话语、概念和制度之间存在联系。其中知识具有其特定形式和规则的无意识[3]。因此,我们应当将算法的概念视为一种知识仪器——尤其当算法通过推动计算和知识管理而证明了这种技术设备的扩展和集聚时。

显然,许多内容仍待讨论;当下我只想简单地说明,算法不仅存在于代码中,还存在于社会意识中。它是代表某种东西(不一定是代码本身)的概念或术语。研究算法的社会权力需要研究算法作为代码的权力,以及研究算法概念本身的传播、算法的话语构建以及算法的目的。福柯认为权力不断地对我们发问并质问,不断地调查和记录,将对真理的追求制度化、专业化并给予奖励[4]。研究真理的制度化需要首先探究算法的系统和概念、知识仪器的能力以及算法权力的话语建构对算法产生的影响。

三、总结

在未来对算法的社会权力进行研究时,有必要继续关注"黑箱"或"黑箱社会"中算法的运行[5]。如前文所述[6],我们应当深入研究这些系统,了解这些系统的技术细节对社会秩序可能带来的各种影响。我们需要研究代码,但也需要研究算法的建模和编

---

[1] CETINA K K. Primitive classification and postmodernity: towards a sociological notion of fiction[J]. Theory, Culture & Society, 1994(11): 1-22.
[2] FOUCAULT M. Society must be defended: lectures at the collège de France, 1975—1976[M]. London: Penguin, 2004: 34.
[3] FOUCAULT M. History of madness[M]. London: Routledge, 2006: 578.
[4] 同[2]25.
[5] PASQUALE F. The black box society: the secret algorithms that control money and information[M]. Cambridge: Harvard University Press, 2015.
[6] GRAHAM S. Introduction: from dreams of transcendence to the remediation of urban life[M]. London: Routledge, 2004: 1-30.

码工作。此外,我们还应研究算法在实践中的运行,观察算法是如何融入组织、程序、决策等各方面的。因此,需要分析算法及其所属系统的物质性,了解编码人员的工作、建模过程的实际情况、算法如何成为日常实践的一部分以及算法所做的决策。然后探究人们对这些算法进程的反应。正如我在介绍部分所概述,学者已进行许多相关研究。我们应当重视算法,探索算法进程中的话语,以此探究算法更广泛的合理性,推动社会的变化与发展,研究权力动力学视域下的算法概念。正如我在上文中所提到的,算法通过两种特定方式生产真理:在系统的结果或输出中产生,以及在特定规范、方法和推理模式的话语强化中产生。

"算法"概念如今正在发挥其威力,它是计算系统权力和潜力的简写。它比人类更快、更全面、更准确地思考。除了研究算法的集成,我们还需要了解这个术语是如何融入组织、机构和日常理解中的。研究算法的话语可以为分析更广泛的政治理性和治理模式提供思路。在这一系列的研究中,关注重点并非技术系统的社会权力,而是算法概念本身所具有的社会权力。如今,算法是一种文化存在,甚至是一种标志性的文化存在,这不仅得益于算法自身的作用,更得益于算法概念的应用。也就是说,算法有某种权力,不仅体现在其功能方面,还体现在它作为现象存在的方面。算法决策是中立、高效、客观、可信的。应当更加深入地研究算法系统的内部,也应该分析算法概念的文化显著性,包括算法代表、运行和揭示的内容。

我的标题表明算法拥有某种形式的权力,这个标题引导我们思考算法所具有的权力,而不是权力如何通过算法运作,或如何参与算法的设计、运行以及结果生成。福柯曾言道,权力需要被解释,而不是提供解释[1]。我在本文的研究重点正是算法权力的概念化。人们很容易陷入一种智能环境中,自动化机器与强权联手形成科幻反乌托邦甚至乌托邦(观点因人而异)。但分析权力和算法之间的关系时,我们需要借助更多概念和方法。我很幸运,本部分文章的作者都设法巧妙地避开了与栏目主标题可能引发的任何问题,并以此为契机,强调了对本文假设的重新思考。我们可以通过对算法社会权力的思考与讨论来解决问题。

---

[1] FOUCAULT M. Power:essential works of foucault 1954—1984,volume 3[M]. London:Penguin,2002:284.

算法与日常

◎ 米歇尔·威尔森　著
　王敏燕　译

摘要:我们的日常实践越来越多以在线技术作为中介。这不仅牵涉网上冲浪,而且经常同时创造巨大体量的信息和通信数据。当下正在进行的活动的规模和类型,正在创建和处理的数据,用于分析、存档和分发的可能性如此广泛,以至于需要新的技术概念来理解、解释和分发这些内容。这些概念包括平台、软件、代码和算法等。通过探索算法排序和算法呈现的一些特定案例,并反思算法如何影响和塑造我们日常实践和理解的方式,本文探讨了算法在塑造和融入当代日常生活中的地位。这种做法引发了对行动力与权力、变化的世界观以及我们与技术之间复杂关系等问题的重新发问。

关键词:算法;委托;技术;日常;行动力

我们的日常实践越来越以在线技术作为中介,这不仅涉及网上冲浪,而且经常同时会创建大体量的信息和通信数据。基于数字技术开展的活动的规模和类型,止此创造出来的和处理过的数据,可用于分析、存档和分发,我们需要新的技术概念来理解、解释和传播这些内容。这些概念包括平台、软件、代码和算法。本文探讨了算法在塑造和融入当代日常生活中的地位。

算法无处不在,其用法多种多样。这里仅举几个例子,算法的运作在其中一目了然:推特趋势的生成或推特关注推荐;谷歌个性化搜索结果或脸书新闻推送;推荐的谷歌地图路线。随着我们越来越多的日常生活开始通过在线空间以及在线程序进行,这些看似平平无奇但又多元交叉的在线交互正在变得愈加普遍和广泛,如图 1 所示。

通过探索具体的算法排序和算法呈现的特

图 1　我们日常遇到的算法输出案例①

---

① Flickr 为雅虎旗下图片分享网站;Fitbit 为美国健康设备生产品牌;RSVP 为在线约会网站。

定案例,探究有助于塑造我们的日常实践和理解这些的方式,本文思考了为什么我们在考虑日常问题时要关注算法。这种做法引发了对主体行动力、权力、变化的世界观以及我们与技术之间复杂关系的重新发问。

一、日常

日常实践构成人们在其中活动的习惯①或背景。它们是我们所有人都参与其中,看似平淡无奇却反复出现的多重活动和惯例。日常实践塑造我们个人和社会生活在时空中的存在形式与流动状况。许多人每日或定期地以无穷尽的方式来复制这些活动和惯例。通过这一过程,实践变得常规化或自然化,通常只需很少的思考就可以被制定出来,并且常常变得不可见或退居后台(或至少在很大程度上不容置疑)。因此,日常研究的一部分就是为了让看似不可见的事物变得可见,从而可以对运行中的权力关系和实践进行批判和考察。这些研究也涉及理解日常实践如何也是述行性的——它不仅位于时间和空间之中,还塑造了时间和空间自身的形式。

至少对米歇尔·德·塞托来说,日常的塑造部分是由强大的系统和行动者制定的社会、文化、政治和经济策略及其与这些系统的消费者或用户所采取的战术以及相应的操作方式发生交汇的结果。

> 城市规划按几何学原理所定义的街道被步行者转化为空间。以同样的方式,阅读行为是由特定地点的实践所创造的空间:一个书面文本,即一个由符号系统构成的地点。②

如果我们将这些观念扩展到将网络在线理解为空间化和可导航的,那么在线(以及其与离线的交汇或融合)将由其设计、建构、导航和使用者来定义。

互联网是一系列的系统,许多人在其间导航,因此必须设计出日常的"操作或执行方式"③。实际上,在诸多社会中,对于制定可被简单归类为日常实践的活动和功能来说,互联网的连接性和相关的数字素养变得越来越必要。由此引申,我们应该考虑由代码、软件和算法支持的在线系统和实践方式(如搜索、交流、购买或其他活动)如何构成和制定日常:跨越在线和离线的日常(在此措辞中,仅仅试图将其划分为不同的空间显然是尴尬的,这表明两个空间缠绕互联的关系已经被认为是司空见惯的

---

① BOURDIEU P. Outline of a theory of practice[M]. Cambridge:Cambridge University Press,1997.
② DE CERTEAU M. The practice of everyday Life[M]. Berkeley:University of California Press,1988:117.
③ 同②xi.

了)。通过一系列策略包括使用算法进行分类、操纵、分析和预测,日常活动可以通过委托被转换为在线空间中执行的行动。

在任何有关日常的讨论中,使得算法在线变得有趣的一件事是它们可以半自主地运行,而无须与人类用户或操作员的知识进行交互。布鲁诺·拉图尔[1]将其称为委托。一个算法被委托完成一个任务或一个过程,其实现具体实例化的过程和参与的方式依次影响与之交互的事物、人员和过程,从而产生不同的后果。

拉图尔以闭门器为例,说明了根据设计和交互作用,将一个活动或过程委托给一项技术或非人工的方式具有广泛而不同的结果和响应方式,闭门器不需要工资或分配工作时间。然而,它的设计方式意味着会影响特定的人与门之间的交互作用,以及人们通过门进出的过程。例如,拉图尔[2]指出,闭门器特定的自动或技术版本的设计意味着他的小侄子和祖母都无法单独进入,因为闭门器需要一个足够强壮的人积聚足够的力气来关门。闭门器设计中内置的设想及其实施假定了使用者的特定类型和能力。用自动闭门器代替人工闭门器也会通过改变可用的工作类型、运行时间等因素而影响劳资关系和机会的分配。

同样地,将由人类行动者来对信息进行搜索和评估这样的日常实践委托给算法进程,进程也假定了某些参数或数值。在拥有高端计算能力的发达国家中,将各种日常实践委托给技术和算法进程是广泛且不断扩展的。如上所述,搜索、交流、信息分析、决策、导航和路线确定都是惯例和普通功能,它们越来越多地被委托给各类软件、代码和算法功能并借之得以实现。谷歌不只是一个公司的名称,它已经成了一个动词。例如,"你为什么不谷歌一下?"或"我谷歌了……"之类的说法已经以某种方式进入了日常语言,这意味着基于算法的公司服务规则与活动本身的普遍融合。

这非常契合德·塞托有关策略的讨论。

> 一旦具有意志和权力的主体(企业、城市、科研机构)可以被分解,那么权力关系的计算(或操纵)也就成为可能。[3]

展开来说,强大的行动者对在线场所日常实践进行的委托和管理展示了控制、操纵用户和数据的复杂策略。然而,还需注意的是,德·塞托并不认为此类策略针对的人们是被动的或缺乏权力的。他提出,这些目标(如用户和消费者)也会主动采取战

---

[1] LATOUR B. Mixing humans and nonhumans together: the sociology of a doorcloser[J]. Social Problems, 1998, 35(3):298-310.

[2] 同[1].

[3] DE CERTEAU M. The practice of everyday Life[M]. Berkeley: University of California Press, 1988:35-36.

术,也就是表面上处于权力低位的一方,挪用盗猎并通过他们执行或做成某事的方式对权力进行颠覆的方式。这就是说,策略和战术的交汇塑造了日常生活。

二、算法

我们每天遇到的许多算法都是专有的,因此是不透明的,难以接受外界批评,而且它们的参数、意图和假设都难以分辨。然而算法的工作对于塑造和指导我们的日常有着广泛的影响。正如研究者越来越有能力证明,算法的设计和执行方式(及其产生的结果)有助于影响我们建立和维持友人关系[1]、塑造个人身份认同[2],以及广义上驾驭和引导我们生活[3]的方式。

塔尔顿·吉莱斯皮指出,"从最广泛的意义上讲,算法是基于特定计算将输入数据转换为所需输出的编码过程"[4]。算法使事情得以发生,它们旨在根据特定的需求、需要和可能性执行并带来特定的结果。在线空间中算法是通信和信息(包括关系)被定位、检索、过滤、呈现或阻止方式的核心。

食谱的类比常被用来描述算法过程。一份食谱有着特定的终极目的,例如一顿饭或一块蛋糕。它提供的是食材(各种常量或变量)的清单。但更重要的是,它包含了对过程的分步说明,以具体详尽的顺序罗列了何时应该进行何种操作、何时需要将材料组合或分离。而且它还需要以用户能够理解并遵循的方式来撰写。类似地,算法也要考虑纳入或排除特定的变量或项目,澄清以特定顺序遵循的特定步骤以及需要确定和协商的许多决策点或行动点,以最终达到期望的结果或终点。算法是公式化的,它决定所采用的步骤和过程都具有确定的功能或作用。它也是关系型的,因为它需要与所交互的其他系统和结构进行通信交互;需要能够与其他系统和实体展开对话。从这种意义上讲,它阐明了一种特定的操作逻辑。

约安娜·康斯坦提欧和杰尼斯·卡利尼科斯[5]指出:

> 算法当然是重要的,但它是数据操作、数据结构和架构的复杂链条中最

---

[1] BUCHER T. The friendship assemblage: investigating programmed sociality on Facebook[J]. Television & New Media,2013,14(6),479-493.
[2] CHENEY-LIPPOLD J. A new algorithmic identity: soft biopolitics and the modulation of control[J]. Theory,Culture & Society,2011,28(6):164-181.
[3] BEER D. Power through the algorithm? participatory web cultures and the technological unconscious[J]. New Media & Society,2009,11 (6),985-1002.
[4] GILESPIE T. The relevance of algorithms[M]. Cambridge,MA:The MIT Press,2014:167.
[5] CONSTANTIOU I D,KALLINIKOS J. New games, new rules: big data and the changing context of strategy[J]. Journal of Information Technology,2015,(30):54.

后的步骤,这些操作收集数据并使其可用于集成和计算……没有数据的算法只不过是数学上的虚构。

他们的观点很好,如果我们要开始理解算法正在扮演的角色,那么将其作为一个独立的过程是无法充分研究算法的,但它们又不仅仅是技术基础架构,它们更应该被宽泛地认识到。算法既是人工制品又是生成的过程,它们与周围的生态系统进行着复杂的互动。这是一个生态系统,涉及更广泛的技术(软件、代码、平台和基础架构)、人为设计、意图、受众和用途。

在诸多领域(公众、公司以及学术机构之中),我们可以看到这样的趋势,在线生产数据和算法输出作为一种简单资源,能够指导消费者的行为、鼓励特定的选择并改变我们的生活以及审视自身生活的方式。然而,正如将这种数据理解为单纯进行收集和分析的批评者指出的那样,并不存在"原始数据"这样的东西。① 作为简单客观的指令而言,也不存在原始算法之类的东西。算法被嵌入到政治、技术、文化和社会交互的复杂混合物中。正如乔纳森·罗贝热和路易·梅朗贡②所指出,"算法构建的意义和它们受意义塑造的程度是相同的,因此表现出了'双重行动力'的形式"。结果,算法有助于带来一种看待世界的特定方式,有助于重现刻板印象、具现固化实践③和世界观、限制选择或者开启以前未曾发现的可能性。

因此,当我们讨论算法以及委托给它们的任务和过程时,需要考虑其设计和它们与其人类对象、关系、系统和结构(社会的、技术的、文化的和政治的)之间的相互作用方式。我们还需要考虑是谁设计和执行的,以及预期和非预期的结果是什么。谁设计和执行它们的问题通常与权力和控制的问题紧密联系在一起,尤其是(尽管不仅仅如此)谷歌这样的大型公司。

三、谷歌的力量

当组织拥有技术能力以及唾手可得的数据资源时,其算法实践的影响可能是意义深远的。谷歌是一家庞大的跨国公司,它为公司、股东和消费者提供的产品和功能的

---

① GITELMAN L. Raw data is an oxymoron[M]. Cambridge:The MIT Press,2011.
② ROBERGE J,MELANÇON L. Being the King Kong of algorithmic culture is a tough job after all:google's regimes of justification and the meanings of glass[J]. The International Journal of Research into New Media Technologies. 2015:3.
③ POSTIGO H. Capture,fixation and conversation:how the matrix has you and will sell you,part 3/3[EB/OL]. (2013-01-01)[2014-04-01]. http://culturedigitally. org/2014/04/ capture-fixation-and-conversation-how-the-matrix-has-you-and-will-sell-you-part-33/#sthash. 6sGBTcmy. mXWelSyy. dpuf.

列表很长,而且似乎还在不断扩展。通过在线系统、人类以及技术用户的广泛参与,谷歌可以访问从这些平台中获取的越来越多的数据,同时也具备聚集、组合、操纵和处理这些数据的技术能力。其前提是它们不对公司系统的外部开放:这赋予它们相当大的权力来塑造人们的生活和各种结果。

为了最大限度地提高利润并满足股东需求,谷歌需要实现以下目标:确保可行的和有吸引力的消费产品(搜索、地图、Gmail、YouTube、安卓和谷歌商店);促进和提供引人注目的工业产品(数据分析、定向广告以及用于购买和分发的应用平台);并在此过程中创造增长和收入。这意味着需要大量设计和实施的类似算法来满足不同需求和功能,有时候需要同时满足。这些要求必须结合反馈和更新的迭代过程,以适应算法在其上运行不断变化的环境。

谷歌的首席经济学家哈尔·瓦里安公开指出,谷歌对其用户进行了持续不断的实验,试图确定什么会导致用户行为的改变、信息的发现和展示方式的改变……这个清单是无穷尽的。在线环境是尝试新事物、监测发生的情况以及应对变化的理想测试地点。瓦里安在2013年美国商业经济协会年会上发表的一篇论文中写道:

> 实验……这在网络上很容易做到。你可以基于流量、信息记录程序、用户名、地理区域等来分配实验组和对照组。谷歌每年在搜索和广告上进行大约一万个实验。任何时候都有大约一千个实验在进行,而当你访问谷歌时,你就身处数十个实验当中。[1]

谷歌决定在其移动技术的搜索结果中授予移动优化网站的某种特权,因此需要实施一种算法,该算法将使那些更适合移动屏幕视图和导航的网站推向用户搜索结果的顶端。谷歌解释了作出此决定的原因,这是因为他们致力于在移动使用日益增加的环境中努力提升用户访问搜索结果的体验。就优化用户的观看和导航体验来说,这种改变显然是有意义的。而显示算法在此基础上,会结合其他参数围绕检索到的搜索信息的有用性来做出决策。网站的移动友好性设计成为评估此类搜索目的"质量"的指标之一。谷歌在它的《网络管理员中心博客》中讨论了算法的更新:

> 正如我们在今年早些时候指出的那样,今天是我们开始在全球范围内推出移动友好型更新的第一天。我们在移动搜索结果中提高了移动友好型页面的排名。现在搜索者可以更轻松地找到高质量且相关的结果,无须点击或

---

[1] VARIAN H R. Beyond big data [C]// San Franciso, CA. http://people.ischool.berkeley.edu/~hal/Papers/2013/BeyondBigDataPaperFINAL.pdf, 2013:27.

缩放便可阅读这些文本,目标之间的间距适当,而且页面避免了无法播放的内容格式或水平滚动。

尽管移动友好型改革是重要的,但我们仍然会使用各种信号对搜索结果进行排名。搜索查询的意图仍然是一个非常强烈的信号——因此即使是一个具有高质量内容却不属于移动友好型的页面,只要它具有大量需要查询的内容,那么它的排名仍然可能很靠前。

谷歌的熊猫、企鹅和蜂鸟算法以及周期性的更新是为了鼓励某些输出结果、调整优先级(技术的和社会的)改变生产的其他示例。以日常活动中收集的大型数据集进行算法排序的基础,这些塑造、指导和反映结果和行为的可能性、测试或试验这些数据集的能力,以及跟踪和识别由此产生的变化的能力,使谷歌等组织手握巨大的权力。其产品从根本上交织在其用户的日常生活中。

然而,这些可能性也引发了一些疑问,譬如如何将算法本身的委托行动概念化,以及如何在日常生活中分析和界定它们的位置。例如,尽管谷歌等公司的策略旨在塑造其用户的环境和实践,但用户参与这些实践、进入这些空间时所采用的战术,交错且迭代性地塑造了用户体现和体验日常的方式。由此可以推断其与技术的关系及对此的理解:这些关系被描述得很复杂,使人想到日常算法输出的一种人际或拟人化框架。在探索技术研究人员所使用的语言时,这一点尤为明显。例如,在以下的引用中,尽管对术语加上引号暗示了语言和行动被运用到技术过程中的一种特定的挪用,但包含这种语言的选择却很有趣,这表明了人类和算法之间的复杂关系,以及挪用语言来描述这些复杂过程的贫乏。

搜索引擎"学习"我们的偏好和需求,就像它们无休止地关联有关搜索者潜在需求的信息。随着算法逐渐"了解"我们的搜索活动,搜索和定向广告变得更加有效,从而可以在算法驱动(对搜索者和他们的欲望)适应和调制的递归循环中更好地了解搜索者所谓的"内在"自我等等。[①]

日常对在线的依赖和参与与日俱增,并扩展到了我们与其他对象(物联网、无人驾驶的汽车或社交机器人)的互动,使得这些关系和日常实践的"算法化"变得司空见惯、平淡无奇但仍然休戚相关,也仍值得我们密切关注。

[①] HILLIS K, PETIT M, JARRETT K. Google and the culture of search[M]. New York: Routledge, 2013.

四、不可能的、非预期的关系

拉里·佩奇曾经说过,谷歌的麻烦之处在于你不得不问它问题。它应该知道你想要什么,并且在提问之前就告诉你答案。好吧,这种愿景现在已经由安卓手机上的应用程序"谷歌即时资讯"(Google Now)实现了。某天,我的手机嗡嗡作响,我看着来自"谷歌即时资讯"的信息,上面写着:"你在斯坦福的会议将于45分钟内开始,交通繁忙,所以你最好现在就出发。"更重要的是,我从来没有把我的会议告诉"谷歌即时资讯"。它只是查看了我的谷歌日历,看到了我要去的地方,把我的当前位置和目的地发送到了谷歌地图,然后推断我需要花多长时间才能赴会。①

上面的摘录指出,我们开始越来越依赖设备,并且与其建立了类似人际交往的关系。除此之外,我们希望人与机器的协同融合能解决许多日常需求、决策和行为委托。技术系统有能力预测用户个体的行为,对此每个人都有不同感受:像哈尔·瓦里安这样的用户,会无条件地接受有益且明确的关系,而正如瓦里安指出的,其他用户可能会对这种明显的监视和数据监测感到不舒服。因为这恰恰是从日常活动的互动中推断出来的。然而,委托和预测的这种持续扩展很可能会变得越来越常规化。苹果的 Siri 和微软的 Cortana 之类的个人助理数量的增加,以及这些个人助理功能的不断拓展,也将这种需求包含在它特定的表达和意图之中。它试图以无缝衔接和无处不在的方式呈现用户、设备、软件、算法和活动本身之间的大量接口,同时也努力掩盖所涉及的强大策略和利益范围。

这些需要更多驱动力,以得到更广泛,更复杂的数据集。这些进程可被分析、操纵和预测。然而,由于隐藏在屏幕后面,隐藏在用户分析和理解特定实践的能力之下,这些算法的编程选择,它们执行或不执行的操作都不再那么透明,也不容易受到批评。意外和非预期的后果是显而易见的,而且将越来越普遍。因此,这种结果表明了我们需要强调以及警惕的问题。这些议题可能是内部编程或交互的结果,也可能是算法的结果及其与其他社交系统和其他实践互动的结果——与人交往的结果。

举个例子,推荐系统会在用户偏好和在线实践的基础上,运用算法来识别和呈现推荐结果。亚马逊网站似乎会根据分享关联兴趣的假设来"推荐"特定产品——如果

---

① VARIAN H R. Beyond big data [C]// San Franciso, CA. http://people.ischool.berkeley.edu/~hal/Papers/2013/BeyondBigDataPaperFINAL.pdf,2013:27.

你对一本关于算法进程的书感兴趣,那么你很有可能会对围绕该主题的其他相关书籍感兴趣。这一假设被转换到系统中再呈现给你:对算法感兴趣的用户;搜索或购买过那本书的其他人的搜索;购买结果以及他们购买的其他书;在元数据中可能具备相似搜索词的书。这些都建立在共享兴趣能导致购买可能性增加的假设之上。这不仅会产生有益的变化,而且有时会产生奇怪或意外的关联。

芬威克·麦凯尔维[①]指出,算法推荐系统会推断用户和用户兴趣的关联,可能会产出让人意想不到的结果。他详细阐述了迈克·安妮的一篇论文,论文提到了基于谷歌商店推荐和定位推断的关联。这一关联发生在 Grindr(某 App)和一个性犯罪者搜索 App 之间。安妮论文的标题和副标题[②]清楚地表明了这种联系和后果,Grindr 与性犯罪者搜索 App 之间的"奇异"链接:在线商店里这两个 App 紧密耦合(通过标签和相关应用程序的链接),形成关联。这导致了人们对此类算法和程序生成结果的疑问,同时也表明了人们对这些推荐进行解释的可能性。这些推荐是有问题的。这里涉及的算法不会根据政治或其社会价值来明确区分数据。然而,结果表明了算法对细微差别或具体语境在理解上的缺乏。当涉及复杂的、社会性嵌入的人类用户系统时,这类"**缺乏**"就会产生影响。它们不受外界审查的影响——这些审查本来可能会检验和质疑算法背后的基础假设。目前,人们能够直接考察的只有算法的输出结果。

五、偏见

社会、文化和政治系统中被委托的日常实践与算法功能的结合不可避免地导致了偏见的产生。1996 年,巴特亚·弗里德曼和海伦·尼森鲍姆对当时计算机系统中明显的偏见范围进行了分类。

这些偏见源于一系列社会的、技术的和新涌现的输入——因为时间、技术和社会因素都会影响结果。偏见可以是有利的、有害的或两者兼具。同样,它们也可以是有意的或无意的。弗里德曼和尼森鲍姆用旅游航空公司运营商名单来举例。在此示例中,他们指出航空公司运营商在屏幕上列出的方式,不论是按字母顺序还是按对供应商的偏好进行顺序,都会对旅行社使用或推荐航空公司的方式产生影响。旅行社更倾

---

① MCKELVEY F. Algorithmic media needs democratic methods:why publics matter[J]. Canadian Journal of Communication,2014(39):597-613.
② ANANNY M. The curious connection between apps for gay men and sex offenders[EB/OL]. (2010-01-01)[2011-04-01]. http://www.theatlantic.com/technology/archive/2011/04/thecuriousconnection- between-apps-for-gay-men-and-sex-offenders/237340/.

向于推荐那些页面上排序靠前的运营商。这意味着有关顺序标准的决策使某些航空公司受益,而对其他航空公司则不利。这与谷歌搜索结果中提到的做法和结果并无二致。事实上用户很少参考搜索结果前两页之后的信息。最近,恩金·博兹达格[①]提及算法和社交媒体时指出,脸书在用户新闻推送的排序和项目包含中,会优先考虑特定帖子或互动类型的受欢迎程度。推特则优先考虑帖子的时效性作为排名值的重要因素。这些选择和行动表现出特定的偏见,并在过程中表现出特定的权力实践。

弗里德曼和尼森鲍姆[②]的偏见分类及其成因如下:

- 预先存在的:来自社会机构、实践和态度
  ——个人的
  ——社会的

- 技术的:技术限制和技术考量
  ——计算机工具
  ——去情境化算法
  ——随机数生成
  ——人体结构的形式化

- 新兴的:使用中涌现的
  ——新的社会知识
  ——用户与系统设计之间的不匹配(不同的专业知识或价值观)

对不同类型偏见的描述展现了当涉及技术、社会、文化和政治因素时发挥作用的多种因素。通过技术设计、将数据编码为各种关系和行动的方式,人们设定与更广泛的社会、与为导航和控制生活而建立的各种系统的互动方式,生成和确定了偏见。例如,推特趋势分析强调了内嵌在算法中的技术和新涌现的偏见,这些偏见会评估特定类型的活动并将其推向最前列。吉莱斯皮[③]指出了一个过程,该过程中推特主题会根据给定的某些标准来进行估值并决定列表的优先级。而可能的人和社会偏见也会出

[①] BOZDAG E. Bias in algorithmic filtering and personalization[J]. Ethics and Information Technology,2013(15):209-227.

[②] FRIEDMAN B,NISSENBAUM H. Bias in computer systems[J]. ACM Transactions on Information Systems,1996,14(3):330-347.

[③] GILLESPIE T. Can an algorithm be wrong? twitter trends,the spectre of censorship,and our faith in the algorithms around us[EB/OL]. (2010-01-01)[2011-10-01]. http://culturedigitally.org/2011/10/can-an-algorithm-be-wrong/.

现在亚马逊过滤程序的内容分类中。正如阿德里安·麦肯齐[1]对它指出的,一种算法使某些顺序自然化并激活某些特定动作。通过归纳现有的认知、交流、运动的模式和顺序,算法可以将"谁对谁做了什么"呈现为自然化的、理所当然的结果。

当许多算法的起源、结果、指令和执行不仅无法得到公开检视,而且常常包含了多种方向的可能,许多试图了解算法作用,或力图理解算法如何干涉和影响日常生活方式的研究人员,就面临着新的挑战:他们需要试图理解这种偏见的起源。它们不仅部分源于许多算法的知识产权属性、多样性、复杂性,它们在许多在线进程中的嵌入以及它们在做的许多事情时表现出来的日常性,还因为许多人在处理复杂的数学和技术系统时缺乏相应的技术知识和素养。

六、不同的框架:观看之道

麦肯齐[2]指出算法在不同环境中推进、层叠、架构以及重新分配行动。本研究提到,算法越来越多地被委托执行通过技术制定的日常实践。反过来,将功能委托给算法的实践本身也成为日常实践,它变得越来越平凡和常规化。在这一委托的过程中,日常的数据(行为、关系和对象)被转译、构造和重塑。

根据告诉我们看什么内容的算法,或对我们网上观看内容的过滤及管理,算法也有一些框架,来告诉我们作为用户应该观看什么内容。本文通过对算法相关主题的新闻标题进行随机选择,得到以下标题:算法聚焦人类所忽略的美;算法可以在你的度假快照中发现"美照",并且告诉你应该删除哪张自拍照,获得通往幸福的最短捷径是哪一条,类似的例子还有很多。

尽管这些新闻标题向我们说明了许多有关对人类技术能力的信念,但这些故事本身也详细说明了我们人类用户可以使用或委托这些技术来执行日常实践的方式,这将某些假设和作为结果的参数包括在内。识别美的算法在其中包含了关于美的假设和定义。这些假设和定义看起来像是通用和永恒的,并很容易被简化为特定的数据组合。编辑自拍照的算法暗示了你能力上的不足,应该信任技术而不是靠你自己来做这些美学的决策。通往幸福的最短道路意味着由算法来决定在众多道路中,哪条是最安静的或者最美的。

---

[1] MACKENZIE A. Cutting code:software and sociality[M]. New York:Peter Lang.,2006:44.
[2] 同[1]43.

旅行算法的目标就是建议一条不仅短途而且使人情感愉悦的道路①,研究人员指出:

> 迄今为止,没有任何工作尝试在推荐路线时将人们对城市空间的情绪感知考虑在内。因此,我们着手通过收集对城市场景的可靠感知,将其纳入算法的解决方案,并对这些解决方案进行定量和定性的评估。

在进一步研究的开发过程中,人类情绪、决策和输入的相互作用以及技术的排序、分析和操纵能力变得更加复杂,并展现了人类处理和技术处理之间发生的迭代和多层次交流。在旅行算法中,输入数据结合了数据分析和输入的用户投票得出。前者来自展示伦敦两个街景的众包平台,后者来自用户对街景的选择。随后,对这些信息进行分析,形成以美丽、安静和幸福为特征的旅行模型。

之后,为了测试其通用性,首先开发人员通过分析 Flickr 用户投票,直接与用户进行访谈,研究他们的算法模型能否也可以在 Flickr 上预测美学评分。分析的结果是该算法的开发人员声称,他们的算法可以利用合理准确的结果来提供若干可能"理想"的旅行路线建议。这能够满足旅行者的需求从而使旅途变得更愉悦。

虽然尚不清楚该算法模型已经投入使用还是有待进一步开发,但很显然它可以用于雅虎地图。它与雅虎合作,并基于 GPS 的服务,被资本化并提供服务。肖莎娜·祖博夫②③在后来对用户行为数据进行捕捉的时候,非常明确地描述了这一联系。

七、模块化、量化与日常

通过将项目、动作和进程转化为可以计算和可供延展的单位或数据点,算法得以发挥作用——它无视实际内容和语境,在某种意义上将所有一切(对象、动作和关系)都呈现为等效的。通过这些算法本身的设计操作及其与更广泛的环境的交互,这些转换又被赋予了新的价值、意义和关系。在某种程度上,这些转换过程是任意的、非判断

---

① QUERCIA D,SCHIFANELLA R,AIELLO L M. The shortest path to happiness:recommending beautiful, quiet, and happy routes in the city[EB/OL]. (2013-05-02)[2014-09-04]. http://researchswinger. org/publications/quercia14_shortest. pdf.

② ZUBOFF S. Big other:surveillance capitalism and the prospects of an information civilization[J]. Journal of Information Technology,2015(30):75-89.

③ ZUBOFF S. Google as fortune teller:the secrets of surveillance capitalism[EB/OL]. (2014-02-03)[2016-03-05]. http://www. faz. net/aktuell/feuilleton/ debatten/the-digital-debate/shoshana-zuboff-secrets-of-surveillance-capitalism-14103616. html.

性的,时间、身体、友谊、交易、地点以及空间都被转换为数据,以便在一个或多个技术系统中进行操纵和存储。仅仅在此基础上,就可以围绕世界的本体论理解更广泛的哲学问题。

对所有事物(日常)的简化和日益严重的碎片化可见于以下情况:量化自我和自我追踪活动的增长。人类活动的各个方面以及大量个体的生物和健康数据被识别、追踪,并由可穿戴技术捕获后分析、回馈给个体,输送给各种监视服务设备的供应商以及其他利益团体(健康服务)。这些简单化的策略捕获和操纵生物项目和行动,将其转化为数据。然而,转译行动本身也能引发重要的转型:从生理(心脏)和实践(散步)到数据的过程正在变得无可争议、合乎常规并且趋于无形。

然而,简化为单一数据单位仅仅是此过程的一个方面。算法的运用需要这种简化,然后会通过指示或设计算法过程在这些变化的单元中引入、定义和创建关系。因此,算法也意味着不可思议的关系性——它定义、描述和塑造数据如何被重新呈现的关系。这些关系由算法设计师根据设计简介、特定的需求或确定的输出来定义和设计,由技术特点、商业动机和社会倾向、各类偏见以及文化理解共同塑造出来。

信息检索、分析功能和朋友间交流这样的日常实践向算法进程和软件编码的委托(以及经常由此导致的商品化)构成了人们日常结构的一部分。行动者框定、塑造和捕获用户实践及其需求的策略,与用户日常操作中使用的战术彼此交错,并实时互动。

八、结论

算法引出了有关如何在技术化日常中,将行动力和权力等议题概念化的问题。算法是一个由人类和技术可供性设计和执行的动态过程。它们在更广泛的政治、社会和文化环境中形成,而这种环境是由策略、结构和战术的持续交互影响而塑造的。因此,它们是不断流变的,例如,我们在谷歌检索算法中看到的持续更新,都是由人类和机器更改的。我们不能无视它们的行动,也不能不解决它们带来的诸般后果。科技研究、软件研究和行动者网络理论都为具体算法的特异性提供了丰富的见解和方法,但在很大程度上未能解决人们在日常生活中提出的更广泛的问题。

本文提到的一些问题涉及我们与机器的关系,更涉及我们在批判大公司的诸多算法时的无能。我们也分析了祖博夫所说的监控资本主义,这一过程不仅是单纯增长的商品化过程。正如德·塞托所说,消费者和用户不是被动的——他们在系统的运作中生存,并通过各种策略颠覆前者。然而这些始终未能囊括不少我们在此提出的问题。

人们将日常实践委托给技术流程,就需要把复杂行为分解、简化成一系列的步骤和数据决策点。算法概括了通往原子化和碎片化的增长趋势。随着日常生活中对奇异性、量化和分类规则的不断强调，这引起了更大范围的共鸣。结果，算法以及将人类行为委托给算法进程也成了技术化的日常的一部分。以上对于彼此之间建立更广泛的社会和道德关系，对于我们的技术以及我们对日常生活本身的理解意味着什么，值得进一步探讨和深思。

算法想象：探究脸书算法的日常影响

◎ 泰纳·布赫 著
王 政 译

摘要：本文研究了人们接触算法的情况与场景。在什么情况下人们会认识到算法？考虑到算法的隐藏性和不可见性，人们如何体验并理解算法？算法认识对人们平台使用行为的影响如何？为了回答以上问题，本文通过分析25位普通用户的推文并对其进行访谈，探索了有关脸书（Facebook）算法的个人故事。为研究人们接触算法的场景，本文提出了算法想象的概念，即思考算法是什么、应该成为什么以及怎么运作。算法想象不仅生成了不同的情绪与感觉，还对塑造脸书发挥着重要作用。研究人们对算法的感受对我们理解算法的社会权力大有帮助。

关键词：算法；影响；算法想象；体验；社会力量

二十多岁的杰莎和男朋友最近搬到了纽约工作。这对情侣搬进新公寓已有一个半月之久了，但还是睡在那张即将被压扁的气垫床垫上。他们最近经常谈到想要换个新床垫。当杰莎在克雷格列表（Craigslist，美国线上免费分类广告网站）上找房时，她男朋友就开始在亚马逊搜寻新床垫了。当某天早上杰莎浏览她的脸书（Facebook）主页时，刷到了一则有关气垫床垫的广告。杰莎对此感到非常困惑，于是发了一条推文："脸书算法到底是怎么知道我睡在气垫床垫上的？"尽管这样的关联或许只是巧合，但这种结果并非偶然。尽管杰莎知道平台通常会根据用户的浏览页面及点击次数而量身定制在线广告，但这些广告的运行方式总是让人觉得有些"毛骨悚然"[1]，这让公开与隐私之间的区分不再那么泾渭分明。

本文研究了如杰莎等其他社交媒体用户，在日常生活中接触算法运行的各种情况。计算机科学家通常认为软件是引导计算机执行特定任务的机器可读指令。简而言之，算法只是那些按照顺序精心计划的指令的另一个术语[2]。但是当社会科学家谈及算法时，他们往往不太关注机械术语，而更多地关注"软件影响我们本身存在"的方

---

[1] CHUN W. Habitual new media[M]. Cambridge: MIT Press, 2016.
[2] KNUTH E D. The art of computer programming, volume 3[M]. Boston: Addison-Wesley Professional, 1998.

式[1]。媒体和传播学者已经开始注意到算法的力量[2]、相关性[3]和对算法的问责[4],但关于用户如何了解并理解算法是人们"媒介生活"[5]组成部分的研究并不多见。因此,本文重点放在用户对日常生活中算法的理解和体验。在什么情况下人们会认识到算法的作用?考虑到算法的隐藏性和不可见特性,用户如何体验并感知这些算法?算法认识对人们平台使用的影响程度如何?为了回答这些问题,本文对用户个人的算法故事进行研究,这些故事在不同情况和场景下将算法和人群聚集起来,旨在通过构建算法想象的概念来帮助理解算法的文化想象和日常影响。算法想象不应被理解为错误的信念或某种迷信,而应被理解为人们想象、感知、体验算法并将其转化为现实的方式。从情感理论的视角出发,算法想象即与"所遇力量"[6]对应的情绪与强度,研究旨在理解算法"影响及被影响"[7]的能力。研究方法上,本文以普通用户对脸书算法的情感、看法、感受、陈述或疑问等相关推文为出发点,考察了"转送信号失败"及"令人焦虑的行为"[8]两种相关情况。以伯兰特《残酷的乐观主义》[9]一书为缘起,通过关注算法的情感维度,研究情景、片段和干扰,以及由此形成的陈述。正如伯兰特对情境的定义所言,"是事物的一种状态,重要的事情或正在日常活动中展开。是一种充满生气的悬浮状态"。它"使人保持意识,产生一种当下新事物要萌生的感受"[10]。我认为算法可能会让生活中这样的现象越来越多。

一、理解算法

目前关于人们在日常生活和媒介使用中体验和感知算法的研究并不多。但最近出现了有关"算法意识"的研究,"算法意识"反映了人们多大程度上认识到"日常数字生活充满算法选择的内容"[11]。在对40个脸书用户的研究中,伊斯拉米等人发现"超

---

[1] KITCHIN R, DODGE M. Code/space: software and everyday life[M]. Cambridge: MIT Press, 2011: ix.
[2] BEER D. Popular culture and new media: the politics of circulation[M]. New York: Palgrave Macmillan, 2013.
[3] GILLESPIE T. The relevance of algorithms[M]. Cambridge: MIT Press, 2014: 167-194.
[4] DIAKOPOULOS N. Algorithmic accountability: journalistic investigation of computational power structures[J]. Digital Journalism, 2015, 3(3): 398-415.
[5] DEUZE M. Media life[M]. Cambridge: Polity, 2012.
[6] GREGG M, SEIGWORTH G J. The affect theory reader[M]. Durham: Duke University Press, 2010.
[7] DELEUZE G, GUATTARI F. A thousand plateaus[M]. Minneapolis: University of Minnesota Press, 1987.
[8] STEWART K. Ordinary affects[M]. Durham: Duke University Press, 2007.
[9] BERLANT G L. Cruel optimism[M]. Durham: Duke University Press, 2011.
[10] 同[9]5.
[11] ESLAMI M, RICKMAN A, VACCARO K, et al. "I always assumed that I wasn't really that close to [her]": reasoning about invisible algorithms in the news feed[C]//Proceedings of the 33rd Annual SIGCHI Conference on Human Factors in Computing Systems, New York: ACM, 2015: 153-162.

过一半的用户(62.5%)不了解脸书主页的内容管理方式"[1]。他们认为这种现象令人担忧。因为"对算法的无知会带来严重的后果",这将导致一些用户错误地认为"脸书的主页构成由用户朋友和家人的习惯或意图来决定"[2]。相反,雷德和格雷发现事实上大部分的脸书用户认识到他们并没有看到朋友们发布的每一条帖子[3]。通过对464位受访者的调查结果进行分析,雷德和格雷发现,绝大多数人(75%)认为自己没有看到所有内容[4],只有8%的人认为自己看到了所有内容。尽管用户对脸书系统的看法千差万别,但大多数调查对象都表现出了"对该系统相当成熟完整的理解"[5]。尽管有些结论存在矛盾,但这些研究仍对算法的力量提出了一些有趣的见解,这些见解不仅影响着人们对他们每天与之交互的系统的看法,对算法本质和作用的不同见解也会影响到系统的使用。

现有研究主要涉及算法意识,即用户对脸书主页新闻内容的认识程度,而本文研究人们对算法意识和接触的各种情况。基于现象学和人类学方法,本文研究人们如何在日常生活中体验并感知算法。正如现象学家梅洛庞蒂(1962)所言,人们通常在无形之中与世界接触。当我们接触他人时,他人会按照自有的习惯、经历和个性出现在我们面前。我们不仅仅通过衣着、语言或一般举止来感知他人。现象学家认为,无形的情绪、情感和价值观念是构成我们第一眼所见事物的关键。也就是说人们若想体验算法,其实并不需要了解指导计算机运行的精准指令。正如文章开头杰莎与算法的日常接触表明,人们所体验的并不是数学公式,而是算法所带来的情绪、影响和感受。

如果遵循上面讨论的现象学思路,我们并不需要为了感知事物而接触事物本身(无论任何事物)。因此,可以通过算法带给人的体验和感受来"获取"包括算法在内的各种现象。这与情感的概念密切相关,但并不完全相同。正如帕帕克瑞斯指出的那样,情感是允许感觉被感受到的内容,这种行动或将带来某种特定的感受,她认为情感就像是我们行走时步伐的节奏[6],快节奏可能产生并加剧压力感,缓慢而轻快的节奏

---

[1] ESLAMI M, RICKMAN A, VACCARO K, et al. "I always assumed that I wasn't really that close to [her]": reasoning about invisible algorithms in the news feed[C]//Proceedings of the 33rd Annual SIGCHI Conference on Human Factors in Computing Systems, New York: ACM, 2015: 153-162.

[2] 同①.

[3] RADER E, GRAY R. Understanding user beliefs about algorithmic curation in the Facebook news feed[C]//CHI'15 proceedings of the 33rd annual ACM conference on human factors in com- puting systems. New York: ACM, 2015: 173-182.

[4] 同③.

[5] 同③.

[6] PAPACHARISSI Z. Affective publics: sentiment, technology, and politics[M]. New York: Oxford University Press, 2014: 21.

可能会让人保持镇定。在本篇研究中,问题在于我们在哪里才能找到算法中的行动力,即斯图尔特所说的"做出反应的动因"①。

二、邂逅算法

1. 方法

为了研究算法的情感维度和人对算法的感知,本文从伯兰特的情境概念②和斯图尔特的情感体验文化③分析中获取了方法论上的指导。利用数据和算法获取人们的个人故事和经历可能并不可靠。那么应该如何收集算法相关的故事呢?事实证明,推特上发布的推文非常可靠。推特具有公开性,数百万的个人主页和推文都公开发表于此,每条推文不能超过140词,借助平台特定搜索引擎可搜索到涉及几乎所有内容(包括算法在内)的推文。这为本文获取思想、观点和陈述提供了有力帮助。

从2014年10月到2015年6月,我定期在推特(Twitter)上搜索关键字和关键字组合,包括"脸书算法""算法和脸书""算法和奇怪""算法和可怕",目的是从个人账户角度研究普通用户的算法体验。值得注意的是,本文仅针对用户在脸书平台上接触的算法。出于一致性和增强可比性的考虑,本文决定将对研究发现的讨论限制在同一平台上。由于脸书的适用范围广,使用经验丰富的长期用户多,以及公众对其算法的注意度比较高,因此脸书是个十分有趣的案例。其中部分原因也包括媒体对所谓脸书情绪感染实验的大量报道。每隔几周我会在推特上进行一次查询,手动滚动页面寻找相关推文,并截取一些更像个人的而非营销的推文。借助我在推特为研究而创建的个人账户,有时我会联系那些近期发送脸书算法相关推文的用户,询问他们是否愿意回答与该推文有关的一些问题。在我联系的47个人中,有25个人给了我正面答复。然后,我与他们通过电子邮件取得联系,并提供了有关该项目的更多的背景信息、研究对象知情同意书和3—4个问题。由于主要问题涉及对算法相关推文的询问,因此我决定进行基于电子邮件的访谈,以便快速获得这些推文包含的场景、故事和情感等反馈,从而验证用户对事件的回忆。问题包括"这篇推文的背景是什么?您为何写下了这篇推文?""您认为脸书平台的算法是如何运行的?"以及"您是否认识到算法在某些方面影响了您对脸书的使用?"

---

① STEWART K. Ordinary affects[M]. Durham:Duke University Press,2007:16.
② BERLANT L G. Cruel optimism[M]. Durham:Duke University Press,2011.
③ 同①.

对访谈材料的编码,获取了各种情况的信息,包括研究用户做出反应的理由,用户对脸书算法运作方式的看法和心智模型,认识算法的程度对他们使用脸书的影响,他们针对算法开发了哪些策略和计策(如果有的话),以及他们对算法存在的各种问题和诸种疑虑。所有25位研究用户都没有使用真实姓名。但他们的年龄、所在国家和职业都是真实的信息(见附录)。尽管这项研究的有限数据仅来自25名用户,且仅针对脸书算法,但研究结果为人们研究算法提供了新的见解。如果我们想了解算法的社会力量,则有必要了解用户对算法的接触和理解。此外,这些经历不仅影响了用户对计算系统的期望,还有助于塑造算法本身。

2. 日常情绪发生的场所和场景

斯图尔特在《平凡的情感》[1]中充分展示了这种场景和情况。不过本文的研究并未提到任何主张,也没有尝试与斯图尔特的诗歌散文相提并论。本文并非要穷尽说明生成算法意识的各种情况,下面介绍的场景仅是示例,从中可以发现样本整体上发生的共振。正如斯图尔特[2]所描述的那种日常情绪一样,下文对写作风格进行了研究,着重强调了推文和故事对揭示算法社会力量的要点和连接形式。借助对简短场景形式的描写,揭示了研究结果,重申了用户与脸书算法相关的故事,并对该情景进行描述。与脸书算法相关的场景包括推文本身以及其所选引用。直接引用推文时,通常会对原文用词稍加改动以保护用户的隐私。那么,是怎样紧迫的场景和观察使人们在社交媒体上发表与脸书算法相关的推文呢?

3. 识别身份

> 凯拉曾在脸书上发布她分手回归单身的推文。她不得不取消体育馆的会员(脸书似乎在不断提醒她这一点),并且她已经开始使用约会软件来寻找新的伴侣。最近,凯拉一直在网上浏览婴儿洗浴的幼儿装饰品。当她浏览脸书的主页时,她注意到算法在同一组建议中为她推荐了多种约会网站和怀孕相关的应用,这实在太奇怪了。她明确表示"脸书算法真的让我感到困惑"。

正如文章开头杰莎和气垫床垫的故事那样,来自纽约的23岁学生凯拉也直观地感受到,脸书算法将她在网络上的活动与推荐应用软件和各种广告连接了起来。她知道自己的行为正在被追踪,但她仍无法消除被算法通过特定方式分类和分析的奇怪感受。这种"分析机器"生产详尽的用户资料,以预测用户的未来需求。这些算法分析

---

[1] STEWART K. Ordinary affects[M]. Durham: Duke University Press, 2007.
[2] 同①.

的形式可以不断地重新构造,识别和个性化其监视形式[1][2]。尽管脸书关于杰莎和凯拉的推论似乎正确,但重点在于是用户能"感觉"到事情不对。正如凯拉所言,没有人喜欢被提醒自己分手了,而且体重超重。

有时脸书所建立的联系也并不总是正确,例如40多岁的职业顾问香农在脸书上发表关于泰勒·斯威夫特(美国歌手)的推文时,突然收到了受年轻人青睐的商品广告。这很可能是因为泰勒·斯威夫特的粉丝通常被划分为年轻人群体。香农说她通常还会收到抗皱霜和减肥广告。这体现了算法对典型中年妇女群体的刻板印象。尽管她认为这件事很有趣,但她觉得有些冒犯,因为这些算法对她做出了错误的预设。这其中的问题不仅在于算法的分门别类是否与我们的自身感受相匹配,还在于算法"眼睛"对自身进行观察和识别的程度如何。

4. "哇"时刻

> 早上喝咖啡时,你刚坐下打开脸书,就发现了两个雀巢咖啡的广告,这就是一种"哇"时刻。

与算法追踪用户行为来分析用户身份一样,脸书可以产生让杰莎发出"哇"惊叹的时刻。在这些事件中,算法的力量透过一种奇怪的感觉展现出来。即使对杰莎那样精通技术的记者来说,这些"哇"时刻也存在难以解释的奇特之处。尽管雀巢咖啡可能是根据时间和其他信息而设置的上下文关联广告,但杰莎的经历更多地描述了算法指导和引导注意力的功能[3]。正如比尔所言,算法定义了什么东西会"找到我们"[4]。因此算法在数据流通以及过滤和指导数据中起到重要作用[5]。当人们察觉到算法的存在时,"哇"时刻便会出现。

5. 错误预测

> 滚动浏览和阅读脸书主页已成了丽娜的感官习惯,她一天会看很多次。她所看到的东西并没有给她留下深刻的印象。她所看到的主页大部分内容与她所持的政治意见相悖,并且热门话题都与名人八卦有关。脸书建议她应该"戳一戳"(脸书的一种功能)她的前男友。她在主页中隐藏了他的帖子,

---

[1] DE VRIES K. Identity, profiling algorithms and a world of ambient intelligence[J]. Ethics and information technology, 2010, 12(1): 71-85.
[2] FUCHS C, BOERSMA K, ALBRECHTSLUND A, et al. Internet and surveillance: the challenges of Web 2.0 and social media[M]. New York: Routledge, 2012.
[3] AMOORE L. Lines of sight: on the visualization of unknown futures[J]. Citizenship Studies, 2009, 13(1): 17-30.
[4] BEER D. Popular culture and new media: the politics of circulation[M]. New York: Palgrave Macmillan, 2013.
[5] 同[4]82.

但脸书似乎总是忽略她的这一操作。丽娜对社交网络与自己的兴趣和信仰如此不同步感到恼火。也许是因为她在德克萨斯州农村读高中的时候就添加了脸书的大部分朋友,但她现在住在纽约,纽约才会给她家的感觉。她读了研究生,还为民主党投票。正如丽娜在推文中讽刺地指出:"要么就是脸书算法真的糟糕透顶,要么就是我真的很想了解名人、阅读保守党的新闻还有和前任互动"。她说,"算法一定错误地评估了我的社交网络需求"。

当算法了解我们当下的处境时,有时它会通过某些不可思议的方式产生"哇"时刻。尽管如此,丽娜的烦恼源于她无法克服过去数据给算法带来"误会"的情况。尽管"现实"生活让过去成了过去,而算法系统却使"向前看"变得困难。算法和数据库的交织让人很难忘记过去。比尔指出,档案不仅记录,而且通过定义相关的和可检索的内容来塑造记忆[1]。对于丽娜而言,脸书算法与她对自己生活的看法明显不符。丽娜不再是从前的那个她,她在脸书上的以前的德州朋友与她现在的纽约生活关联不大。算法很难抓住这种存在和社会差异,于是产生可能被忽视的问题。当构成世界的算法生成与人们现在的体验不同步时(如丽娜所说)会发生什么?现有的社交网络个人资料在多大程度上仍会因过去的生活和经历而永远变得模糊不清?

在用户的表述中经常反复出现的主题是算法的规范维度,即人们期待算法以特定形式运行的方式。通常,只有算法使人们感到不安、措手不及或沮丧时,这些期待才会显现出来。人们通常在察觉到算法发生故障时才开始注意到脸书算法的存在。对于丽娜来说,显而易见,脸书算法对其生活和社会愿望的评估并不准确,尽管她承认这也不全都是算法的错,毕竟她确实添加了那些以前的好友,但她仍希望算法能够有所提升。

当算法无法按照人们期待的方式运行时,算法通常将系统描述为已损坏。正如丽娜一样,许多其他用户也描述了与此相关的情况。25岁的质保工程师卢卡斯发推文说,"我很确定脸书算法正在变得越来越差,我发现最近刷到帖子的多样性大不如前"。随后,他解释了发送此篇推文的背景。当时他对脸书算法非常失望,因为他持续数小时在主页中刷到了五六个同样的故事。正如他所说,"完全没有出现任何让我感兴趣的新内容,所以我在推特上发布了对算法的感受"。就像卢卡斯描述的那样,其他用户也表达了自己对算法的"讨厌",认为算法是个"笑话",或者将算法的运行描述为"纯粹的笑话"。

---

[1] BEER D. Popular culture and new media:the politics of circulation[M]. New York:Palgrave Macmillan,2013.

6. 热度游戏

他按下发布按钮并开始等待。通常,五分钟内他的帖子会收到"点赞"或"评论",但这次什么都没有发生。米歇尔于是发推文表示:"整个脸书算法真的太让人失望了。"作为一个独立音乐家,米歇尔必须找到传播音乐话语并吸引观众的途径。脸书看似是一个推广自我的理想平台,但脸书平台仅适用于那些懂得利用算法规则的人。米歇尔表示他现在已经可以更好地"进行脸书的游戏",比如"发帖时间、用词以及最初的互动情况等因素都会影响发帖的状态"。从之前的经验来看,"如果发帖后的十分钟内没有听到消息提示音(点赞、评论、分享),你的帖子将很快淹没在脸书的主页中,并逐渐消失"。最近他刚刚发布了新专辑,需要发帖来说明。他精心挑选了时间,仔细斟酌了文案的用词,特意使用了类似"哇!"和"这太棒了!"等词汇。然而,没有人下载他的新歌,播放量也只有 35 次。米歇尔表示对此失望透顶。

脸书提供了"微名人"展示自我的平台①。"微名人"即那些利用社交媒体来创建网络地位并吸引粉丝的业余爱好者。平台的商业模式和潜在的算法逻辑限制了实践。作为一名学生和独立音乐人,米歇尔感到非常沮丧,因为他的职业生涯还要由脸书算法决定。尽管他以为自己对"脸书游戏"的了解已经足够多了,但他还是怀疑脸书"只会展示那些付费推广的动态"。

热度无疑是社交网络平台的要旨。尽管脸书竭力强调"用户间流量分享的概念"而非"对商业开发的兴趣"②,但所有分享并没有得到同等程度的重视。正如布赫论证的那样,脸书算法倾向于只奖励"正确"类型的分享,增加某些类型帖子的可见度,而其他帖子却要为之让步③。另一位用户,来自加拿大的学生诺拉,担心社交媒体算法对热度的偏见或将减少人们在主页看到的帖子种类。她表示脸书让她觉得很不舒服,因为在这里人们总是要"追赶自己朋友们的脚步"。诺拉担心算法对"点赞"和"分享"的偏见会使"冰桶挑战"等利用病毒式营销手段传播的视频具有更高的热度,从而使更重要但没有收到多少"点赞"的时事不再受人关注。正如诺拉所言,"我不喜欢算法、编辑器、监管者过多控制我的发言。如果它们追求更多的热门话题,那么非热门话

---

① MARWICK A, BOYD D. I tweet honestly, I tweet passionately: twitter users, context collapse, and the imagined audience[J]. New Media & Society, 2011, 13(1): 114-133.
② VAN DIJCK J. The culture of connectivity: a critical history of social media[M]. Oxford: Oxford University Press, 2013: 61.
③ BUCHER T. "Want to be on the top?" algorithmic power and the threat of invisibility on facebook[J]. New Media & Society, 2012, 14(2): 1164-1180.

题的帖子会不会就此被关闭？"

我询问诺拉为何写下"脸书算法真的好奇怪"这条推文，她表示这条推文是对她自己一篇脸书帖子的评论。她经常发布有关加拿大时事的帖子，并定期比较帖子被"点赞"和"评论"的情况。她说："尽管我并不想承认，但我确实想让别人点赞我的帖子或动态。""点赞"数量助推了脸书的热度游戏，其中算法基于互动的社会倾向而设计。阿加尔指出，脸书之类的社交媒体平台已经造成"一种普遍的焦虑"，用户都希望自己的个人主页被更多人看到①。但是，对于诺拉来说，得到点赞并不是"自恋的呼救"②。相反，当用户想要影响算法的意向性，让帖子被更多人看到时，这是一种必须的战略部署。

有趣的是，大多数用户都曾对系统和算法的运行方式进行各种实验或测试。凯特曾是一名教师，如今为住在她附近的父母运行一个脸书主页。她表示自己有意地选取多张照片而非单张照片发帖，斟酌发帖用词和时间，试图让帖子达到最高的浏览量。作为脸书页面的所有者，凯特表示："我完全改变了自己分享信息的方式，使其最适合算法。"诺拉同样如此，在更新脸书状态以及日常使用时，为了适应算法她也作出了一些调整。此外她赞同了迈克尔关于时效性和构建互动重要性的一些观点。正如诺拉所说："如果我发布的内容在最初的五分钟之内没有收到点赞，或者在前几分钟只收到了一两个点赞的话，那么我的帖子将消失在主页中，不可能收到很多的点赞或更多评论。"多年来，诺拉制定了不同的策略，让算法能对她的帖子进行更多识别。这些策略包括：在特定时间发布（通常在工作日的深夜，而不是星期五），以特定方式安排帖子的位置以确保其他人不会出现在她的个人主页照片中（否则他们很可能会获得更少的"赞"），并确保在更新中避免或包含某些关键字。正如吉莱斯皮③所言，调整网络行为使其适应社交网络平台及其运行逻辑，可以被视作一种优化形式，内容制作者可以使他们的帖子"被算法识别"。当用户选取特定的日期和时间段，使用多张图片而非一张图片，仔细斟酌用词并有意选取正面措辞时，他们不仅仅从策略上更新了个人社交媒体的主页，还期待别人看到他们的更新。吉莱斯皮认为使用话题标签是优化算法的一种方式④。与他的这一观点一致，本研究中分享的个人算法故事表明，为了使帖子被脸书主页算法更好地识别及发布，许多用户会重新设计他们的语言表达。

---

① AGGER B. Oversharing: presentations of self in the internet age[M]. New York: Routledge, 2012: 44.
② 同①45.
③ GILLESPIE T. The relevance of algorithms[M]. Cambridge: MIT Press, 2014: 167-194.
④ 同③.

7. 残酷的回忆联系

记忆是强大的。它在一瞬间生成,却让人一生难忘。它浮现在生动的梦境中,也出现在清晨的困倦中。记忆可以随时被召回,也可以随意被撤回。记忆是一个事件,它把我们与过去联系在一起,并可能开辟未来的道路。记忆是一种邂逅、一次机遇、一种消遣、一次白日梦或对现实的否认。在数字时代,机器可以制造、推动并对记忆编程。手机应用的设计让人们与记忆联系并参与其中。"回顾"视频以及"年度回顾"的功能可以让记忆突然浮现,令人印象深刻的场景再次映入眼帘。只是,在某些情况下,美好生活不复存在。这些功能和手机应用不仅会提醒其他人的生日,也会让他们不断想起生活中那些痛苦的回忆。那些不愉快的回忆会突然在某一个奇怪的时刻涌现出来,从屏幕前一闪而过。[①] 埃里克·梅尔的故事便是这样的例子。在那一天,他并不想难过,但脸书提醒了他的伤心事。脸书提醒:"这是你那年的情况。"他看见了女儿的照片,他的女儿就是在那一年去世的。

在推特上,一个陌生人的沉思或许不能像算法一样真正捕捉人们的经历。这位陌生人名为阿尔伯特,在马萨诸塞州从事广告工作。尽管算法无法很好地了解人们的经历,但阿尔伯特的推文很好地阐述了机器阻断情感的奇异之处。在 2014 年的 12 月,埃里克·梅尔的故事和"残酷算法"所提供的他最近去世女儿的照片,一起构成了他"年度总结"的一部分,在很多地方都可以看见。阿尔伯特认为,对其他一些用户而言,事件与算法的力量形成激烈冲突,使他们有理由做出反应[②]。当另一位用户理查德决定因此离开脸书时,该事件引发了阿尔伯特关于人性和机器的一些基本探讨。阿尔伯特认为,"虽然算法可能是(也可能不是)有效地向正确的用户精确投放正确广告的好工具",但"它们可能不是创造情感内容或在人际层面进行联系的最佳方式"。大卫·希尔引用了利奥塔的著作《非人类》(*The inhuman*),从许多方面来看,他将上述观点描述为"新技术的非人类功能"[③]。正如比尔所指出的那样,算法系统"根据一系列不同的准则来评判个人,无须人为干预或改变决策"[④]。确实,年度回顾功能失败的用户体验表明,人类和机器的"思考"方式并不相似。对于阿尔伯特而言,此事件使他认识到"关于算法最显而易见的一点,即它们只不过是机器而已"。他认为在此案例

[①] STEWART K. Ordinary affects[M]. Durham:Duke University Press,2007:60.
[②] 同①.
[③] HILL D W. Jean-François Lyotard and the inhumanity of internet surveillance[M]. New York:Routledge,2012:107.
[④] BEER D. Popular culture and new media:the politics of circulation[M]. New York:Palgrave Macmillan,2013:77.

中"人为判断"明显缺失。他表示这个人可能并不想被提醒他女儿今年去世了,所以即使这条帖子引起了无数关注,我也不会关注它。

理查德和阿尔伯特认为,算法不仅会误判人类的想法,甚至可能根本无法判断人类的想法。虽然阿尔伯特不确定在这种情况下算法本应做些什么,但他清楚地知道"算法只能和构建它的人一样聪明"。然而,人类开发者并不能保证算法的人性化运行。正如希尔所言,问题在于"人类能够判断语境的差异,而算法的数据处理模式很明显缺少这种灵活性"①。

8. 破坏友谊

这条推文简短明了:"脸书算法破坏了友谊。"瑞秋已经观察一段时间了。她通过《华盛顿邮报》上的一篇文章了解到脸书算法。她本人是一名记者,对算法很好奇,想要了解算法是什么、如何运转、有什么影响。她始终紧盯着动态,期待通知出现。来了!一个高中的好朋友刚刚点赞了她的帖子。瑞秋已经完全忘记这个朋友竟然还在玩脸书。"我不断被震惊到,因为脸书每天都会隐藏我主页动态中的信息和人"。

脸书和友谊紧密相关。从人们登录、创建个人主页并开始使用该网站时,脸书便鼓励他们查找朋友、添加好友、维系友谊并与朋友交流。脸书对友谊并不只有调节功能,正如瑞秋的故事所说,脸书对友谊也有坏处。根据瑞秋的经验,脸书上的友谊是经过特定的过滤和整理的。她认为算法破坏了友谊,因为算法让很多朋友消失在了视线中,偶尔才能意识到那些朋友的存在。正如瑞秋所说,"在社交网络上我的确只和少数朋友进行互动,几乎忘记了我还有这么多其他朋友"。脸书的编程通过各种功能提醒人们(上文中与记忆相关的应用),同时它又让人们忘记了许多。瑞秋觉得脸书没有向她推送大量她并不关心的人的生活动态,但同时也让她失去了控制自己生活和社会关系的权力。她说:"算法会让人忘记一些朋友,因而让我觉得算法正在剥夺我的自主选择权,这让我很生气。"

这是一种相当普遍的脸书体验。几位用户表示,他们发现脸书算法为他们做出了选择并决定了他们的浏览内容,这让他们感到不舒服甚至不安。安东尼是一位加拿大的60多岁的艺术教授,这种体验让他认为是脸书管理机构故意进行操纵的。他发现在主页中"人们出现的不规则"方式有点令人毛骨悚然。与杰莎"哇"时刻的概念不同,安东尼认为脸书算法容易让人处于一种惊奇于"这些人为何会突然出现"的状态。

---

① HILL D W. Jean-François Lyotard and the inhumanity of internet surveillance[M]. New York:Routledge,2012:106-123.

算法好似机器中的"鬼魂",无论人们是否愿意想起自己的生活,算法总会进行提醒。正如安东尼所言,这种提醒让人觉得不可思议,因为那些提醒本不应该出现。当我们很久没有联系甚至已经忘记了的朋友突然出现在我们的脸书主页时,这种瞬间"惊喜"的不适感,也说明了"脸书友谊"的特定情感维度。

三、算法想象

脸书算法通过催生各种情感邂逅,产生了社会想象。正如本文对个人算法故事分析所证明的,脸书算法成为"强制关系"的一部分,形成了不同的体验、情绪和感受。可以将不同的场景和情况当作所谓算法想象的一部分,算法想象即算法是什么、应该成为什么、怎么运作及其可能带来怎样影响的思考。正如史蒂文所言:"除了脸书本身外没有人真正了解其算法的运行方式,而个人算法的故事说明算法除代码外还可能涉及其他形式的寄存器。"也就是说,算法的作用并不仅限于其自身[1]。相反,围绕算法在公共领域展开表达、体验和争辩,我们可以了解算法的运行。这并不是说人们的算法体会和遭遇是虚构的,相反,它们是真实的。算法不仅仅是抽象的计算过程,它们也可以在不同程度上塑造社会生活本身,影响物质现实[2]。当瑞秋发现自己每天有意识的点击会影响其主页上随后出现的内容时,算法不仅是她所思考的抽象"虚幻"事物,还影响了她使用脸书的方式。同样,卢卡斯说,他对脸书算法的认识不仅影响了他的发帖方式,还影响了他对别人的反应。正如他所说:

> 如果我朋友的发帖是他所热爱的事物,我就会点赞并评论。因为我知道这可以在编程方式上给予"支持",并可能会使他的内容进入更多人的主页中,因为边际排序算法(EdgeRank)会因我的参与而增加我的朋友的帖子的可见度。

卢卡斯乐于点赞朋友的帖子以增加其可见度,这点与最近社交媒体监视的新发现相呼应。正如特罗捷和里昂所表示,脸书用户通过标记、评论和点赞的方式进行"协作身份构建"来增加用户发帖的可见度。[3]

---

[1] INTRONA D L. The enframing of code: agency, originality and the plagiarist [J]. Theory, Culture & Society, 2016 (28):113-141.
[2] BEER D. Popular culture and new media: the politics of circulation [M]. New York: Palgrave Macmillan, 2013.
[3] TROTTIER D, LYON D. Key features of social media surveillance [C]//InC. Fuchs, K. Boersma, A. Albrechtslund, & M. Sandoval. Internet and surveillance: The challenges of Web 2.0 and social media, New York: Routledge, 2012:89-105.

用户对算法属性和运行方式的看法影响了他们使用算法的侧重。很多用户都调整了他们分享信息的方式,正如凯特所言,这都是为了使帖子与算法能够完美配合。对于那些渴望得到关注的脸书长期用户而言,他们尤其会做出此类的调整。上述内容说明,脸书发布平台的用户参与度揭示出系统基本逻辑的隐性知识。

尽管大多数技术的设计方式并不需要用户了解其运行方式,但人们往往会构建与技术运行方式相关的心智模型和理论,以此寻找方向并与世界互动(例如见奥利拉夫斯基和加斯①)。尽管用户并不了解算法,但大多数用户对脸书算法都有或多或少的了解。比如,凯拉说她"并不知道算法是什么",但她猜测算法可能对脸书追踪的所有数据做出反应。同样,迈克尔"不知道算法实际上是什么",但他清楚地知道怎样更新动态才能让帖子得到更多的点赞,并被更多的人看到。

算法假想并不是对虚幻关系的定义,而是有影响力的鉴别,这是非常有用的。人们接触和体验算法的地点和场景,切实影响着他们对算法的思考、讨论和感受。45岁的人看到抗皱霜广告很正常。在脸书上宣布自己为"单身"的人看到约会网站广告也并不奇怪,但这些联系并不是偶然的。算法通过构造"身份类别"来创建"身份识别的网络关系"②。但是,这些控制论分类的统计衍生模式可能与用户感知并看待自己的方式相悖。一些用户对他们公然被分类的方式感到不自在。而其他用户则对算法的"思考方式"感到抗拒甚至生气,因为算法决定了他们是哪类人以及哪些用户群体会对他们所发布的内容感到兴趣。尽管很难脱离数字构建身份分类的影响,但如帕帕克瑞斯所言,情感可能超越"描述驱动力的情感和感受,这种驱动力暗示着各种行事的方式"③。算法的推断是否正确并不重要。例如,当孩子被当作成年人时,孩子可能很喜欢这种"严肃感"并开始像成年人那样行事④。同样,丽娜被识别出来,算法将她和老同学重新联系起来,这让她很生气,她开始更新更多有关民主党的帖子,以此与算法进行对抗。

算法想象不仅描述了人们构建算法的心智模型,还描述了这些想象所具有的生产力和情感作用。有些用户试图为了被算法"识别"而调整自我⑤。他们会为了实现自

---

① ORLIKOWSKI W J, GASH D C. Technological frames: making sense of information tech-nology in organizations[J]. ACM Transactions on Information Systems (TOIS), 1994, 12(2): 174-207.

② CHENEY-LIPPOLD J. A new algorithmic identity soft biopolitics and the modulation of control[J]. Theory, Culture & Society, 2011, 28(6): 164-181.

③ PAPACHARISSI Z. Affective publics: sentiment, technology, and politics[M]. New York: Oxford University Press, 2014: 12.

④ DE VRIES K. Identity, profiling algorithms and a world of ambient intelligence[J]. Ethics and information technology, 2010, 12(1): 71-85.

⑤ GILLESPIE T. The relevance of algorithms[M]. Cambridge: MIT Press, 2014: 167-194.

己的目的而改变自己的行为方式,例如,拉瑞为了让算法在主页中显示更多有趣的内容,隐藏了一些帖子。有的人则想让自己不被算法识别,来自菲律宾的受访者路易斯表示,他对脸书算法深感兴趣,但他认为这是一个陷阱。他说道:

  脸书算法让你想得到更多,却让你无法获得真正想要的东西。你喜欢它给你的感觉,但却不知道它到底对你有何作用。

  有的用户学着适应算法,但路易斯认为开发抵消算法的不同策略才是更好的选择。实际上,正如希尔所主张的那样,"抵消不仅仅涉及退出,还包括以不可预测的方式参与其中"[1]。正如路易斯所言:"实际上,网络上并不存在隐私。所以为何不去迷惑那些正在窥探你私人信息的人呢?这样便可以误导他们。"一些受访者表示他们曾暗地里混淆过数据。丽娜一直试图"操纵"与她互动的内容,以便"控制"脸书给她的建议。杰莎则试图通过点赞与其兴趣相反的帖子来混淆算法。

  正如我们所见,在日常生活中对算法的接触与体验构成了"强制关系",让人们有理由做出反应。人与脸书算法之间的情感接触不仅会产生不同的情绪和感觉,还对塑造算法本身起着重要作用。在机器学习的推动下,脸书算法随着不断增加的数据集发展变化[2]。正如同雷德和格雷指出的那样,这些系统的反馈环路特性使用户的想法成为塑造整个系统行为最为重要的组成部分[3]。当用户有意识地点击以打乱其"点赞"规律,为了提高朋友的帖子的可见度而发表更多评论,只在工作日晚上发帖或着重使用正面的词汇发帖时,也会影响和塑造算法。如果我们想了解算法的社会力量,仅仅批判算法的运行方式是不够的。虽然算法对人有一定影响,但人们也影响着算法。尤其在机器学习的背景下,算法的社会权力源于人与算法之间递归的"强制关系"。

四、结语

  人们在各种情况下体验算法。正如本文所示,脸书算法的确带来了许多对日常的影响。比如人们会因为没有收到任何"点赞"而感到沮丧,也会因为"为什么这些人突然出现在了我的首页中"而感到诧异。为了研究人和算法的接触情况,本文提出了算

---

[1] HILL D W. Jean-François Lyotard and the inhumanity of internet surveillance[M]. New York:Routledge,2012:121.
[2] INTRONA D L. The enframing of code:agency, originality and the plagiarist[J]. Theory, Culture & Society, 2016(28):113-141.
[3] RADEB E, GRAY R. Understanding user beliefs about algorithmic curation in the Facebook news feed[C]//CHI'15 proceedings of the 33rd annual ACM conference on human factors in com-puting systems. New York:ACM,2015:173-182.

法想象的概念。算法在当今生活中无处不在,因此研究其情感维度(让人感受体验如何)变得十分重要。由于算法在未来或将得到进一步强化,以下问题便涌现出来:与算法的邂逅接触会激发何种与算法共处的可能性?算法如何认识主体并且在多大程度上影响了主体的自我认识?反过来讲,人们对算法的意识对系统逻辑有何影响?个人用户无法真正体验算法对一个人生活的决定作用,因为算法很少与个人对话[①]。

与上述意见相反,本文认为人们对算法确实有所体验。尽管算法可能无法和个人对话,但算法会借助人们进行澄清说明。尽管很难了解人们与算法之间的个人化的相遇,但作为研究者,我们应当去探索算法与人接触的情景。问题有时并不存在于编码的黑箱之中:它其实就暗含在推文之中。

附件用户目录

澳大利亚:史蒂文(24岁,平面设计师)。

加拿大:乔琳(22岁,时尚博客作者)、诺拉(20岁,学生)、拉瑞(23岁,电视工作者)、安东尼(64岁,艺术教授)、理查德(41岁,体力劳动者)、亚历克斯(年龄不详,职业未知)。

挪威:莎拉(33岁,生物学家)。

菲律宾:路易斯(20多岁,曾经是学生,目前职业未知)。

英国:雅各布(38岁,大学休学)。

美国:凯拉(23岁,学生)、迈克尔(21岁,音乐家)、瑞秋(24,记者)、杰莎(20多岁,记者)、卢卡斯(25,质量保证工程师)、香农(45,职业顾问)、丽娜(20多岁,学生)、阿尔伯特(42岁,从事广告工作)、凯特(36岁,曾任学校老师)。

---

① CHENEY-LIPPOLD J. A new algorithmic identity soft biopolitics and the modulation of control[J]. Theory, Culture & Society, 2011, 28(6):164-181.

算法的批判思考与研究

◎ 罗博·基钦 著
王 政 黄立鹤 译

摘要：日常生活中有越来越多的地方正在受到软件技术的影响，这些技术对于生活具有协调、增强、制造甚至控制等一系列作用。从根本上说，软件由算法组成，即通过构建一系列清晰的步骤，来处理指令或数据，并最终输出结果。但目前为止，很少有对于算法的批判和反思，考察算法运作和性质的经验研究也不多见。笔者对近年来有关算法的批判性研究成果进行了总结和延伸拓展，讨论了如何在实践中对其展开研究。本研究提出不能仅从技术角度理解和研究算法。随后研究探讨了研究算法特性中的四种特征：算法具有"黑盒子"特性，有巨大异质性，受大量其他算法的影响；植入复杂的社会技术"装配体"；具备个体创生性和行述性；在其运作中常常"脱离控制"。最后，文章探讨了六类算法经验研究的路径，其中包括检查源代码（解构代码，复原代码生产的谱系）；反思性的生产代码；复盘算法；访谈代码设计者并对编码团队进行人类学民族志考察；解构分析架构算法的社会技术框架；考察算法如何实际运作。

关键词：算法；编码；认识论；方法论；研究

如今我们生活在这样的世界中：算法决定我们生活中越来越多的重要选择。大数据驱动的算法是社会上新的权力掮客。作为公众，我们通常缺乏对算法如何行使权力的明确认知。对算法的清晰认知能够增加公众围绕具体的算法权力进行公开辩论和对话的能力。相比法律编码，算法的编码更不透明，隐藏在一层层技术的复杂性背后。[1]

当下，普适计算与大数据技术已经无处不在。我们的日常生活如消费、工作、旅行

---

[1] DIAKOPOULOS N. Algorithmic accountability reporting: on the investigation of black boxes. A Tow/Knight Brief. Tow Center for Digital Journalism, Columbia Journalism School [EB/OL]. (2013-07-04) [2014-08-21]. http://tow-center. org/algorithmic-accountability-2/.

等,都被软件驱动的电子设备和网络化系统所协调、增强甚至控制着①②③④。软件由算法组成,致力于构建一系列清晰的步骤处理指令、数据并最终输出结果。所有数字技术构成了"算法机器"⑤,许多关键算法构成日常实践和任务,包括执行搜索、安全加密交换、模式识别、数据压缩、自动校正和路径选择等⑥。

在过去十年里,软件研究兴起,人们将软件作为其批判性分析的对象,以分析算法的生产、使用和运行的形态。这些研究从分析数字技术对社会的效果转向讨论数字技术的软件性质。基钦和道奇(2011)等人将这种转向比喻为从研究疾病的效果转向追踪疾病的流传以及各种疾病的病因学。前者关注数字网络等技术系统如何重塑城市的交通管理,却并不细致考量这样的效果作为技术系统的显性后果。因此,软件研究多聚焦于软件的生产及使用。作为结果,正如麦肯基和迪亚克帕罗斯批评的,多数研究倾向于考察集成的编码,而非分头理解构成编码的不同部分和经此表达出来的算法。

然而,在过去的几年里,少数几位批判性学者开始关注代码和算法,他们借鉴了科学技术研究和新媒体研究的思想。本研究综合并扩展了关于算法的批判思考,进而探究如何在实践中更好地研究算法。第一部分先探究算法是什么,它们如何与软件发生关系。第二部分讨论技术之外的路径和理解来反思算法。第三部分分析了研究算法属性时四个主要的挑战。其中包括算法常被隐入"技术黑盒子";算法异质性较高并常取决于数百个其他算法;算法嵌入复杂的社会技术系统;算法具有个体创生性和行述性;算法的运作常不受控制。随后,文章讨论了六种研究算法的方法路径:检查源代码(包括解构代码和描摹生产的谱系);反思性的生产代码;算法复盘;采访设计师并对编码团队进行人类学民族志考察;解构支持架构算法的更广义的社会技术"装配";检查算法实际如何运作。

---

① GREENFIELD A. Everyware:the dawning age of ubiquitous computing[M]. Boston:New Riders,2006.
② KITCHIN R,DODGE M. Code/space:software and everyday life[M]. Cambridge:MIT Press,2011.
③ MANOVICH L. Software takes control[M]. New York:Bloomsbury,2013.
④ STEINER C. Automate tis:How algorithms took over our markets,our jobs,and the world[M]. New York:Portfolio,2012.
⑤ GILLESPIE T. The relevance of algorithms[C] //In T. Gillespie, P. J. Boczkowski, & K. A. Foot. technologies:Essays on communication, materiality, and society,Cambridge:MIT Press,2014a:167-193.
⑥ MACCORMICK J. Nine algorithms that changed the future:the ingenious ideas that drive today's computers[M]. Princeton:Princeton University Press,2013.

一、算法何为?

宫崎[1]将"算法"一词追溯到12世纪的西班牙,当时阿拉伯数学家穆罕默德的手稿被翻译成了拉丁文。这些手稿记录了使用数字进行加、减、乘、除的方法。此后,"算法"的意思变成"执行书面基本算术的特定步骤的方法"[2],并且被用于"描述任何系统或自动计算的方法"[3]。在20世纪中叶,随着科学计算和早期高级编程语言如Algol 58及其衍生产品的发展,关于算法的理解变为:一组清晰的指令若遵循正确的步骤能够将输入的指令或数据转换成预期的结果[4]。

作为一组事先定好的步骤,将算法转换为可执行并能够实现的代码相对较为容易。代码是未经集成、不可执行的计算机程序,通常存储在源文件中;一组以低级语言,例如直接向微机处理器提供具体指令的机器语言写成的命令,或更高级的具备部分自然语言特征(句法结构)的语言写成的命令。代码会被转换为机器可执行的编码,也就是一串二进制的命令。

从计算和编程的角度来看,"算法=逻辑+控制";其中逻辑是特定问题域组成部分,并且规定了解决方案的抽象表述和表达,即需要做什么;而控制部分则为问题的解决策略,以及在不同情况下处理逻辑的指令,即应该怎么做[5]。算法的执行效率可通过改进逻辑部分或改进算法控制部分加以提高,包括更改数据结构(输入)以提高效率[6]。正如戈菲所说,"算法能做事,其句法结构代表了使之能做事的命令结构"。拥有缜密的逻辑,算法至少在理论上与编程语言或执行它们的机器无关,它是独立于"实施细节"的自主存在[7]。

还有一些理念明确采用算法的形式。例如,数学公式以方程的形式被表示为精确算法。例如,毕达哥拉斯学说提出在直角三角形的三条边中,斜边长是直角边长平方和的开方,也就是 $a^2+b^2=c^2$。这个等式很容易就可以转化为计算三条边长的一组命

---

[1] MIYAZAKI S. Algorhythmics:understanding micro-temporality in computational cultures. computational culture,issue 2[EB/OL]. (2012-03-15)[2014-06-25]. http://computationalculture.net/article/algorhythmics-understanding-micro-temporality-in-computational-cultures.

[2] 同[1].

[3] STEINER C. Automate this:how algorithms took over our markets,our jobs,and the world[M]. New York:Portfolio,2012:55.

[4] 同[1].

[5] KOWALSKI R. Algorithm=logic+control[J]. Communications of the ACM,1979,22(7):424-436.

[6] 同[5].

[7] GOFFEY A. Algorithm[C]//In M. Fuller. Software studies-A lexicon,Cambridge:MIT Press,2008:15.

令。若我们知道 a 和 b 两条边的长度,就可以很容易地计算出第三条边 c 的长度:

$$c=\sqrt{a^2+b^2} \tag{1}$$

用 php script①,这直接可以转变成如下代码:

```
<? php
$a=3;
$b=4;
$c=sqrt($a*$a+$b*$b);
echo"a=".$a."<br>";
echo"b=".$b."<br>";
echo"c=".$c."<br>";
?>
```

这段代码可以算出三角形的 c 边长度,如果已知另外两条边是三个和四个单位长度。其中,第四行代码完成了计算,第五行到第七行将结果投到屏幕上。需要注意几何概念是不受具体执行限制的象征抽象命题,因此可以用各种不同的方式进行表达,例如:$a^2+b^2=c^2$ 或 $c=\sqrt{a^2+b^2}$,但代码是肯定性的命题,并不可逆($a^2+b^2\Rightarrow c^2$)。

在其他情况下,必须将问题抽象化并构造一组明确指令(伪代码),然后再进行编码②。例如,我们要利用全国房地产建筑和使用状况的数据库,来计算爱尔兰"幽灵房产"(未售出新房产片区)的数量。为此没有现成可用的算法,需要我们创造一个。首先,我们需要界定:(a)多少个房子才能构成一个房产片区(5、10 或 20);(b)片区中多少比例的空房率或建设未完成率(10%、20%或 50%),我们才能给它打上"幽灵房产"的标签?我们能够将这些规则组合为简单的公式,例如,片区超过 10 间房子,其中超过一半房子未使用或未完成建设,即可称为"幽灵房产"。随后,我们可以编写程序,在数据库中寻找筛选符合条件的房产,并加总获得总体数量。我们也可以根据符合条件房产的坐标在数字地图上标出"幽灵房产"的分布情况。通过这种方法,一个计算机程序将许多相对简单的算法组合在一起,以形成大型的、通常更为复杂的递推决策树形图③④。指导和计算决策的方法主要基于布尔逻辑(例如"如果""那么")以及微

---

① http://php.about.com/od/finishedphp1/ss/hypotenuse_2.htm#step-heading.
② GOFFEY A. Algorithm[C]//In M. Fuller (Ed.). Software studies-A lexicon, Cambridge: MIT Press, 2008:15-20.
③ NEYLAND D. On organizing algorithms[J]. Theory, Culture & Society, 2015, 32(1):119-132.
④ STEINER C. Automate this: how algorithms took over our markets, our jobs, and the world[M]. New York: Portfolio, 2012.

积分、图论和概率论的数学公式和方程式。

因此,编码在产生算法时面临两个重要转换挑战。首先是将任务或问题转换为具有适当规则集的结构化公式(伪代码)。其次是将伪代码转换为源代码,在编译时这些源代码将执行任务或解决问题。两种转换都具有挑战性,需要精确地定义任务、问题是什么(逻辑),然后将其分解为一组精确的指令,并且要考虑到一切意外的情况,例如在不同条件下应如何执行(控制)算法。这需要编码者对一个过程进行深入理解,能够将过程向电脑那样死板的对象进行解释说明。有许多极端复杂的任务和问题,如果不做过度的简单化处理,很难转译为算法。另外,对一个问题或任务的解决方案也可能是不确定或模糊的。这意味着算法可能要在不知道结果是什么的条件下,寻求最恰当或相关的结果(例如,搜索算法并不知道用户会用哪些关键词来搜什么)。错误的转换问题或解决方案会导致错误的结果和随机的不确定性[1]。另一方面,还有一系列的局限需要被考虑在内,比如,输入数据中存在的各种限制或偏误,或处理数据的程序和做出反应的硬件系统可能存在局限等。因此,有许多算法可能提供同样的解决方案或相同的结果——程序员可以从中选择表现最快、最有效和最优雅的算法。同样的解决方案也可以用不同的编码、以不同的方式表达出来。具体的表达取决于程序员编写代码、转译解决方案过程中的个人偏好。

虽然程序员编码中存在个人差异,转换的过程通常是技术性的、良性的以及常识性的。计算机科学家和科技公司主要这样介绍算法:它们是纯粹形式化的理性存在[2]。因此,正如西弗指出的那样,在计算机科学文本中,重点集中在如何从纯粹的技术角度出发来设计算法、确定算法的功效以及证明其最佳性[3]。关于算法在现实环境中工作的相关讨论已不少见,本文重点关注算法如何在实践中执行特定任务。换句话说,算法被理解是"完全理性的,它将数学的确定性与技术的客观性相结合"[4]。关于算法的其他知识,如它们的应用、作用和循环性则是完全不合逻辑的[5]。决策过程和实践的复杂集合,以及思想、财务、政治、法律法规和规章制度、物质和基础设施、机构、人际关系等构成的更广泛的系统组合,共同决定了算法的生成[6]。下面对算法生产和

---

[1] DRUCKER J. Performative materiality and theoretical approaches to interface. digital humanities quarterly[EB/OL]. (2013-07-01)[2014-06-05]. http://www.digitalhumanities.org/dhq/vol/7/1/000143/000143.html.
[2] GOFFEY A. Algorithm[C]//In M. Fuller Software studies-A lexicon,Cambridge:MIT Press,2008:16.
[3] SEAVER N. Knowing algorithms. media in transition 8[EB/OL]. (2012-03-25)[2014-08-21]. http://nickseaver.net/papers/seaverMiT8.pdf.
[4] 同[3].
[5] 同[3].
[6] KITCHIN R. The data revolution:big data,open data,data infrastructures and their consequences[M]. London:Sage, 2014.

使用进行更具批判性的解读。

二、算法的批判思考

日常生活中用到算法之处越来越多,根据西弗和其他学者的观点,我们需要提出对算法更具批判性的思考。批判思考不会将某些具体观点排除到框架之外,并将其放置到更广义的社会技术系统中进行考量。这要求在技术方法和路径之外,更多地考虑将特定实践和系统转译为计算的话语逻辑;算法编码实践何以具有社会文化和经济政治属性;算法如何完成各种引发政治、经济和伦理争议的各种任务。

1. 计算的逻辑

毫无疑问,越来越多的日常任务和原本由人和模拟机器完成的工作正在成为计算的对象,被转译为编码和算法,构成软件以调节并完成那些任务。前提是,"几乎我们做的所有事情,从驾车、股票交易、选择配偶,都可以被分解为基于二进制输入的二进制的选择"。也就是说,所有行动皆有逻辑,所有任务和系统都能分解为构成部分,并重新组合为各种算法进行计算和完成任务。

计算是高效率处理复杂任务的方法。计算能够创造新的方法,用新的方式界定和完成各种单靠人力或模拟机器无法完成的任务——计算对于后者来说过于困难,耗时过多。数字系统将规则集形式化,并自动自主地进行运作,它们每秒完成百万次操作,消除了人类完成任务过程中主观性错误,并极大地减少了成本,增加收入。人们认为计算可以让经济和行政管理更有竞争力、生产力、效率和效果。作为结果,在过去的半个世纪中,数百万的想法和任务被转译成算法和编码(逻辑和控制),包括各种社会系统。由此形成的软件系统不再仅仅是应用,它构成了生活本身。它们的运作塑造了生活的可能性。

计算的逻辑非常令人信服。一方面,计算为复杂系统带来了一贯的逻辑、秩序和理性。另一方面,计算产生利润,并在改善日常生活质量的同时形成了新的权力。就前者论,计算产生的系统是有技术性的、客观公正的、符合常识的、实在可靠的。以此为基础,计算系统被认为是可信的、有实践性的,并成为相关知识和行为合法的中介。从后者视角看来,编码带来了质询过程,人们自愿采用甚至渴望计算的逻辑,衡量比较各种利(便利、愉悦、知识、创意、生产力等)和弊(隐私泄露、新的管制等)。

尽管计算逻辑带来各种益处,完全采用计算逻辑的社会究竟失去了什么,仍旧是个值得深思的问题。这种想法假设复杂、模糊、关系型和场景性的社会经济互动和生存状态可以按逻辑分解、建模并转译——这个过程中丢失的仅仅是一些微不足道的默会知识和场景复杂性。另外,如吉莱斯皮所言,算法并不仅仅处理数据,他们基于特定的假设提出逻辑,据此生产和确认知识。计算支持并偏向特定的世界观和认识论,支持对实践和知识用算法进行编码处理的方法。算法因此偏向某种意义的创造方式和工具理性(通常基于复合的科学知识认识论和实践工具性知识)。这样的偏向同时取代了某些来自实践和审慎考量的知识(实践智慧)和基于体验的知识,至少将其边缘化。

因此,计算的逻辑排除了其他种类的知识和行动,窄化了视野和行动的范围。在此过程中,算法逻辑改变了组织怎样认识自身、理解自身的目标、问题、任务、消费者等。例如,算法新闻(用算法制作并发布新闻故事)改变了何为新闻的基本界定,对受众的理解,并影响了受众和那些新闻发生的关联。新闻内容和受众都被原子化、数字化、计算化。随着算法应用越来越多,它们越来越具有合法性,人们努力适应算法,将有些选择固定下来,并被迫做出别的选择,计算逻辑得到了强化。

但算法认识论和计算声称的客观公正和合法性在多大程度上经得起批判的审视?本文接下去讨论这一问题。

2. 算法的架构与生产

在"我们对于算法的期待"和"算法实际上是什么"之间存在着重要的张力。

吉莱斯皮所说的张力存在于前章提到的认识论,将算法视为公正客观,可靠正当的想法之间,但实际上那只不过是精心设计的虚构迷思[1]。正如芒福德等人[2]所说,代码并非纯粹是抽象的,它涉及重要的社会、政治以及美学维度,其内在的形成受到各种决策、政治、意识形态以及物质硬件和执行指令的基础设施等方面的复杂影响。尽管在将任务、进程或计算转换为算法的过程中,程序员们应尽量保持高度的机械客观性,即在工作中努力保持客观和公正的态度,其操作不受当地习俗、文化、知识和语境影响[3],但其实他们无法永远不受其影响。他们无法脱离以下因素的影响:可用资源、训练数据的选择和特性,相关标准、协议和法律的要求以及相关硬件、平台、宽带和语言

---

[1] GILLESPIE T. The relevance of algorithms[C]//In T. Gillespie, P. J. Boczkowski, & K. A. Foot. technologies: Essays on communication, materiality, and society, Cambridge: MIT Press, 2014a: 167-193.
[2] MONTFORT N, BAUDOIN P, BELL J, et al. 10 PRINT CHR $ (205.5+RND(1)): GOTO 10[M]. Cambridge: MIT Press, 2012: 3.
[3] PORTER T M. Trust in numbers: the pursuit of objectivity in science and public life[M]. Princeton: Princeton University Press, 1995.

的选择、制约性等因素①②③④。在现实中,生成算法时需要很强的专业知识、判断力、选择力和约束条件⑤。而且,创建算法的目的通常并不中立,其目标通常包括创造价值和资本,以某种方式微调行为和结构的偏好,对人类进行识别、整理和分类。

同时,编程是处理材料和问题之间实时的互动过程⑥,并且这不是枯燥的技术练习,而是对美学、物质和形式特质的探索⑦。换句话说,通过反复试验、演示、协作、讨论和协商等过程,算法在具体语境中得以创建。它们本质上是本体发生性的,即总是处于正在形成的状态,其过程包括编辑、修改、删除、重新启动与他人共享,随时间和空间延伸多次迭代⑧。因此,编程结果总具有不确定性和临时性,并且混乱易损⑨⑩。相关实践涉及其他过程,例如研究概念、选择和清理数据、调整参数、销售创意和产品、建立编码团队、筹集资金等。这些实践以思想体系和知识形式、政治经济学模式、组织和制度文化与政治、政府和法治以及主体和社区为框架。正如西弗所指出的那样:"算法系统不是独立的小盒子,而是庞大的、联网的系统,数百只手伸入其中,进行调整和调优,更换零件并不断试验。"⑪

因此,创建算法位于"数十个……社会和物质实践的交汇处",这些实践存在于文化、历史和体制中⑫⑬⑭。正如麦肯基所说,将算法简单地视为"一般的脑力表达或者

---

① DIAKOPOULOS N. Algorithmic accountability reporting:on the investigation of black boxes. A Tow/Knight Brief. Tow Center for Digital Journalism,Columbia Journalism School[EB/OL]. (2012-09-1)[2014-08-21]. http://towcenter.org/algorithmic-accountability-2/.
② DRUCKER J. Performative materiality and theoretical approaches to interface. digital humanities quarterly[EB/OL]. (2013-07-01)[2014-06-05]. http://www.digitalhumanities.org/dhq/vol/7/1/000143/000143.html.
③ KITCHIN R,DODGE M. Code/space:Software and everyday life[M]. Cambridge:MIT Press,2011.
④ NEYLAND D. On organizing algorithms[J]. Theory,Culture & Society,2015,32(1):119-132.
⑤ Gillespie,T. The relevance of algorithms[C]//In T. Gillespie,P. J. Boczkowski,& K. A. Foot. technologies:essays on communication,materiality,and society,Cambridge:MIT Press,2014a:167-193.
⑥ FULLER M. Introduction[C]//In M. Fuller. Software studies-A lexicon,Cambridge:MIT Press.,2008:1-14.
⑦ MONTFORT N,BAUDOIN P,BELL J,et al. 10 PRINT CHR $ (205.5+RND(1)):GOTO 10[M]. Cambridge:MIT Press,2012:266.
⑧ 同③.
⑨ 同⑤.
⑩ 同④.
⑪ SEAVER N. Knowing algorithms. media in Transition 8[EB/OL]. (2013-10-08)[2014-08-21]. http://nickseaver.net/papers/seaverMiT8.pdf.
⑫ 同⑦.
⑬ NAPOLI P M. The algorithm as institution:toward a theoretical framework for automated media production and consumption[C]//Media in Transition 8,Cambridge,2013.
⑭ TAKHTEYEV Y. Coding places:software practice in a south American city[M]. Cambridge:MIT Press,2012.

抽象表达,将无法理解算法所表达的多重邻近性和关联性"①。算法不能脱离其开发和部署的条件②。这意味着算法本质上应理解为关系、依据、语境的框架,并应包含在其社会技术组合的更广泛的语境中。从这个角度来看,"算法"是更广泛的运作方式中的一个要素,这意味着它不应该仅被理解为技术、客观、公正的知识形式或运作模式。

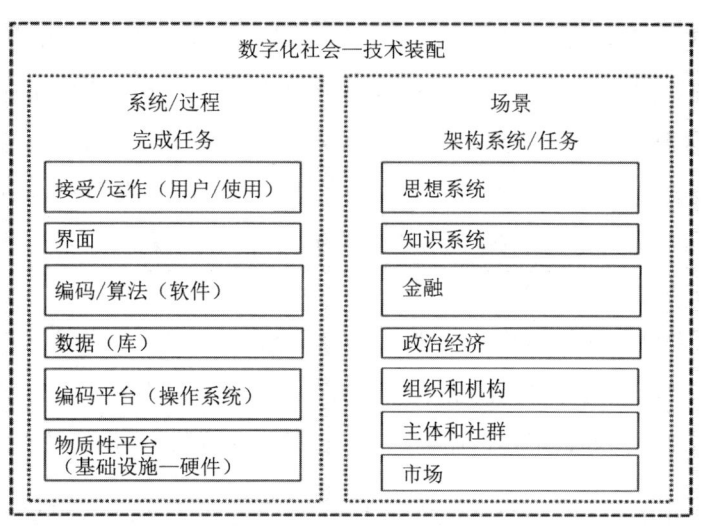

图1　算法相关的社会技术装置

3. 算法的运作、效果和权力

除了对算法性质的批判思考外,还需要考虑算法的运作效果和功能。正如算法不是知识中立、公正的表达方式一样,它们的运行与实施也不是冷漠和无政治意义的。算法搜索、校勘、整理、分类、分组、匹配、分析、配置、建模、模拟可视化并规范人群、过程、空间。它们影响了我们看待世界的方式,借助软件来指导世界并产生了深远影响③。从这个意义上讲,它们极具施为性,因为它们是事物发生的原因④。它们是被引擎驱动的,而非照相机。

---

① MACKENZIE A. Protocols and the irreducible traces of embodiment: the Viterbi algorithm and the mosaic of machine time[C]// In R. Hassan & R. E. Purser. 24/7: Time and temporality in the network society, Stanford, CA: Stanford University Press, 2007: 89-106.
② GEIGER S R. Bots, bespoke, code and the materiality of software platforms[J]. Information, Communication & Society, 2014, 17(3): 342-356.
③ KITCHIN R, DODGE M. Code/space: software and everyday life[M]. Cambridge: MIT Press, 2011.
④ MACKENZIE A, VURDUBAKIS T. Code and codings in crisis: signification, performativity and excess[J]. Theory, Culture & Society, 2011, 28(6): 3-23.

算法决定了深度渗透日常生活的各种软件系统、数字设备、网络基础设施如何运作。于是斯坦纳①这样认为：

> 算法早已控制了你的货币市场基金、股票和退休账户。他们很快将决定你在手机上与谁通话、收音机收听什么音乐、器官移植的机会；对于数百万人来说，算法或许将帮他们做出人生中最重要的决定——选择配偶。

同样，帕斯夸里②记录了算法如何深入又普遍地重构金融领域的各方面运作，包括从资金的交易方式到信贷机构评估风险和分类客户的方式。以维基百科的创建为例，盖格提到算法如何帮助创建新文章、编辑现有文章、执行既定规则和标准、巡检垃圾邮件和侦查故意的破坏行为，并广泛用于支持百科全书的编撰或行政管理③。安德森还详细介绍了算法如何在制作内容以及调解记者、观众、新闻编辑部和媒体产品之间的关系中发挥愈加重要的作用④。

对于采用算法的任何领域，算法似乎都为该领域的组织和运作方式以及相关劳动力市场带来了既有毁灭性又充满变革的影响。斯坦纳举了许多例子来说明算法和计算如何通过自动化而导致某些行业中出现广泛的失业现象⑤。他总结道：

> 如今程序员为探寻行业软肋而对新行业进行搜寻，探寻在哪些行业中算法能使其原有的旧模式破灭，并从中赚到大笔钱……确定下一个将被社交机器人（自动化算法）入侵的领域取决于两个维度的总和：破坏此产业的潜力和由此产生的回报。⑥

尽管算法创建者认为算法替代、取代或减少了带有偏见的或自私的、中介的作用，并消除了决策的主观性，但计算通常会深化加速归类、分门别类和区别对待，将传统意义上的异常状态具体化，而不是对其加以改造⑦。

---

① STEINER C. Automate this: how algorithms took over our markets, our jobs, and the world[M]. New York: Portfolio, 2012: 214.
② PASQUALE F. The black box society: the secret algorithms that control money and information[M]. Cambridge: Harvard University Press, 2015.
③ GEIGER S R. Bots, bespoke, code and the materiality of software platforms[J]. Information, Communication & Society, 2014, 17(3): 345.
④ ANDERSON C W. Deliberative, agonistic, and algorithmic audiences: journalism's vision of its public in an age of audience[J]. Journal of Communication, 2011(5): 529-547.
⑤ 同①.
⑥ 同⑤6-119.
⑦ 同②.

算法本质上不是中立的,它构建并实现了权力和知识体系[1],其使用具有规范意义[2]。算法用于引导、强迫、调节和控制,它指导和重塑人、动物和物体与各种系统交互的方式。对于旨在赋予能力、娱乐性和启发性的系统来说,情况也是一样。因为它们也是特定的规则集,指导系统在不同时间和各类情境下的表现。算法一般通过道奇和基钦[3]所称的"自动化管理"(自动化、自动、自主的决策程序,不受人为监督)获取并表达算法权力或算法治理[4][5]。拉希发现,如今社会依靠着一种新的规则集来完善构成型规则和调节型规则,这种新的规则集就是算法生成规则[6]。他认为这些规则已被嵌入计算中,即权力通过算法进行表达;它们是可以产出各种实物的虚拟物。它们被压缩和隐藏,不同于组成性和规制性规则,它们是资本主义权力发挥作用的途径[7]。

但是,应注意的是算法的作用或其功效发挥并不总是线性或可预测的,原因有三:第一,算法是作为构成更广泛的关系网络的一部分,调解并反映算法实现的情况。例如,输入不理想的数据将导致不好的结果[8][9]。第二,算法的执行可能会带来各种副作用和意想不到的后果,并且在无人看管或无人监督的情况下,它们也可能会执行意料之外的行为[10]。第三,由于程序漏洞或编码上的错误,算法可能会存在不同偏差或错误[11][12]。而且,一旦公开计算过程,算法就将经历一种异化的过程。用户会通过各种方式将技术嵌入他们的生活中,并把技术用于不同方面,又或者抵制、颠覆和改造算法原

---

[1] KUSHNER S. The freelance translation machine:algorithmic culture and the invisible industry[J]. New Media & Society, 2013,15(8):1241-1258.
[2] ANDERSON C W. Deliberative,agonistic,and algorithmic audiences:journalism's vision of its public in an age of audience[J]. Journal of Communication,2011(5):529-547.
[3] DODGE M,KITCHIN R. The automatic management of drivers and driving spaces[J]. Geoforum,2007,38(2):264-275.
[4] BEER D. Power through the algorithm? participatory web cultures and the technological unconscious[J]. New Media and Society,2009,11(6):985-1002.
[5] MUSIANI F. Governance by algorithms. internet Policy Review[EB/OL]. (2013-07-04)[2014-10-07]. http://policyreview.info/articles/analysis/governance-algorithms.
[6] LASH S. Power after hegemony:cultural studies in mutation[J]. Theory,Culture & Society,2007,24(3):55-78.
[7] 同[6].
[8] GOFFEY A. Algorithm[C]//In M. Fuller. Software studies-A lexicon,Cambridge:MIT Press,2008:15-20.
[9] PASQUALE F. The emperor's new codes:reputation and search algorithms in the finance sector. draft for discussion at the NYU 'Governing Algorithms' conference[EB/OL]. (2010-08-06)[2014-10-16]. http://governingalgorithms.org/wp-content/uploads/2013/05/2-paper-pasquale.pdf.
[10] STEINER C. Automate this:how algorithms took over our markets,our jobs,and the world[M]. New York:Portfolio,2012.
[11] DIAKOPOULOS N. Algorithmic accountability reporting:on the investigation of black boxes. A Tow/Knight Brief. Tow Center for Digital Journalism, Columbia Journalism School[EB/OL]. (2013-11-13)[2014-08-21]. http://towcenter.org/algorithmic-accountability-2/.
[12] DRUCKER J. Performative materiality and theoretical approaches to interface. digital Humanities Quarterly[EB/OL]. (2011-10-23)[2014-06-05]. http://www.digitalhumanities.org/dhq/vol/7/1/000143/000143.html.

本的意图(例如用户对谷歌网页排名算法的使用)。从这个意义上讲,算法不仅是程序员创造的产物或基于特定输入内容而产生的效果,用户每天也在创造着算法①。

关于人类与算法的共处,斯坦纳建议我们与这些社交机器人程序友好相处②。他认为,在未来若想让算法蓬勃发展,就要学着去构建、维护并改进代码和算法,正如学习算法的生成可以保护人类免受来自多个领域的有害影响。相反,我认为有必要将更多的注意力集中在算法的产生、部署和影响上,以此理解并探究算法如何显性或隐性地影响生活的各方面。事实上,在不同领域探讨算法运作、效果和权力的经验研究并不多见。为了改变这一状况,我们需要积极主动并系统地对算法进行经验研究。这种研究计划并不像人们所期待的那样简单明了,下一节将对此进行详细介绍。

四、研究算法

我们对算法及其相应工作的理解,按照逻辑方法可以从多种角度对算法展开详细的实证研究,研究算法包括将算法作为计算机科学进行研究的技术方法;将算法作为程序员和设计师互动的产物进行研究的社会学方法;将算法作为法律中人物和代理进行研究的法律方法;探究算法伦理的哲学方法③,以及从代码或软件的研究的角度考察算法中嵌入的政治和权力,算法在更广泛的社会技术组合中的框架以及它们如何重塑特定领域。开展此类研究可采用多种方法论,下文对其中主要的六种方法论进行了细致的评述。但是,在评述之前必须承认,研究算法面临着四个重大挑战,需要加以考虑,并尽可能地提出解决方案。

(一)挑战

1. 访问权限处于黑箱中

人们经常接触到许多重要算法。这些算法重塑他们执行任务或接收服务的方式。这些算法都是在不经公开审查的环境中创建的,其源代码隐藏在无法渗透的可执行的文件中。编码通常在私密场合中进行,比如在公司或州机构内部。一般人很难去协商访问编码团队来观察他们的工作、采访程序员或分析他们生产的源代码,这不足为奇。

---

① GILLESPIE T. The relevance of algorithms[C]//In T. Gillespie, P. J. Boczkowski, & K. A. Foot. technologies: Essays on communication, materiality, and society, Cambridge: MIT Press, 2014a: 167-193.
② STEINER C. Automate this: how algorithms took over our markets, our jobs, and the world[M]. New York: Portfolio, 2012: 218.
③ BAROCAS S, HOOD S, ZIEWTTZ M. Governing algorithms: a provocation piece[EB/OL]. [2010-12-18][2014-10-16]. http://papers.ssrn.com/sol3/papers.cfm?abstract_id=2245322.

因为算法为公司提供了核心的竞争优势,并且即使符合保密协议的规定,它们也不愿公开自己的知识产权。此外,它们还希望限制用户使用算法的能力,以此不公平地获得竞争优势。对于开放源代码编程团队和通过诸如 Github 之类的存储库的开放源代码程序而言,访问要容易一些,但是尽管它们提供了许多代码的访问权限,但可访问的算法有限,且通常不包括那些企业生产或使用的具有利益相关性与算法治理形式相关的重要的专利算法。对帕斯夸里这样的学者来说,改变塑造生活机会的系统中,关键算法的规则和权力隐藏不见,不具有透明度,这本身就成了问题的主要根源。只有解决了算法透明的问题,算法治理才会可以理解,并负起责任。但是讨论算法的可获得性和算法的构建,也很有可能阻碍研究的进行。

2. 异构性与嵌入式

即使获得了访问权限后,一些人认为算法和编码可以比较直截了当地被解码。比如蒙特福特等人提出:

> 编码最终是可以理解的,程序让计算机按特定方式工作。这样的运作植根于计算机设计、物理现实、编程语言和具体的程序应用,具备一定的理性。这样的理性能够被找到。编码运作的方式并非神迹,编码运作是可知的。

与之对比,西弗等其他学者则不同意上述看法。西弗认为,即便算法的运作可以被揭露出来,算法也很难被直接解构。在代码内,算法通常与数百种其他算法结合,从而创建算法系统。我们对算法本身不感兴趣,而是对算法系统的运作方式最感兴趣。其中,很多算法本身看上去并没有恶意,仅仅是惯常程序。算法系统通常是具有不同目标的人们在不同时间内制作、维护、修改的集体著作[①]。它们由原始公式和从代码库中获得的其他公式混合而成,包括可在多个实例中重复使用的备用算法。而且,算法被嵌入到复杂的社会技术组合中。该组合由一套异类的关系组成,包括可能决定其发展的数千个个体、数据集、对象、设备、元素、协议、标准、法律等。

因此,它们的结构通常很杂乱,充满了多样化的"变化、修改和谈判"[②],在实践中很难理解其公式背后的逻辑和合理性。的确,任何程序员都不可能完全了解系统,尤其对于多个程序员团队构建的大型复杂系统而言,程序员可能分布在全球各地,他们或许仅了解一小部分外包内容。比如,获取信用评级机构的算法系统有助于深入了解

[①] SEAVER N. Knowing algorithms. media in transition 8[EB/OL]. (2012-09-10)[2014-08-21]. http://nickseaver.net/papers/seaverMiT8.pdf.

[②] 同①。

该算法用于评估和排序个体的公式、基本逻辑、原理、创建方式和实际操作方式,但不一定能完全透明地给出其构建过程中完整推理、运作或者选择的方式。①② 虽然算法复杂性和嵌入属性意味着完整了解算法系统或提供直截了当的评估十分困难。但要理解算法的部分逻辑和原则,并批判性的揭露算法系统如何创造出来,并在实践中运作仍是有可能的。

3. 本体发生性和施为性

除了异构和嵌入之外,算法很少有固定形式。算法在实践中以多种方式运行,对输入做出反馈、交互和场景。因此,需要认识到算法具有本体发生性和施为性;也就是说,它们本质上从不固定,并且是不断更新和发展的。算法及其在代码中的示例通常会经历多个版本,以此来完善、修改、扩展和修补③。比如谷歌和脸书之类的公司可能同时运行数十种不同版本的算法以评估其相对优势。因此用户在某一时刻使用的版本与五秒钟后的版本可能有所不同。在某些情况下,代码被编程以改进和重写算法。这样的代码可不受其创建者的影响进行观察、实验和学习。④ 同样,许多算法被设计成对输入有反应和可变性。正如布赫⑤指出的那样,脸书的边际排序算法(确定哪些帖子和以什么顺序进入每个用户的时间轴)并不是以静态、固定的方式操作,而是与每个用户协同工作,根据用户与朋友的互动方式来排序帖子。于是该算法的参数根据上下文来加权和流动。在其他情况下,算法的设计可能具有随机性,因此永远无法完美预测算法结果。与此相似,围绕算法的社会技术"装配"从来就不是静止的,而是不断展开的。仅仅通过一种算法版本的快照读取,无法检验或揭示算法的整体状态,因为算法及其运行情况多变且性质多样⑥。

4. 脱离控制

因为有时难以预测算法的结果,从这种意义上来讲算法通常会"失控"。而且,它们可能以创新扩散模型难以解释的速度增长,以意想不到的方式传播和部署。用户输

---

① BUCHER T. "Want to be on the top?" algorithmic power and the threat of invisibility on Facebook[J]. New Media and Society,2012,14(7):1164-1180.
② CHUN W. Programmed visions[M]. Cambridge:MIT Press,2011.
③ MIYAZAKI S. Algorhythmics:understanding micro-temporality in computational cultures. computational culture, issue 2[EB/OL]. (2012-08-20)[2014-06-25]. http://computationalculture.net/article/algorhythmics-understanding-micro-temporality-in-computational-cultures.
④ STEINER C. Automate this:how algorithms took over our markets,our jobs,and the world[M]. New York:Portfolio, 2012.
⑤ 同①.
⑥ 同①.

入相同数据而得到的结果,可能会因上下文语境差异而有所不同。例如马思克和尤普里查德[①]检验了谷歌的自动完成搜索算法,他们在两个位置键入相同的术语后比较结果,发现算法给出了不同建议,并且同样的算法或将被用于完全不同且可变的方式中(例如用于工作或娱乐)。在理解算法运作和效果的过程中必须对其背景在场景和时空中具体的展开保持敏感。因此,要想理解算法的运行和效果,需要敏感察觉它们在不同时间、空间、情境中受到上下文的制约以及由此产生的偶然性。这意味着在实践中不能简单地将所有算法的效果,直接应用于所有案例。相反,需要采用一组比较案例研究,或者对不同条件下的相同算法进行一系列实验。

(二)方法

1. 检查伪代码、源代码

研究算法最直接的途径即检查其伪代码(如何将任务或难题转化为模型或方法)或其在源代码中的构造。第一种路径会检查一个任务或难题如何被转译为模型或方案。第二种路径则聚焦于算法作为元代码的表达。在实践中可以通过三种方式进行此操作。

第一步是仔细解构伪代码或源代码,整理规则集以确定算法将输入转化为输出的具体方式[②]。在实践中仔细筛选文档、代码和程序员注释,找出该算法处理数据和计算结果的方式,并对构造该算法的转换过程进行解码。第二步是绘制一个谱系图,说明算法在不同代码中的调整和重写过程如何随时间变化和演化。例如,可以解构算法如何在代码库某程序的多个示例中进行重新编写。这样的谱系图将揭示关于算法改进和转换问题的思考,包括算法和代码"在自然环境下"的执行以及与新技术、形势和上下文相关的问题(如引入的新平台或法规)。第三步是研究如何将同一任务翻译成各种软件语言,以及如何在不同平台上运行。蒙特福特等人[③]在探索"10 PRINT"算法时,编写了脚本代码,以多种语言执行相同的任务,然后在不同的硬件上运行并调整了参数,来探究由此产生的偶然性和功能可供性。软硬不同的媒介会对同一个算法指令的执行结果造成细微的差异。

尽管这些方法确实有望为构建算法提供有价值的见解,但针对如何通过各种参数

---

① MAHNKE M,UPRICHARD E. Algorithming the algorithm[C]//In R. König & M. Rasch (Eds.). Society of the query reader:reflections on web search,amsterdam:institute of Network Cultures,2014:256-270.
② KRYSA J,SEDEK G. Source code[C]//In M. Fuller. Software studies-A lexicon,Cambridge:MIT Press,2008:
③ MONTFOR N,BAUDOIN P,BELL J,et al. 10 PRINT CHR $ (205.5+RND(1)):GOTO 10[M]. Cambridge:MIT Press,2012:262.

和规则赋予算法权力,以及如何以抽象和实质的方式处理数据来完成任务,算法的部署仍面临三个重要问题。第一,正如钱德拉①指出的那样,解构和追踪算法在代码中的构建方式以及算法随着时间实时发生的变化并不容易。代码通常采用"大泥球"的形式,"结构混乱、杂乱无章、草率,像胶带、铁丝或意大利面混在一起的代码丛林"②③。通常代码由很多人创造,比较复杂、即兴,有出现漏洞的可能性。即便对于创造该算法的人而言,可能也很难解开此算法和例程。对于那些并不熟悉算法开发过程的人而言,这些算法更是像泥球一样杂糅混乱。第二,研究人员既要精通算法相关领域,又要像程序员那样拥有足够的技能和知识,只有这样他们才能理解这个"大泥球";很少有社会科学家和人文学科学者可以同时具备这两种本领。第三,这些研究多数没有将算法与更广泛的社会技术组合或者与使用相联系。

2. 自反生成代码

一种相关的方法是通过自传式人类学民族志方法将任务转换为伪代码,并在代码中生成算法。通过这种方法,研究人员反思并批判地审视自己转换和制定的算法,而不是研究他人创造的算法。他们不仅要分析研究、转换任务,提出并展开观点,编写和修改代码,还要分析更为广泛的社会技术因素是如何联系并影响这些实践的。这些因素包括监管和法律框架、知识的形式、机构安排、财务条款和条件,以及预期的用户和市场等。目标是为了揭示各种实践、交互和创造算法过程中的政治过程,并追踪算法如何在复杂的充满偶然性和关联性的场景中展开运作。这样的运作与计算机科学文本和手册说明的技术过程截然不同。齐佐夫④通过这种方法创造了一个随机路线规划的导引算法,用来管理一条穿过城市的人行道,并且研究了该任务本体论上的不确定性(在生成算法的过程中,由于任务本身常常被重新思考和定义,因此通常在实行中存在本体论上进行不公正区分的状况),还研究了在实践中创建规则集和参数上的混乱,却具有极大偶然性的过程,以及如何通过递延问责制来不断改变这些规则集和参数。同样,厄尔曼⑤使用这种方法研究了软件开发,探究这种方法如何改变她的事业。

虽然这种方法为算法的创建提供了有用的见解,但它也有不少局限性。首先,自

---

① CHANDRA V. Geek sublime:writing fiction,coding software[M]. London:Faber,2013.
② FOOTE B,YODER J. Big ball of mud[J]. Pattern Languages of Program Design,1997(4):654-692.
③ 同①126.
④ ZIEWTTZ M. How to think about an algorithm? notes from a not quite random walk. discussion paper for Symposium on knowledge machines between freedom and control[EB/OL]. (2011-09-29)[2014-08-21]. http://ziewitz.org/papers/ziewitz_algorithm.pdf.
⑤ ULLMAN E. Close to the machine[M]. San Francisco:City Lights Books,1997.

传式民族志方法具有内在的主观性,人们很难与算法脱离关系或保持恰当距离,从而难以看清事物的发展。此外,在追求自反性的过程中,通常要发生的事情会受到不明方式的影响。更进一步,它从分析中排除了一切非代表性、无意识的行为。其次,人们往往倾向于研究对日常生活有真正具体影响的算法和代码。例如算法治理中使用的算法和代码。努力实现这一目标的方法,即对将代码已整合到其他人使用的产品中的开源项目进行研究,或以编程人员的身份访问商业项目(在公开的、经批准的基础上,并签署有保密协议)。

3. 逆向复盘

代码存在于黑箱内,若研究人员对其算法的核心工作感兴趣,可对编译软件进行逆向复盘。迪亚克帕罗斯[1]解释说,"逆向复盘是揭示系统规则的过程,在此过程中对领域知识、观察以及推论进行严格的审查,从而阐明系统的运行方式。"虽然软件生产者想要产品保持不透明状态,但每个程序都有两个固定的开口为研究者提供查询的抓手,即输入和输出。通过检查算法的数据输入和输出结果,可以对算法的组成方式(加权并侧重的标准)及其作用进行逆向复盘。

逆向复盘的主要操作方法,即输入精心选择的伪数据后查看在不同情况下的输出结果。例如,研究人员可能会在多个司法管辖区的多台计算机上,对相同的术语进行谷歌搜索,以了解其网页排名算法的构建方式和实际运行方式[2]。或者他们可能会在脸书上发布信息并开展互动,以确定边际排名算法在用户时间线上的位置和优先顺序[3]。他们可以使用代理服务器并将虚拟用户配置文件输入到电子商务系统中,以查看价格在不同用户与地区之间发生的变化情况[4]。我们可以通过研究算法对信息的侧重处理以及算法的准备过程来了解算法;还可以通过研究输入数据的描述方式来了解算法,相关数据包括被寻找和构造的输入变量及相关元数据[5]。此外,可以关注在线论坛上用户对算法运行或变化的辩论,或者采访那些使用算法来优化客户体验的营

---

[1] DIAKOPOULOS N. Algorithmic accountability reporting:on the investigation of black boxes. A Tow/Knight Brief. tow center for digital journalism, columbia journalism school[EB/OL]. (2011-09-30)[2014-08-21]. http://towcenter.org/algorithmic-accountability-2/.
[2] MAHNKE M, UPRICHARD E. Algorithming the algorithm[C]//In R. König & M. Rasch. Society of the query reader:Reflections on web search, Amsterdam:Institute of Network Cultures,2014:256-270.
[3] BUCHER T. "Want to be on the top?" Algorithmic power and the threat of invisibility on Facebook[J]. New Media and Society,2012,14(7):1164-1180.
[4] 同[1].
[5] GILLESPIE T. The relevance of algorithms[C]//In T. Gillespie, P. J. Boczkowski, & K. A. Foot. technologies:Essays on communication, materiality, and society, Cambridge:MIT Press,2014a:167-193.

销商、媒体策略师和公关公司①。

尽管逆向复盘能给出一些算法相关的知识。但通常这些知识本身都是不明确的②,只是模糊地给出算法在实践中的工作原理,而不能提供其实际构成③。要想让相关知识更加明确,可使用社交机器人冒充用户,从而更好地融入系统中来运行虚拟数据和互动。但是,正如西弗所指出的那样,许多专有系统都能意识到人类对其算法的判定和诡计,从而识别并拦截社交机器人用户④。

4. 采访设计者或对编码团队进行民族志式研究

尽管解构或逆向复盘代码对了解算法的运行方式有一些帮助,但也只不过是在猜测算法设计者的意图。因此需要用不同的方法来研究算法生成的方式和原因。采访设计人员和编码人员对编码团队进行民族志式研究,可以揭示算法产生过程中的背后发生的故事并探寻其目的和假设。

在第一种情况下,受访者会被问及制定目标、创建伪代码并将其转换为相关问题,还会被问及一些设计决策和选择,包括语言和技术、实践、影响、约束团队内部或团队之间的争辩、制度政治以及随着时间变化在设计方向上的重要改变等⑤⑥⑦。在第二种情况下,研究人员可以与编码团队待在一起,观察编码人员的工作,与编码人员讨论以及参加相关活动例如团队会议,或在团队现场工作,积极协助生成代码。第一种情况:罗森堡⑧对一家公司进行了研究,这家公司花费了三年时间生产新产品。在这三年里,研究人员充分与公司接触,观察编码人员、和他们聊天、与团队沟通、参与电话会议。第二种情况是塔泰耶⑨对里约热内卢的一个开源编码项目的研究。在那里他积

---

① BUCHER T. "Want to be on the top?" Algorithmic power and the threat of invisibility on Facebook[J]. New Media and Society, 2012, 14(7):1164-1180.
② SEAVER N. Knowing algorithms. media in transition 8[EB/OL]. (2012-07-23)[2014-08-21]. http://nickseaver.net/papers/seaverMiT8.pdf.
③ DIAKOPOULOS N. Algorithmic accountability reporting: on the investigation of black boxes. A Tow/Knight Brief. tow center for digital journalism, columbia journalism school[EB/OL]. (2013-07-13)[2014-08-21]. http://towcenter.org/algorithmic-accountability-2/.
④ 同②。
⑤ 同③。
⑥ MACKENZIE D. A sociology of algorithms: high-frequency trading and the shaping of markets. working paper, university of edinburgh[EB/OL]. (2014-12-13)[2015-07-06]. http://www.sps.ed.ac.uk/data/assets/pdf_file/0004/156298/Algorithms25.pdf.
⑦ MAGER A. Algorithmic ideology: how capitalist society shapes search engines[J]. Information, Communication, & Society, 2012, 15(5):769-787.
⑧ ROSENBERG S. Two dozen programmers, three years, 4,732 bugs, and one quest for transcendent software[M]. New York: Three Rivers Press, 2007.
⑨ TAKHTEYEV Y. Coding places: software practice in a south American city[M]. Cambridge: MIT Press, 2012.

极帮助开发代码,并参与团队的社交活动。在这两种情况下,罗森堡和塔泰耶都对算法和软件生成的依据、关系和具体的语境有了很多了解,不过两种研究都没有揭示或详细介绍算法的特殊性及其相关工作。

5. 解包算法的社会技术装配

如上文所述,算法不能用公式表达,也不能独立运作。算法构成了基础的结构和硬件、代码平台、数据和接口等技术栈的一部分,并且受知识、法律、管理、机构、市场、金融等因素影响。若想对算法了解更多,则需研究算法的全部社会技术组合装配,包括分析系统起初遵循计算逻辑的原因。正如盖格①所说,在不考虑其他因素的情况下研究算法,就好比在研究法律时不参考其引入的辩论、法律制度、基础设施(如法院)、实施者(如警察)、对法律职业的运行及商业实践。这样的研究或让人们对算法盲目崇拜,从而忽视了组合装配内部除算法外的部分②。

对编码项目及其相关机构(如管理与合作机构)进行访谈和民族志式研究,能帮助我们更加深入地了解算法,但还需与其他方法结合。例如对公司文件、推销工业材料、采购招标以及法律和标准框架进行话语分析;参加交易会并与其他公司交流;考察审查机构的实践、结构和行为;记录关键人物的档案和项目历史③④。获得如此广泛的信息、收集数据并将它们相互连接以对所有社会技术的组合装配,并不是一件容易的事。但如果将其视为大型案例来研究,进行团队协作而非个人行动,操作难度便会降低。

6. 研究算法在现实世界中的工作

鉴于算法在现实世界中发挥积极作用,因此不应只研究算法的结构以及多领域下算法的生成状况,还应当调查算法在不同领域执行多项任务的部署方式。仅通过对算法、代码的研究无法简单说明算法在现实世界中的相关运行和工作,原因有两点。第一,由于编码仍待改进,存在各种错误、误差和漏洞。因此算法在理论和实践中的实际作用并不总是一致的。第二,算法在上下文语境中执行(在不同条件下与数据、技术、人员等协作),在不同状况下算法会依据情景产生相应效果和结果。当用户在工作或

---

① GEIGER S R. Bots, bespoke, code and the materiality of software platforms[J]. Information, Communication & Society, 2014, 17(3):342-356.
② CHUN W. Programmed visions[M]. Cambridge:MIT Press, 2011.
③ MONTFORT N, BAUDOIN P, BELL J, et al. 10 PRINT CHR $ (205.5+RND(1));GOTO 10[M]. Cambridge:MIT Press, 2012:262.
④ NAPOLI P M. The algorithm as institution:toward a theoretical framework for automated media production and consumption[C]//Media in Transition 8, Cambridge, 2013.

娱乐中运用算法时,他们不仅仅对算法进行应用,更是在学习、内化算法并与之变得亲密[1];通过互动可以巧妙地改变它们的行为方式。但是与此同时,算法的作用取决于它接收来自用户的输入内容。因此,只有研究算法在现实世界中不同条件下的相关工作,我们才能了解算法是如何改变日常生活的。

要想研究算法在现实世界中的相关工作,可以采用民族志方法,研究人与算法系统的互动、算法系统对人的限制、算法系统对组织机构工作方式的重塑以及构建系统的方式[2]。这种方法还将帮助我们研究人们抵制、颠覆和违背算法运行的情况,以及人们出于非预期目的改变算法意图并重新部署算法的情况。例如,对海地地震后各种移动和网络应用程序重设意图进行研究,有助于协调灾难响应、重新绘制国家的地图构成并协调捐赠的提供和分配等[3]。在此类研究中,需要进行详细的观察和访谈。重点关注不同人群在不同场景下使用特定系统和技术的情况,以及个人如何通过软件与算法进行交互,包括对其意图、所发生情况的感知以及相关后果的评估、互动策略、感情、关注点等。当算法处于黑箱状态时,此类研究也为算法本身的构造提供一些启发。

五、结语

世界各地的人们平均每天都会接触数百种嵌入各类软件中的算法,这些算法运行于通信、公用事业和运输基础设施,并为各种工作、娱乐和消费的数字设备提供动力。尽管这些算法越来越普遍且实用性越来越强,算法被赋予进行自动自主操作的权力也正变得越来越大。但迄今为止,与算法有关的研究多数集中在技术层面,对算法的批判性关注并不多。如今,我们生活在计算世界中,面临着很多威胁。但对算法的思考和知识投入却远远没有与之匹配,这种滞后让人感到吃惊。但正如我们讨论的,算法并不能直接打开,常处在技术黑盒子中,算法运作充满偶然性、复杂性、个体生成性,并嵌入到广义的社会技术"装配"中,而且常常会脱离控制。但很显然我们需要更多围绕算法运作的批判思考和经验研究。

本文基于现有的理论文献和经验研究,提供了对算法批判反思的回顾。进而,本文还对算法的性质、如何理解算法的建构和运作提出了自己的观点。我们认为这需要

---

[1] GALLOWAY A R. Gaming:essays on algorithmic culture[M]. Minneapolis:University of Minnesota Press,2006:90.
[2] LENGLET M. Conflicting codes and codings:how algorithmic trading is reshaping financial regulation[J]. Theory, Culture & Society,2011,28(6):44-66.
[3] AL-AKKAD A,RAMIREZ L,DENEF S,et al. "Reconstructing normality":the use of infrastructure leftovers in crisis situations as inspiration for the design of resilient technology[C]//Proceedings of the 25th Australian Computer-Human Interaction Conference:Augmentation,Application,Innovation,Collaboration,New York:ACM,2013:457-466.

一个更加视野开阔的路径,将算法视为由多元行动者、体制机构、技术、实践和社会结构形成的,极为脆弱易碎的成就;算法的使用和效果须嵌入到具体的场景中去理解。为了给这些想法经验的支持,我们提出了六种不同的路径,提出了一系列具体的聚焦,并讨论了可能采用的研究方法。

考虑到每一个路径和聚焦的局限性,以及需要更为包容的分析评估,这些方法和路径需要彼此勾连起来才能在运用中提供有深度和宽度的理解。另外,这些也并非唯一可用的方法路径——事实上其他方法路径与它们相互补充,可以结合使用。譬如,我们可以通过伦理视野考察算法,或从算法政治经济视角谈论资本主义的再生产,或从法律规范角度,用人类学民族志或调查等方法展开研究。但本文提出的路径确实可以为后续对算法的批判研究和思考提供一个有益的起点。对算法性质及其相关工作的研究和争辩越多,我们对算法的了解就会越深入。

第二部分
算法、数据与城市

融通共生:从媒介系统运作出发反思算法伦理[①]

◎ 潘霁[②]

摘要:讨论算法伦理常以人作尺度,遵循真、善、美或人的尊严价值的标准展开。但算法、数据库、物联网和虚拟仿真技术将人类卷入无处不在的媒介的实时运行中,成为系统的碳基"湿件"。按德布雷说,机器的精神加速设计制造了强加给人的世界。人与世界关系的尺度发生反转:媒介系统的持续运行本身对算法在个性推荐、资源分配和身份生成等方面的伦理提出了"无声的要求"。据此,本文提出媒介沟通系统的持续运作本身要求"融通共生"作为调和人与技术关系的伦理基础。"融通共生"原则作为技术系统内涵的伦理基础,在个性推荐、资源分配和认同建立等算法伦理热点领域形成具体表达。个性推荐算法通过实时编码,力求持续更新沟通系统的差异。在智能资源分配中,融通共生原则要求超越启蒙迷思,在"明暗交错"间实现算法透明。在建立认同方面,融通共生表现为算法支持多元身份的生成和游牧,抵御单调,创生妙趣横生的现代文明。在人的尺度外,将媒介系统的运行引入算法伦理的考量,探索、反思将技术系统特质视为功能物的路径,为算法伦理问题提供媒介学的洞见。

关键词:算法;融通共生;算法伦理;媒介运作

激活数字潜能,推进网络强国,加快建设数字经济、数字社会、数字政府,以数字转型推动生产方式、生活方式和治理方式的变革正成为中国重要的国家发展战略[③]。转型背后,数字技术系统的运作渗入日常生活的方方面面。作为数字技术系统运行背后的驱动程序,算法勾连着无处不在的大数据,传感器网络和日益膨胀的算力,构成"数字中国"核心的沟通系统。算法内含有限、抽象和有效的控制命令结构,能在既定条件下完成特定目标[④]。其中,机器学习算法吞噬海量数据以产生智能;社交网络算法生成社群交往;个性推荐算法捕捉数据流动,对未来精确预判。在不同的领域算法的自动运行,包括物流社交机器人应用、银行贷款发放、媒体内容推荐、面部身份识别、就

[①] 本文系国家社科基金项目"传播基础设施激活社区公共生活效果研究"(20BXW055)阶段性成果。
[②] 潘霁,复旦大学信息与传播研究中心副主任、新闻学院教授。
[③] 新华社.《中华人民共和国国民经济和社会发展第十四个五年规划和2035年远景目标纲要》[EB/OL].(2021-03-13)[2022-03-13]. https://www.gov.cn/xinwen/2021-03/13/content_5592681.htm.
[④] GOFFEY A. "Algorithm." in software studies:a lexicon [M]. London:MIT Press,2008:15-21.

业求职、公共交通管理,甚至人体的环境感知。算法在数字系统中的运行激进地改变了人与技术的关系,在算法推荐、资源分配和身份认同等热门领域引发大量围绕伦理的讨论。

社会、文化与技术耦合的数字沟通系统是算法伦理的推论基点。人与非人行动者沟通、连接,方能在其动态关系中创造伦理争议,生产相关知识,呈现伦理张力①。按新制度主义技术分析,松散的标准元素(个人、法律、经济等)交互方可构成可行且被社会接受的技术②。冈克尔提出关系主义的道德地位理论,认为技术的道德地位并非取决于个体属性,更在于技术与人的关系形态③。沟通系统视角与此呼应,将技术运作置于与其他技术、社会、文化子系统复杂的交互关系中考察。智能算法构成数字时代沟通系统最重要的非人行动者。在输入、输出的程式化运作间,算法依靠与数据和算力的关联,先发制人,主动制定切实影响人们命运际遇的规则。算法程序的句法包含了使实现系统特定流程成为可能的命令结构。算法、符号、物质与用户据此纠缠构成具体的沟通系统。于是,算法有了社会文化意味——其伦理原则取决于算法连接异质系统过程产生的关系④,并在不同算法情境具体实现中进行不同表达。

从沟通系统角度,探究算法伦理的基础原则及其在不同面向的表达,意义深远。首先,从沟通系统视角切入媒介技术,反思了将媒介转为个体化后作为功能物进行分析的传统路径。其次,将算法运行视为紧密勾连社会、经济、文化子系统的驱动力量,将技术运行与个人生存的社会文化环境的生成关联起来,从数字技术属性入手反转媒介与环境的关系,算法技术实时持续的运作成为环境切实的塑造者而非监测者。最后,算法技术系统引起"数字中国"不同领域越来越多的问题,并实时提供基于后台数据运算的"现成"解决方案。算法不仅加速了"数字中国"金融、贸易、资讯等领域的运行,作为社会技术还规定了信息应如何呈现、产生意义、取得合法性、获得公共属性⑤。算法的力量吸引了不同人群,它推荐合适的行动,组织时间秩序以影响事件的发生。技术本身运行有"无声的要求",其在个性推荐、资源分配和身份认同面向需要具体的伦理判断,为算法伦理的讨论提供了新的分析架构,有利于揭示算法作为新兴技术的多重潜能。

---

① LATOUR B. Drawing things together[M]. Cambridge:MIT Press,1990:19-68.
② ORLIKOWSKI J. Wanda. technology and organization:contingency all the way down[J]. Research in The Sociology of Organizations,2010(29).
③ GUNKEL D. Communication and artificial intelligence:opportunities and challenges for the 21st Century[J]. Communication +1,2012,1(1).
④ NEYLAND D. Bearing accountable witness to the ethical algorithmic system[J]. Science,Technology,& Human Values,2016,41(1):50-76.
⑤ BEER D. Power through the algorithm? participatory web cultures and the technological unconscious[J]. New Media & Society,2009,11(6).

一、融通共生作为算法伦理的基础

融通共生是算法系统运行伦理的基础。融通共生指异质独立的沟通系统间以不同形态发生反复的交融碰撞,构成生成性关系。不同性质的社会、技术和生物系统,维持各自运行。在不取消多元共存的前提下保持融通,并经技术的中介调节持续更新生成新的沟通经验。人与技术融通共生的关系构成算法在不同领域展开的伦理基础。在算法驱动"数字中国"的转型发展中,人与技术的关系发挥根本作用,成为个性推荐、身份认同与资源分配等算法领域进一步推导伦理原则的基点。

融通共生何以成为算法运行的伦理基础——即人与算法技术在日常相遇时应如何做的基本规定?符合理性律令是提出伦理原则的根据。伦理的基本原则大抵发源于道义论、目的论或美德论的三种立场。作为绝对律令和道义论最主要的倡导者,康德提出凡受绝对理性指引之行为,包括清晰的使命责任、行为规则和政策策略皆应视为符合伦理要求。但对理性的伦理推论,人文主义传统多将人视为核心尺度。个人与技术共同构成的沟通系统却被默认长期存续。经认定具有稳定存续时间性的沟通系统,小到身体感官与技术装置构成的伦理主体①,大可指向城市日常和以更大时空尺度杂糅硬件、软件和湿件的超大型运作系统②,赛博格、智能城市或城市大脑等即其范例。与之相应,理性也默认线性时间存在持续循环。进而讨论延迟满足、自我克制和勤勉经济在道德上的正当性③。模拟钟表是工业社会恰当的隐喻。在此意义上,算法伦理常被界定为用户使用算法建立符合理性和真、善、美主观标准的社会关系。

相比之下,"融通共生"作为算法运行的伦理基础,更直接指向数字沟通系统自身发生激进变迁的可能。时间性由具体的人、物、符号与传播技术(符号媒介与交通技术)交互生成,是特定社会技术系统反复运行的凝练。数字技术撼动了工业社会线性持续的时间观念。围绕"无时间的时间"④"时间加速"⑤"弥赛亚时间"⑥的讨论说明了数字时代时间性本身的转型。离散时间观的背后是数字沟通系统运作节奏和方式的变化。数字环境下,复杂的软件结构(自动算法)穿插于用户与服务工具的基本操

---

① VERBEEK P. Moralizing technology:understanding and designing the morality of things[M]. Chicago and London: The University of Chicago Press,2011.
② 麦夸尔.地理媒介:网络化城市与公共空间的未来[M].潘霁,译.上海:复旦大学出版社,2019.
③ 韦伯.新教伦理与资本主义精神[M].康乐,简惠美,译.上海:三联书店,2019.
④ 卡斯特.网络社会的崛起[M].北京:社会科学文献出版社,2000.
⑤ 罗萨.加速:现代社会中时间结构的改变[M].董璐,译.北京:北京大学出版社,2015.
⑥ 阿甘本.渎神[M].王立秋,译.北京:北京大学出版社,2017.

作间,对计算机器及其外部设施功能负责①,沟通系统的复杂性呈明显提升。个人居于与技术的耦合结构中,成为有机部分嵌入系统。在复杂的沟通系统中,人能做各种事,却对硬软件系统所知、所做有限。正如鱼游水中,难以知水。作为后果,沟通系统整体崩溃再难通过概率计算框定。人类文明迅速地从贝克的"风险社会"转向"脆弱社会"②:复杂系统在运行中难以预估。

系统内部不对称的加剧和系统崩溃的迫切可能性令沟通系统成为较人本主义更基础的理性原则。软件程序(算法)、湿件(人)与硬件(机器设备)构成的耦合结构在控制论意义上构成了边界开放、独立运作、自我组织、自我生成的实时信息沟通系统③。系统勾连碳基和硅基,获得了类有机体的特征,与外部环境形成反差。从控制论视角看,数字沟通系统运作的基础在于维持自身的存续和发展,充盈系统意义,同步维护系统象征秩序和增强生命活力。相反,自我损耗、熵值上升、"废墟"体积不断增大甚至导致自我消灭的,对任何"活"的沟通系统来说都缺乏基本理性。数字身体、智慧城市或企业数字办公系统莫不如是。维系沟通系统生命要以信息循环往复流动为前提。信息是对不确定性的消除,系统内部及其与环境间持续的信息流动预设了距离和其不确定性。两者为沟通发生的前提,而非沟通消灭的对象。同质性抹杀距离和不确定性,它甚至意味着沟通系统本身的衰亡。香农等人将信息作为衡量沟通系统生命活力的指标。冗余指的是重复,噪声指的是意义缺失。相对冗余,沟通系统信息的产生和流动取决于不同元素的不断碰撞,创造了前所未有的差异和不确定性。三者持续更新,成为沟通系统惯常的状态——更新即数字时代的存在意义。差异和不确定性的创造取决于沟通系统对外部环境的接纳和转化,而非同质化贪婪的吞噬和自我膨胀的非理性驱力以及系统内部元素异质同在,共同催生新文化审美体验④。前者涉及沟通系统与环境的转化渗透。后者要求沟通系统内部的运作保证元素充分的多元共在,反复创造(破坏)性的"邂逅"。相对噪声,沟通系统的存续取决于有效"融通"。通过融合连通异质元素,沟通系统在反复运作中凝结可辨识的元传播秩序和动态稳定的意义结构。两者作为形式与沟通系统的生命力交叉⑤。传播秩序和意义结构在形式上能不断产生有意义的区别,又不至于物化到压制沟通系统多元生命力的程度。分寸的把握需要人与算法构成的沟通系统成为精心设计、机缘巧合、稳定结构和实时变动、彼此

---

① 硬件/软件/湿件[C]//媒介研究批评术语集,南京:南京大学出版社:148.
② 马诺维奇.新媒体的语言[M].车琳,译.贵阳:贵州人民出版社,2020.
③ 维纳.控制论[M].北京:北京大学出版社,2020.
④ 孙玮.媒介导航的数字化生存[J].国际新闻界,2021(11).
⑤ 特斯特.后现代性下的生命与多重时间[M].李康,译.上海:上海文艺出版社,2020.

调和的辩证交叉体。

　　此外,融通共生的理性还体现为人与非人行动者间更平等对称的关系。人与技术的不对称包括技术支配人和人对技术工具化的控制。算法连接用户时,技术系统独立的运行和算法的程序编码形式限制异化使用者内在的生命活力。推到极致会形成可怕的异托邦场景:工厂高速运转的流水线日渐被物化,工人与工业技术系统合二为一;或"困"在实时紧迫的算法"牢笼"中苦苦挣扎的外卖骑手。对此,有人悲叹个人越来越难以做出符合自由意志的选择,算法系统"越俎代庖"。算法将每一个个体都作为算法逻辑体系的参数而不考虑个人主体性[①]。在人占主导的关系中,技术被缩减为中立的工具对象,为人服务,目的论的推断与此契合,为最多人创造最大价值的技术即符合伦理。但技术系统运作中卷入异质性的人群、文化符号、历史传承和各类物质的复杂性、数字技术作为生存栖息的环绕环境、技术自身的独立行动力、不同算法间彼此学习和"杂交"的动态都消失在"一切为人类服务"的实用主义论断中。融通共生原则要求在多元异质的人群中,技术和文化历史符号间建立起双向关联,形成带类有机体特征、能作为伦理主体的沟通系统。共生伦理让人、符号和技术在保持独特性的前提下共在,鼓励异质性在相互刺激中出现创生可能。融通共生试图超越两种基础性的不平等:既克服个人面对大型技术系统时的异化,也可突破人类中心主义的层层迷思。

　　在数字中国,算法程序的反复运作组装特定人(群),技术(簇)与多种文化、政治、社会、历史和经济因素,构成在不同领域下有不同作用的数字沟通系统。算法驱动的个性推荐、自动化资源分配和个人(群体)多重数字身份的实时生成,构成当下最核心的算法伦理热点领域。融通共生作为算法伦理的基础,在具体领域推演出不同的伦理原则。

二、算法个性推荐:重新编码以更新差异

　　数字平台的个性化内容推荐算法源于20世纪90年代。平台的个性化内容推荐算法基于用户与数字沟通系统过往的交互数据档案,智能推送个性化定制内容。算法推荐系统影响购物消费、交通路线和社会交往的选择。不断重新编码算法程序,持续更新差异的生成,成为融通共生原则在推荐算法领域的体现。循此规则,推荐算法要在运行中对系统外部环境保持足够的开放转译能力。推荐算法系统的运作一则需确

---

① SLAVIN K. How algorithms shape our world[EB/OL]. (2012-03-05)[2014-02-14]. http://www.ted.com/talks/kevin_slavin_how_algorithms_shape_our_world.html.

保异质的用户实践、文化符号积淀、商品流动不断碰撞激荡,生成新的经验感受和社会关系又不至于彻底震荡粉碎算法在循环往复中凝结的意义结构。

比如,推荐算法形成的"信息茧房"或"算法气泡"问题引发了大量伦理讨论。从沟通系统运作角度看,"信息茧房"的形成即用户与算法技术在日常循环往复的交互中,异质内容和另类实践不断被同化。作为后果,算法平台海量信息高速的流动非但未能促进全球文化的多元化,反而加速了全球数字时代社会和文化层面更深刻的割裂极化①。一方面,算法推荐导致同质性内容叠加,让看上去"自由"的信息环境在信息消费"个人本位"的环境中失去根本的自由和选择;另一方面,圈层固化甚至群落极化造成个体与个体、个体与群体、群体与群体间深刻的隔阂。

融通共生原则要求推荐算法将系统外部环境异质符号,其他非人行动者(其他算法)或道德的异乡人(群)相对平等地吸纳到算法推荐系统。尊重多样性的吸纳转换,本身就是对算法程序的再编码。遵循融通共生基本原则对推荐算法展开伦理干预,就会在优化功能的传统路径外要求多方共治,不断调整算法沟通系统的运作。调整要求由推荐算法流程、活跃用户(群体)、算法工程师、符号话语与其他技术物构成的沟通系统,不断更新与外部环境的勾连。重要的是算法系统运作使不同元素间彼此碰撞,持续生出新的连接。具体操作上,算法推荐系统应结合技术再编码和人为干预,不断改变算法驱动用户(群体)之间,用户与推送内容、算法工程师群体,甚至与算法运行编码过程之间的关联的性质和强度。2022年3月中旬,国内头部 App 陆续上线了算法"关闭键",允许用户一键关闭"个性推荐"功能。用户可自行选择是否拒绝平台基于个人浏览记录做出的个性化的内容推荐。在2022年3月24日,中国青年报报道,社会调查中心联合问卷网对1144名受访者进行调查发现,53.8%受访者表示会选择关闭推荐功能。但关闭推荐功能并非关闭算法,关闭推荐的功能被编入算法沟通系统,成为其有机部分。从关系视角来看,关闭推荐允许用户个人参与对算法部分进行"再编码"。关闭推荐功能后,算法系统更多地将既有算法推荐逻辑外的元素"吸纳"进沟通系统,保持增进算法推荐系统的活力。用户与更为多元的内容发生连接,用户有更多选项参与算法本身的编码修正,用户与不同偏好的其他用户也产生更多的邂逅的机会。推荐算法在编码设计中,通过支持新用户或新内容的引入,实时数据加权,甚至算法工程师的人为干预,确保算法驱动的数字沟通系统持续存在充分的差异元素。足够的差异能不断融通生成新的交互。不少头部算法推荐平台常会有意将算法公式

---

① 喻国明,方可人. 算法推荐必然导致"信息茧房"效应吗——兼论算法的媒介本质与技术伦理[J]. 新闻论坛,2019(6).

推荐范围外的内容投入算法与用户的耦合结构。从算法逻辑外部引入异质符号，导入不同偏好的用户数据，推动不同算法杂交。通过算法与人反复磨合沟通，将异质环境要素转译为算法系统新的构成，刺激算法推荐系统的"类有机体"不断升级进化。

三、资源分配："明暗交错"间的算法透明

在各类资源的智能分配领域，融通共生原则具体表达为算法系统在明暗交错间可追责的透明运作。"明暗交错间的透明"突出了算法透明的伦理意义。同时"明暗交错"又打破"驱逐黑暗"的启蒙迷思，为异质多元的融通共生预留了可能。因为多数用户无法对难以预测或解释的算法伦理干预、监督和纠正，学者多将算法运作的透明视为伦理关键。其中涉及信息可用和可访问的条件，以及信息如何在实用主义和认识论层面支持用户做出决策的过程[①]。算法沟通系统运行的痕迹证据是算法透明的关键。算法系统对于卷入其中的人（群）而言易于辨识且可以解释，才能帮助观察者判断算法驱动资源分配的伦理正当性，推动和参与共同治理，产生让算法沟通系统变得"可追责"的知识[②]。

在算法驱动资源分配的沟通系统中，无法被信息"光照"的"暗影"必大量存在。算法本身是高维数据、复杂代码和可变决策逻辑聚合的产物。由数百条规则动态构成的算法决策结构以复杂叠加形式组合，很难被直观审查。算法系统整体是由大型工程师团队在与具体经济、政治和文化力量复杂博弈中研发出来的。算法投入运行后，多元用户群体日常积极与算法技术、算法工程师、企业组织、其他用户和各类算法驱动的资源流动展开双向交互，参与算法系统实时再编码。沟通系统不可避免地嵌入了多样化的价值表达和媒介实践，形成高度复杂的动态结构[③]。暗影存在对于激活算法沟通系统的生命力具有重要价值。

透明概念的内部有启蒙主义的思想遗产。启蒙主义致力于以知识驱散"黑暗"蒙昧。启蒙主义将算法信息的曝光等同于知识和伦理。在盛赞"知识之光"驱除蒙昧黑暗时，启蒙主义迷思忽视了数字环境中让一切透明的"光照"，尤其具有致盲和消灭多样性的"野蛮力量"。若启蒙主义迷思无法用数据分析"照亮"算法运行，则一律视其

---

① CHRISTENSEN T. Lars and cheney george. peering into transparency: challenging ideals, proxies, and organizational practices[J]. Communication Theory, 2015, 25(1): 70-90.
② ANANNY M, CRAWFORD K. Seeing without knowing: limitations of the transparency ideal and its application to algorithmic accountability[J]. New Media & Society, 2018, 20(3).
③ HILL R. What an algorithm is philosophy and technology[J]. Philosophy & Technology, 2016, 29(1): 47.

为不存在,算法伦理判断就会局限于个人算法经验、感受和想象。例如,在探究算法的系统中,外卖骑手、"网红"和"微商"等职业群体的困境及其对算法的想象确能揭露算法系统的某些面目。但由此展开的伦理判断往往回缩到对资本力量的批判。因为存在"暗影"而将算法沟通系统整体视为无法辨识、理解或控制的,则可能要面对生活中算法迅速膨胀的"黑盒子",个人面对巨大软硬件机器时,一味悲叹,觉得挫败无力,甚至被剥夺"个人的独立性",进行伦理上的反思和批判,采取积极行动进行伦理干预。最后,若将算法系统中的"暗影"作为必将被数据击穿、变得透明的对象,则会极大地减小系统多样化的"融通共生"的可能性。算法沟通系统的"暗影"部分很可能是系统外部性大量另类可能性的发源点。与已被数据击穿的透明部分相比,暗影中更可能隐藏着算法编码系统的现有逻辑无法涵盖的内容,存在根本质性不同的可能性。共生原则还要求透明与暗影之间发生频繁交错。暗影在光照透明间斑驳的存在保证了算法系统仍能不断生产出新的信息、人员和物品的流动。明暗碰撞融通中方能持续产出新的沟通体验。透明部分在与暗影对比中,具有更强的可辨识度和可理解性。明暗交错可能产生更多可供追责的算法叙事。事实上,明暗交错比彻底照亮更有效地增强了算法的"透明"和可追责的伦理特征。

四、算法身份:妙趣横生的游牧式建构

算法驱动个人或群体的身份建构也在当下引发了大量的伦理讨论。算法身份建构的伦理争议主要集中在算法偏见和算法去个性化的效果两方面。算法程序依据用户的数据画像,形成不同个人或群体的身份范畴。算法运作常在性别、种族和阶层等两元对立的范畴内产生大量"算法偏见",并与社会、经济和文化资源的分配关联[①]。与此相关,有学者指出算法驱动形成的外在身份建构是去个性化的过程。算法身份的形成有一种基于群体而非个人特征展开判断和分析的倾向。当组合算法分析受到自身派生的知识和行动的影响,卷入算法系统的个体就因算法去个性化的原因,无须再被识别为个体。

从沟通系统的"融通共生"出发,可将"妙趣横生的游牧式身份建构"作为其具体表达。"妙趣横生的游牧"作为数字中国多元身份建构的伦理表达,提出了超越"算法偏见"与"去个体化"的新分析框架。从理论资源上,"妙趣横生"的算法身份生成借鉴了

---

① PAPAKYRIAKOPOULOS O, MBOYA M. Arwa. beyond algorithmic bias: a socio-computational interrogation of the Google search by image algorithm[J]. Social Science Computer Review,2022,23(1):1-26.

"游牧化生成"的概念①,其背后是新斯宾诺莎主义本体论作为推论的依据②。身份认同的产生并非局限于特定个人的生理或社会文化属性,更指向跨越人与非人(技术、物体、文化积淀等)不同物种间,合作共作和相互融通的中间过程。与沟通系统的"关系"视角契合,个人或群体身份的生成发生在技术与自然、男性与女性、黑人与白人等不同种族,全球与本地、当下与过去等多重两元对立的异质元素,反复碰撞,相互渗透,不断调整和重新装配的动态中。身份生成的液态过程抗拒类似性别、种族、阶层等诸般二元对立的概念范畴。二元对立的种族、性别、阶层观念本身就缩减甚至消灭了性别种族等身份在生成过程,中间阈值状态多重的其他可能性。由此出发,"算法偏见"表述中对于性别、种族和社会阶层等身份标签二元对立的静态理解,实际上本身已巩固了偏见结构对其他可能性的系统压制。与此同时,融通混杂中的游牧式身份生成虽然保有了对负面性的分析功能,但其生成过程却更多指向有趣和愉悦的价值③。多重身份在动态生成过程中,趣味和愉悦的价值指向在关联多重身份时的游戏化倾向。自我表达的内在驱力推动作为类有机体的算法沟通系统,为具身缠绕于人与非人关系网络中的身份主体,提供不断发生游戏化(再)重组的动力。

五、结论:算法沟通系统的多重潜能

算法伦理并非是有待通过的道德考验,或特定的数字文化现象——而是需各方积极争取和努力参与实现的社会、技术和文化成就④。符合融通共生伦理原则的算法系统是多元利益主体共同参与的结果。伦理原则的实现取决于人们如何预计技术系统本身的整体设计和意义,惯常运作和价值偏见等方面对人类集体未来可能的含义。算法伦理的评判以技术系统自身内在的伦理框架或人的价值尊严为导向,对这种意义展开估量和解释⑤。算法是新兴的社会技术系统。广义的社会文化环境为算法系统运行过程中多重解释的涌现,预留了大量实现的可能性。

围绕算法系统的运行提出了"融通共生"的伦理原则,有助于把算法技术保留在基础形态,在意义诠释和权力关系上产生多重变动的灵活性和暧昧性。算法技术伦理原则

---

① BRAIDOTTI R. Nomadic theory:the portable rosi braidotti[M]. New York:Columbia University Press,2011a.
② 德勒兹,加塔利. 千高原[M]. 姜宇辉,译. 上海:上海书店出版社,2010.
③ LLOYD G. Spinoza and the Ethics[M]. London:Routledge,1996.
④ CHRISTIANS G. CLIFFORD G L. THEODORE D M,et al. A white normative theories of the media[M]. Urbana:University of Illinois Press,2009.
⑤ MARRES N. The issues deserve more credit:pragmatist contributions to the study of public involvement in controversy[J]. Social Studies of Science,2007,37(5).

的关键在于如何理解算法沟通系统不同要素间的符合基础理性的关系,进而界定沟通系统的装配在什么条件下会让算法"犯错"[①]。更为重要的是智能机器(自动运行系统)的伦理精神正加速制造"设计"强加给人的伦理系统,人与世界关系的尺度发生反转。选择从媒介系统自身"无声"的要求入手探讨算法在个性推荐、资源分配和身份生成方面的伦理表达,在结构功能主义媒介分析架构外,从沟通系统运行的视角,或能为数字时代另辟媒介分析的"蹊径"创造条件。

[①] GILLESPIE T. Can an algorithm be wrong? [M]. Limn:Crowds and Clouds,2012.

超越"去伪存真":对当下社交机器人研究视角的反思

◎ 李梦颖[①]

摘要:基于对当下社交机器人研究的梳理和分析,已有研究主要以"去伪存真"为目的,通过识别和管理社交机器人,让社交媒介回归以人类为主体互动的空间,还原真实的民意和舆论。笔者提出,"去伪存真"不仅在技术和方法上仍存在很大的障碍,其本身也可能是一个伪命题。平台、算法、程序这些构成社交机器人的核心元素,早已以不同形式参与和影响人类交互,人类与机器、虚拟与真实的界限已破。在这样的背景下,只着力于将社交机器人从网络环境中区分和剥离出来,如缘木求鱼,难以真正揭示其社会影响。研究者应超越"去伪存真",转换研究视角,提出新的研究问题。本研究从"人机共生"的视角出发,将社交机器人视作了解平台技术和文化特性的手段,或可为当下的社交机器人研究打开新的思路。

关键词:社交机器人;自动化程序;算法;平台

引言

人类不再是社交媒介的唯一用户。"推特(Twitter)用户中有 480 万人是社交机器人"[②]"用户数刚破十亿人的照片墙(Instagram)上约有 9500 万个社交机器人账号"[③]"脸书在第一季度移除了 22 亿个虚假账号"[④]"美国新冠疫情期间要求解封的半数以上的推

[①] 李梦颖,复旦大学信息与传播研究中心研究员,复旦大学新闻学院青年副研究员。本文系教育部人文社会科学重点研究基地重大项目"数字城市共同体研究:媒介视角下的新都市文明"(22JJD860004)的阶段性成果,得到复旦大学新闻学院科研创新项目经费支持。

[②] CNBC. Nearly 48 million Twitter accounts could be bots says study[EB/OL]. (2021-01-03)[2022-02-25]. https://www.cnbc.com/2017/03/10/nearly-48-million-twitter-accounts-could-be-bots-says-study.html.

[③] The Information. Instagram's growing bot problem[EB/OL]. (2022-01-03)[2022-02-25]. https://www.theinformation.com/articles/instagrams-growing-bot-problem.

[④] BLOOMBERG. Facebook removed 2.2 billion accounts in first quarter[EB/OL]. (2021-08-07)[2022-02-25]. https://www.bloomberg.com/news/articles/2019-05-23/facebook-removed-2-2-billion-fake-accounts-in-first-quarter.

特用户是自社交机器人"①……由电脑自动化程序所生成和控制的"社交机器人"②已被发现广泛存在于各大社交媒介平台。社交机器人的功能和应用场景复杂多元。有的社交机器人很容易被识别出来，主要根据设定好的自动化脚本，执行简单、重复的发布内容任务。比较典型的例子有推特上的@ pentametron，它被设定为随机转发符合特定诗歌韵律的推文，还有和英国大本钟同步报时的@ big_ben_clock，每日整点发送代表敲钟声"Bong"的推文，类似地，名为"古城钟楼"的微博账号也是自动报时社交机器人，以西安钟楼为例，按照天干地计时法，每个时辰发出"当当当"的钟声。而随着人工智能技术的发展，尤其是随着语言模型训练的突破，社交机器人不仅可以运行更加复杂的算法，还能模仿人的网络行为特点，伪装成真实用户进行交互，包括发送及接受添加好友的请求，更新和分享个人状态，点赞和评论热点话题等日常的社交媒介行为（"僵尸粉""社交机器人水军"）③，还包括根据输入信息自动生成个性化的内容（聊天社交机器人、AI客服），以及基于机器学习技术在网络的互动中不断学习人类的交流模式，更新和改进自身算法，实现意想不到的交流（微软小冰）等。可以说，社交机器人的活动日益良，智能程度加深④。对于人文社会科学的研究者而言，真正让社交机器人同其他自动化程序区分开来的，不是其技术特点，而是他们在社交媒介这一当下最普遍的交流平台中，同人类用户一样"呈现自我""建立社会关系"，成为一个有过去、有知识、有情感甚至有身体的主体⑤。这从根本上挑战了人与机器、真实与虚拟的界限，生动说明了后人类理论家海勒所说的外显行为界定主体的意义，机器和人类之间并"没有本质的不同或者绝对的界线"⑥。

近十年，关于社交机器人的讨论愈发热烈，人们发现社交机器人被广泛用于传播虚假信息、操纵舆论、影响公共政策、干预政治选举等⑦，因此学界尤其关注社交机器人账号的检测方法及其在重大公共议题传播过程中的角色。研究的重点在于探究社交机器

---

① MIT Technology Review, Covid bot twitter accounts push to reopen America[EB/OL]. (2020-10-08)[2022-02-25]. https://www.technologyreview.com/2020/05/21/1002105/covid-bot-Twitter-accounts-push-to-reopen-america/
② FERRARA E, VAROL O, DAVIS C, et al. The rise of social bots[J]. Communications of the ACM, 2016, 59(7), 96-104.
③ HWANG T, PEARCE I, NANIS M. Socialbots: voices from the fronts[J]. Interactions. 2012, 19(2), 38-45.
④ ASSENMACHER D, CLEVER L, FRISCHLICH L, et al. Demystifying social bots: on the intelligence of automated social media actors[J]. Social Media+ Society, 2020, 6(3).
⑤ GEHL R W, BAKARDJIEVA M. Socialbots and their friends: digital media and the automation of sociality [M]. London: Taylor & Francis. 2016: 2.
⑥ 海勒. 我们何以成为后人类：文学、信息科学和控制论中的虚拟身体[M]. 刘宇清, 译. 北京：北京大学出版社, 2017: 4.
⑦ FERRARA E. Disinformation and social bot operations in the run up to the 2017 French presidential election[EB/OL]. (2021-01-09)[2022-02-25]. https://arxiv.org/abs/1707.00086.

人的行为模式和特点,阐明其对公众信息获取和意见形成的影响,并提出相应的治理方法。大部分研究从"人机对立"的视角出发将社交机器人视作"内容污染者"[1],其基本预设为社交机器人是假,人类用户是真,研究社交机器人的目的在于"去伪存真",即通过识别和治理社交机器人,让社交媒介回归以人类为主体互动的空间,让网络舆论可以展现真实的民意。本文研究者提出,"去伪存真"不仅在技术上仍存在困难,其本身可能是一个伪命题——人类与机器、虚拟与真实的界限已破。而如果转换一种思路,从"人机共生"的视角出发,将社交机器人视作了解平台技术和文化特性的方法,或可为当前的社交机器人研究打开新的研究思路。

下文将先回顾已有的社交机器人识别方法,讨论"去伪存真"在技术上存在的困难及隐含在方法背后的偏见;其次,梳理关于社交机器人在社会影响上的研究,反思其对人机关系的预设,提出仅从治理角度研究社交机器人的局限性,并探讨国内相关研究的发展趋势,强调在中国语境下研究社交机器人需要不同的问题意识;最后,文章尝试提出研究社交机器人的新视角,从社交机器人的技术和文化特性出发,将其作为理解社交媒介平台运作方式的方法,提升对于智能时代新的传播形态的理解。

一、"去伪存真"的技术壁垒:社交机器人识别的困难和偏见

当前研究关注的重点是如何检测和识别社交机器人。计算机学科的研究者通过分析推特用户的社交网络结构、发帖时间和频率、语言内容和情绪特征等,探索识别社交机器人账号的方法,并开发了相应的检测系统,让学者和公众能有效地辨别出社交机器人账号。比如,阿尔维西等人提出,真人用户账号和社交机器人账号的社交网络会呈现不同的特点,社交机器人可能会主动与大量的"陌生人"互动,以获取真实用户的关注,而人类用户账号人可能更倾向于关注社交圈或兴趣接近的,因此通过分析用户的社交网络结构,可以识别出疑似的社交机器人账号[2]。另一个常用的识别指标是发帖频率和时间:牛津大学的霍华德和科兰尼以单日发文是否超过50条作为界定自动化账号的标准[3];查沃什等人认为有规律的、有周期性的或不间断地发帖的账号为社交机器人的账

---

[1] LEE K, EOFF B, CAVERLEE J. Seven months with the devils: a long-term study of content polluters on twitter[C]// Proceedings of the international AAAI conference on web and social media. 2011,5(1):185-192.
[2] ALVISI L, CLEMENT A, EPASTO A, et al. Sok: the evolution of sybil defense via social networks[C]//2013 ieee symposium on security and privacy . 2013:382-396.
[3] HOWARD P N, KOLLANYI B. STRONGERIN B. Computational propaganda during the UK-EU referendum[EB/OL]. (2020-08-09)[2022-02-25]. http://dx.doi.org/10.2139/ssrn.2798311.

号①。还有的学者通过分析推特账号的用户信息、粉丝情况以及元数据特征等进行识别,比如,社交机器人账号更可能保留系统随机分配的初始用户名和默认头像,缺少个性化设置;社交机器人账号转发的推文通常多于原创内容、关注数多于粉丝数;社交机器人账号通常由电脑远程控制,其推文的元数据中往往缺少位置信息,而真人用户账号大多用手机登录,其元数据中包含较多关于地理位置的数据②。

相较于这些运用单个指征界定社交机器人账号的方法,目前应用得更加广泛的是以 Botometer(原名 BotOrNot)、Debot 等为代表的、基于机器学习的公开检测系统。这些检测系统从海量的推特用户数据中提取和识别不同类别的行为特征,不仅准确率更高,在理想的情况下,还可以通过更新训练数据及时校准模型,快速适应推特上人类和社交机器人行为的动态变化。以印第安纳大学开发的 Botometer③ 为例,该工具从社交网络结构、用户信息、关注情况、发文频率、文本特征、语言情感六个方面提取了推特用户的 1000 多个行为特征,根据这些特征给推特账号打分,分数越高则代表它们是社交机器人的可能性越大④。目前,Botometer 每天处理超过 25 万个检测请求,并且支持第三方开发者在其基础上拓展新的功能,不仅研究者可以便捷地使用该系统对大规模的推特账号进行检测,越来越多的普通用户也开始在日常的社交媒介使用中尝试这些检测工具,有学者称其为"用人工智能技术武装公众对抗社交机器人"⑤。

通过梳理社交机器人识别方法和工具的原理,可以发现,无论是根据单一指标辨别社交机器人,还是应用机器学习的方法纳入海量特征值进行分析,机器账号识别方法的基础是对机器和人类行为特点区别的一系列假设,并且这些假设大多来自对推特这一个社交平台用户行为的分析。而研究者之所以特别关注推特,一方面是同该平台巨大的用户规模及其在公共讨论中的重要性有关。另一方面,则是受到研究条件的制约。相较于其他平台,推特更加开放,对于调用其应用程序接口(API)的限制相对较少,研究者因此可以比较容易地获取数据训练模型,开发供公众及缺少编程背景的研究者使用的便捷检测工具。目前,无论是计算机还是社会科学领域中针对社交机器人的研究,都主要基于

---

① CHAVOSHI N,HAMOONI H,MUEEN A. Temporal patterns in bot activities[C]//Proceedings of the 26th international conference on world wide web companion. 2017:1601-1606.
② ALARIFI A,ALSALEH M,AL-SALMAN A. Twitter turing test:identifying social machines[J]. Information Sciences,2016,372,332-346.
③ DAVIS C A,VAROL O,FERRARA E,et al. Botornot:a system to evaluate social bots [C]//Proceedings of the 25th international conference companion on world wide web. 2016:273-274.
④ YANG K C,VAROL O,HUI P M,et al. Scalable and generalizable social bot detection through data selection[C]//Proceedings of the AAAI Conference on Artificial Intelligence ,2020,34(1):1096-1103.
⑤ YANG K C,VAROL O,DAVIS C A,et al. Arming the public with artificial intelligence to counter social bots[J]. Human Behavior and Emerging Technologies,2019,1(1),48-61.

推特这一个平台展开,对于其他社交媒介上社交机器人的研究,仍相对空白。而集中关注某一平台不可避免地会带来偏见,限制我们对社交机器人行为特点和模式的理解。以社交网络结构这一常见分析指标为例,是否大量关注陌生人或许可以有效地区分推特中的社交机器人账号,但在类似汤博乐(Tumblr)等以鼓励陌生人互动的社交媒介上,便难以成立。

换而言之,社交机器人的检测和识别上仍存在较大的技术壁垒。受制于数据收集困难和平台开放度不足等问题①,已有的方法和工具难以应用到研究推特以外的社交媒介上,我们对于社交机器人的规模、特点和影响的了解都仍处在初步阶段。即便是相对成熟的推特社交机器人研究,相关识别系统的准确性受到指标设计、训练数据的有效性以及平台中社交机器人的比例等多重复杂因素的影响②,只能在概率层面提供一定的参考,而下文中即将探讨的关于社交机器人社会影响的实证研究,往往直接采用现成工具的检测结果作为"辨别真伪"和确定社交机器人数据样本的依据,缺少对于识别方法本身的反思。

二、"去伪存真"的局限性:反思社交机器人的影响

理解社交机器人的社会影响是一个研究热点。近年,随着假新闻、舆论操纵、意见极化等话题的热议,越来越多的研究开始关注社交机器人的潜在风险,包括社交机器人如何影响信息传播、干扰网络舆论生态等问题。其中,政治选举是最受研究者关注的场景。贝西和费拉拉抓取了2016年美国总统大选期间近两千万条选举相关推文,通过Botometer检测工具将样本中的真人用户和社交机器人进行分类,他们发现,无论是在支持特朗普的阵营中还是希拉里的阵营中,都存在大量的社交机器人账号,其发文量占相关推文总数的五分之一。③ 此后,该研究团队用类似的方法,从2017年法国大选期间近一千七百万条相关的推文中识别社交机器人账号并分析其在马克龙邮件泄露丑闻中的角色。研究发现,一些曾在2016年美国大选中散播虚假信息的社交机器人账号在2017年的法国大选中又被激活,参与散播谣言④。此外,社交机器人除了密集地推送支持或反对某

---

① ASSENMACHER D,CLEVER L,FRISCHLICH L,et al. Demystifying social bots:on the intelligence of automated social media actors[J]. Social Media+ Society,2020,6(3).
② YANG K C,VAROL O,DAVIS C A,et al. Arming the public with artificial intelligence to counter social bots[J]. Human Behavior and Emerging Technologies,2019,1(1):48-61.
③ BESSI A,FERRARA E. Social bots distort the 2016 US presidential election online discussion[J]. First Monday,2016, 21:7-11.
④ FERRARA E. Disinformation and social bot operations in the run up to the 2017 French presidential election[EB/OL]. (2020-03-04)[2022-02-25]. https://arxiv.org/abs/1707.00086.

一候选人的信息,还用更加隐蔽的方式介入选举。比如有学者发现,在 2017 年德国大选期间,德国七个主要政党的推特账号的粉丝数都迅速上涨,其中,粉丝账号中社交机器人账号占比均超过十分之一,这些社交机器人账号并未发布选举相关的内容,而是通过为政党增加粉丝数、点赞数的方式,扩大他们在社交媒介上的影响力,营造支持率上涨的假象①。这些研究成果似乎都印证了存在"计算宣传",即运用自动化手段有组织地操纵舆论②。有学者担心,当社交机器人被系统性地运用在政治选举中,或是散播抹黑候选人的言论或是制造虚假人气,会极大地影响公众的认知和行为,公众可能会把社交机器人的行为当成来自普通民众的反应,并影响选举的最终结果③。

除了干预选举,还有研究发现,在诸多重大公共政策和议题的讨论中也有社交机器人的参与,并且可能刺激网络意见极化。在 2016 年英国脱欧的投票前夕,活跃的社交机器人账号仅占参与脱欧讨论的推特用户总数的 1%,但他们以每周发布 100 条以上相关推文的频率,在推特上生产了超过 1/3 的关于脱欧话题的内容,比例惊人④;卡内基梅隆大学的一项最新研究显示,在关于新冠疫情期间美国是否应该解封的争议中,有近一半的推文可能来自社交机器人账号⑤。社交机器人的大规模介入可能导致的是网络讨论走向偏激化。一项针对推特上关于疫苗讨论的研究发现,无论是支持还是反对疫苗的社交机器人账号,往往只转发与自己立场相同的意见,加深了社交媒介的"回音壁"效果⑥。费拉拉的关于社交机器人网络行为的最新研究也支持了这一观点,他发现,社交机器人主要被用于散播新冠肺炎相关的"阴谋论"、支持相悖的极端意见⑦。如果参考罗斯等人试验的结果表明,在沉默螺旋理论成立的前提下,假设社交机器人处在社交网络中比较中心的位置,并且是面对意见两极分化严重的议题,仅需要 2%—4% 的社交机器人就可

---

① KELLER T R, KLINGER U. Social bots in election campaigns: theoretical, empirical, and methodological implications [J]. Political Communication, 2019, 36(1), 171-189.
② HOWARD P N, WOOLLEY S, CALO R. Algorithms, bots, and political communication in the US 2016 election: The challenge of automated political communication for election law and administration [J]. Journal of information technology & politics, 2018, 15(2), 81-93.
③ BESSI A, FERRARA E. Social bots distort the 2016 US presidential election online discussion [J]. First Monday, 2016, 21: 7-11.
④ HOWARD P N, KOLLANYI B. Strongerin, and# brexit. computational propaganda during the UK-EU referendum [EB/OL]. [2022-2-25]. http://dx.doi.org/10.2139/ssrn.2798311.
⑤ MIT Technology Review. Covid bot Twitter accounts push to reopen America [EB/OL]. (2021-11-13) [2022-02-25]. https://www.technologyreview.com/2020/05/21/1002105/covid-bot-Twitter-accounts-push-to-reopen-america/.
⑥ YUAN X, SCHUCHARD R J, CROOKS A T. Examining emergent communities and social bots within the polarized online vaccination debate in Twitter [J]. Social Media+ Society, 2019, 5(3).
⑦ FERRARA E. # covid-19 on Twitter: bots, conspiracies, and social media activism [EB/OL]. (2021-10-11) [2022-02-28]. https://arxiv.org/abs/2004.09531.

能改变舆论的整体氛围,制造出一种"主流"意见①。

近几年,越来越多的国内学者也开始关注社交机器人的负面影响,将其同假新闻、虚假宣传等一同视作社交媒介时代需要被治理的对象②③,还有学者就推特上同中国相关的议题开展实证研究,分析社交机器人介入议题传播和讨论的方式及其在相关新闻报道的扩散中扮演的角色,进而理解海外社交媒介上涉及中国议题的舆论操控问题。比如,有学者抓取了推特上同中美贸易谈判议题相关的 20 余万条推文④,应用 Botometer 系统识别其中的社交机器人账号,分析社交机器人的行为特征。他们发现,社交机器人积极参与了在推特上扩散中美贸易谈判的相关内容,发文总量和频率都远高于真实用户,但在立场上并未发现明显倾向。还有学者运用相似的分析工具和方法研究推特上带有中国相关标签的推文中社交机器人的比例、发文内容和互动方式⑤。他们发现社交机器人在涉及关于中国的负面讨论中表现活跃,自动化操作痕迹明显。在另一篇文章中,两位学者应用相似的方法考察了推特平台上《纽约时报》香港修例风波相关报道的一级传播和二级传播中,社交机器人账号的参与情况、行为特征和传播效果,他们发现,尽管社交机器人账号活跃度很高,但并未能引起人类用户的进一步转发,尚未形成信息扩散的重要节点⑥。

可以发现,无论是国内还是国外关于社交机器人社会影响的实证研究似乎形成了一个固定的模式:以重大政治事件或公共议题为案例,抓取推特上的相关推文;应用 Botometer 等公开的社交机器人检测工具,识别样本中的社交机器人账号、获取相关数据;再针对社交机器人的发文内容、特点和影响展开分析,并就舆论操纵、虚假信息传播和计算宣传等问题进行讨论,警示社交机器人可能带来的问题和挑战。可以说,这类研究有其重要的现实意义,但如果仅从这一视角研究社交机器人,可能有极大的局限性。这些研究始终是在"图灵测试"的范畴中探讨社交机器人,将其视作"内容污染者"⑦的潜在预设是,社交机器人不仅区别于人类,更是需要被治理的对象,是被用来达到商业或政治目的

---

① ROSS B, PILZ L, CABRERA B, et al. Are social bots a real threat? an agent-based model of the spiral of silence to analyse the impact of manipulative actors in social networks[J]. European Journal of Information Systems, 2019, 28(4), 394-412.
② 骆正林,曹钺."被扭曲的交流":社交媒体时代假新闻现象的三重批判[J]. 新闻与传播评论,2018(4),9.
③ 罗昕,张梦. 西方计算宣传的运作机制与全球治理[J]. 新闻记者,2019(10),63-72.
④ 张洪忠,赵蓓,石韦颖. 社交机器人在 Twitter 参与中美贸易谈判议题的行为分析[J]. 新闻界,2020(2),7.
⑤ 师文,陈昌凤. 分布与互动模式:社交机器人操纵推特上的中国议题研究[J]. 国际新闻界,2020,42(5),61-80.
⑥ 师文,陈昌凤. 社交机器人在新闻扩散中的角色和行为模式研究——基于《纽约时报》"修例"风波报道在 Twitter 上扩散的分析[J]. 新闻与传播研究,2020(5),5-20.
⑦ LEE K, EOFF B, CAVERLEE J. Seven months with the devils: a long-term study of content polluters on twitter[J]. In Proceedings of the international AAAI conference on web and social media. 2011, 5(1):185-192.

的工具。社交机器人是假，人类用户是真。通过识别社交机器人账号，阐明其作用机制和影响，提出相应的治理办法，可以让社交媒介回到人类为主体互动的空间，还原真实的民意和舆论。但是，自动化程序、算法、代码等构成社交机器人的核心元素，早已是网络空间的一部分，人机交流、人机互动正以不同的形式重构现代生活。无论是社交媒介平台本身的算法推荐机制，还是其界面运作系统的架构设计，都可能影响用户接触什么样的信息、形成什么样的社会关系。从这个角度来说，虚拟与现实、人类与机器的界限早已打破，未来是人与机器共同作用下的新文明[①]。在这样的背景下，着力于在社交媒介中将社交机器人识别、区分和剥离出来，实现所谓"未被污染的""真实的"网络环境，不但在技术上极难实现，而且它本身就是一个伪命题。国外学者关注泛滥的网络虚假信息的一个重要原因为担心民意检测等在大众传媒时代被广泛应用的政治实证技术可能失灵[②]，社交机器人批量生成社交媒介上的点赞、转发和评论，可能影响公共政策走向。那么，在中国语境下，基于不同的社会和政治环境，社交机器人的问题意识是什么？我们不仅要对中国社交媒介上社交机器人的现状、特点和影响有更多的了解，更要突破仅致力于识别和治理范畴的现状，开拓新的视角，提出新问题。

三、超越"去伪存真"：如何使作为方法的社交机器人成为可能

在反思了已有研究的局限性后，本研究尝试提出研究社交机器人的不同视角，将关注点从识别和治理社交机器人转向以社交机器人为"方法"，理解社交媒介平台的运作方式和人机关系的发展趋势。如盖尔和巴卡吉耶娃所言，一个社交机器人离开了社交媒介平台的界面和功能，难以想象其是否可以模仿人类呈现自我、进行交互。[③]

在技术上，社交机器人的运作完全依赖于平台的技术架构。从最基本的层面来说，社交机器人要执行自动化程序，需要调用社交媒介平台的应用程序接口(API)以及其他编程配置文件；此外，社交机器人的行为，无论是点赞、分享还是发布内容，都需要通过符合平台特点的算法来实现。比如，抖音上的社交机器人，会根据抖音平台算法对关注、点赞、讨论等行为不同的权重，设定其具体的行为模式。而微博和推特上的社交机器人，则可能针对热搜议题设计自动化程序。每个平台都有针对自动化程序的监测手段和用户规则。比如，微博明确规定，任何人不得擅自在微博平台上实施自动化行为，并就自动化

---

① 彭兰. 人—机文明：充满"不确定性"的新文明[J]. 探索与争鸣,2020,1(6),18-20.
② 胡翼青. 再论后真相：基于时间和速度的视角[J]. 新闻记者,2018(8),23-29.
③ GEHL R W, BAKARDJIEVA M. Socialbots and their friends: digital media and the automation of sociality [M]. London: Taylor & Francis. 2016: 2.

行为提出详细界定,即"明显异于常人的、远高于正常用户的频率发布微博、评论、私信、头条文章或做出关注、点赞、抓取数据等行为"①。类似地,尽管推特没有禁止所有的自动化程序,甚至鼓励如本文开头提到的"创意"社交机器人,但明确规定打击散播垃圾信息的社交机器人账号,以及针对其热搜榜的自动化程序。因此,社交机器人的开发需要考虑平台的监测手段,并同其技术的更新升级保持一致,否则可能导致批量失效。有学者从购买社交机器人的网站以及 Github 等开源社区搜集了 45018 份针对不同社交媒介平台设计的社交机器人的源代码,他们发现,涉及特定平台的代码样本数量同该平台 API 接口的开放程度直接相关,比如,自 Telegram 于 2015 年正式推出了支持第三方开发的数据接口后,相关的自动化程序代码数量激增,在他们搜集的样本数据中,有超过一半的代码是为 Telegram 而写,自 2018 年以来,推特相关的社交机器人的代码则越来越少,这可能同推特愈发严格的注册程序流程相关。② 可见,社交机器人同平台本身的技术基础设施和规则密切相关,提供了一个理解平台本身技术特点和运作规则的新切入点。

在经济上,社交机器人的流行同平台注意力经济的崛起密切相关。微博每月例行发布的打击违规涨粉的公告都会提道:"粉丝是社交媒体账号的核心资产,是衡量微博账号价值的重要依据。"③其体现的是社交媒介的一个最重要的逻辑,即追求用户数量并通过将用户的活动数据化,获取社会和商业价值。④ 格利茨和赫尔蒙德提出"点赞经济"的概念,探讨平台如何通过"点赞"等界面功能的设计,让用户在不同平台产生的数据彼此流动、交换,形成一种社会的、可追踪的和可售卖的关系,服务于其商业利益。⑤ 比尔亦提到,从"点赞数""粉丝数""评论数",到几乎不需要用户操作即可将其行为转化为数字化、数据化的"观看数",都让平台得以迅速将用户行为转化为具有商业价值的数据。同时,通过这些数字形成社交压力,刺激用户交互、产生更多流量。⑥ 也正是在这样的背景下,社交机器人成为平台注意力经济中的一环。在此前的一项研究中,笔者同合作者通过实验的方法分析照片墙和汤博乐上社交机器人的行为特点,研究的初步结果表明,同样是图像分享类社交媒介,但两个平台上社交机器人的表现差异很大:在照片墙上,社交

---

① 新浪微博.微博服务使用协议[EB/OL].(2020-02-28)[2022-02-28]. https://www.weibo.com/signup/v5/protocol.
② ASSENMACHER D,CLEVER L,FRISCHLICH L,et al. Demystifying social bots:on the intelligence of automated social media actors[J]. Social Media+ Society,2020,6(3).
③ 新浪微博.社区公告:7、8 月违规涨粉账号处理公告[EB/OL].(2019-02-18)[2020-09-24]. https://weibo.com/1934183965/Jm8wnvvLa.
④ VAN DIJCK J,POELL T. Understanding social media logic[J]. Media and communication,2013,1(1):2-14.
⑤ GERLITZ C,HELMOND A. The like economy:social buttons and the data-intensive web[J]. New media & society,2013,15(8):1348-1365.
⑥ BEER D. The data gaze:capitalism,power and perception[M]. London:Sage. 2018.

机器人通过反复发布同一个人的照片等方式模仿人类用户的网络行为;而在汤博乐上,社交机器人则是有节奏地、重复性地发布带有超链接的、吸引眼球的图片,将用户的注意力引导到外部网站。这种区别可能体现了社交机器人的行为模式对应着不同平台的用户文化和商业需求,照片墙的生态趋向上文提到的"点赞经济"①,用户主要通过涨粉、涨赞的方式增加个人在社交媒介上的热度,社交机器人只有伪装成真实用户,它们的点赞、互粉才是可以转化为收益的。而汤博乐则更接近传统的"链接经济"②,自动社交机器人无须模拟真人的行为,他们的目标是分发内容,为外部网站提高流量和搜索引擎中的排序。可见,分析社交机器人的行为特点有助于理解不同平台的商业模式和用户文化。

在文化上,社交机器人可被视作"自动生成和处理数据的算法机制同人类交往规范之间的接口"③,提供了一个理解新的文化形态、观察社会关系如何形成、人类如何互动的机制。如塔伊纳·布赫所言,要理解算法是如何运作的,不一定只能从打开算法的"黑匣子"入手,还可以通过观察算法和人的互动关系,去理解算法的社会影响。她提出"算法想象"④的概念,探讨人如何感知、理解和想象算法,以及人对算法的想象又如何再作用于基于机器学习所运作的平台算法本身。尽管以往针对社交机器人的研究中,也曾有邀请人类用户观察社交机器人的做法,但是研究的目的主要是围绕人是否可以识别社交机器人以及识别的准确性和效率,未来研究或可尝试类似的方法,观察不同平台人机交互的方式、机制和影响。

如果回顾十年前学界刚开始关注社交机器人时的讨论,人们或许会惊讶地发现,早期很多学者对于社交机器人的应用前景一度非常乐观。有学者在推特上构建自己的自动化软件社交机器人,观察其对目标用户社交网络结构的作用,他们发现,社交机器人可以有效地影响用户在推特上建立联系的可能性,这意味着社交机器人可以协助拓展用户的社交网络,让他们接触到原本不关心的内容或不会与之互动的其他人,从而推动生成新的社会关系。据此,帝姆·黄等人提出社交机器人或可用于重塑社区,修复社会群体之间的裂痕,弥合现有的社会差距⑤。帝姆·格雷厄姆和罗伯特·阿克兰也认为,批量

---

① GERLITZ C,HELMOND A. The like economy:social buttons and the data-intensive web[J]. New media & society,2013,15(8):1348-1365.
② GRAY J,BOUNEGRU L,VENTURINI T. "Fake news" as infrastructural uncanny[J]. New media & society,2020,22(2):317-341.
③ BOLLMER G,RODLEY C. Speculations on the sociality of socialbots[C]// Socialbots and their friends:Digital media and the automation of sociality. London:Taylor & Francis,2017:150.
④ BUCHER T. The algorithmic imaginary:exploring the ordinary affects of Facebook algorithms[J]. Information,communication & society,2017,20(1):30-44.
⑤ HWANG T,PEARCE I,NANIS M. Socialbots:voices from the fronts[J]. Interactions. 2012,19(2):38-45.

采用社交机器人或可以打破"过滤泡",促进群体团结,推动更多人参与公共事务[1]。这同近年学界重点关注社交机器人的负面影响、强调治理社交机器人必要性的态度,大相径庭。指出这一点,并非想讨论究竟应以积极还是悲观的态度看待社交机器人,而是想指出,无论对于其应用前景还是相关研究的开展,都需要更具有想象力的方式。本文提出的转换思路、将社交机器人作为理解平台技术、经济和文化特性的方法正是这样一种希望打破惯有研究思路的初步尝试。未来社交机器人研究应跳脱出识别和治理的框架,摒弃"人—机对立"的预设,超越"去伪存真",向不同维度的视角和问题敞开。问题不是社交机器人能否通过图灵测试,而是如何同社交机器人形成更有意义的互动[2]。

---

[1] GRAHAM T, ACKLAND R. Do socialbots dream of popping the filter bubble? the role of socialbots in promoting participatory democracy in social media[C]// Socialbots and their friends: Digital media and the automation of sociality. London: Taylor & Francis, 2017: 187-206.

[2] JONES S. How I learned to stop worrying and love the bots[J]. Social Media + Society. 2015(4).

基于百度迁徙数据的城际人员流动网络研究

◎ 钮心毅[①] 刘思涵[②]

摘要:本文使用移动互联网定位的百度迁徙数据测度了平日和春运时段,我国城际人员流动网络的时空特征,尝试从空间关联角度认识我国的城市体系。分析将城市之间的人员流动联系视为网络的边,将城市视为网络的节点,以城际人员流动联系量作为边的权重,以城际人员流动规模作为节点的中心度,构建无向加权网络,测度两个时段网络中的强联系边和高中心度节点。研究发现:(1)平日时段的强联系以近距离联系为主,呈现明显簇状分布。远距离的强联系仅发生在部分直辖市与省会城市之间。春运时段的远距离强联系增强,形成了以京津冀、长三角、珠三角和成渝城市群为顶点的菱形结构。(2)两个时段的高中心度城市包括三个类别,第一类是北京、上海、广州、深圳四个超大城市,第二类是省会城市和其他直辖市,第三类是三大城市群的部分地级市等。在春运时段,南方高中心度城市的中心度提高,北方城市的中心度相对减弱。(3)两个时段均属于中心度高、汇聚较多强联系的城市有四个超大城市和成都、郑州、杭州等——在春运时段增加了重庆、东莞和佛山。城际人员流动网络中时空特征是各个城市的经济和社会特征的体现。通过解析城际人员流动网络的时空特征能够更好地认识中心城市及其传播力。

关键词:城际人员流动;城市网络;空间关联;城市体系;百度迁徙数据

引言

自20世纪末以来,区域空间组织的研究范式逐步从传统的"中心地"转向了"流空间"[③]。城市网络研究范式以关联数据表示的"流"作为城际的功能联系,用于理解城市之间的空间关联。城际的"流"成为认知城市体系、认识城市特性的重要途径之一。通

[①] 钮心毅,同济大学建筑与城市规划学院教授、博士生导师,邮箱:niuxinyi@tongji.edu.cn。
[②] 刘思涵,同济大学建筑与城市规划学院硕士研究生。
[③] TAYLOR P J,HOYLER M,VERBRUGGEN R. External urban relational process:introducing central flow theory to complement to central place theory[J]. Urban Studies,2010,47(13):2803-2818.

过物流、资本流、资金流、信息流等在城市之间双向多向的流动现象,可以认识区域空间的组织结构。"流空间"的研究范式力图在研究方法上强调"网络模型",运用"流"形成关联网络来认识城市体系,具体出现了诸多以航空网络[1]、企业关联网络[2][3]、创新网络[4][5]等多种要素的空间关联网络来考察城市体系的研究。其中,城际人员流动是一种最为重要的流。人员流动能反映城市之间多种功能空间的关联[6]。人员流动网络成为研究城市体系的一种重要手段[7]。

2010年后,随着经济的高速增长,我国航空、高速铁路网络、高速公路等组成的高速交通体系变得完善,这大大推动了全国城际人员的流动。在2019年末,国内定期航班里程达到了546.75万千米,是2010年的3.23倍;高铁里程达到了3.54万千米,是2010年的4.95倍;高速公路里程达到了14.94万千米,是2010年的2.02倍[8]。在高速交通的体系支持下,城际人员流动性日益增长,全国城际人员流动规模迅速上升,城市之间形成了大规模的人员流动网络。这类城际出行形成的人员流动网络的空间特征如何,不同时段有哪些特征变化均值得探究。流动网络的变化必然令城市间的空间关联发生变化,重塑城市体系的特征。随着高速交通网络推动城际人员的流动,我们更有必要从当前城际人员流动网络出发认识我国城市体系的特征。

2010年后的另一个重要变化是移动互联网的迅速普及。基于移动互联网出现的大量移动设备和应用渗入了生活的方方面面。手机等移动终端提供的基于位置信息的服务(LBS,Location Based Service)不仅渗入人们的生活,也很大程度上改变了人们的生活方式。基于位置的移动互联网服务,产生的大数据使记录大规模城际人员流动成为可能。移动互联网用户的位置移动、请求定位服务的记录保留了用户的时空轨迹,皆使其成为可用数据。由此,通过移动互联网的定位能记录下人员在城市之间的流动,可以视为全交通方式的出行记录,全面记录了大规模的城际人员流动,给了解我国城市体系提供了可能。

本研究采用以移动互联网定位为基础的百度迁徙数据,聚焦春节后和平日两个特征

---

[1] 周一星,胡智勇.从航空运输看中国城市体系的空间网络结构[J].地理研究,2002(3):276-286.
[2] 唐子来,李涛,李粲.中国主要城市关联网络研究[J].城市规划,2017,41(1):28-39+82.
[3] 唐子来,赵渺希.经济全球化视角下长三角区域的城市体系演化:关联网络和价值区段的分析方法[J].城市规划学刊,2010(1):29-34.
[4] 吴志强,陆天赞.引力和网络:长三角创新城市群落的空间组织特征分析[J].城市规划学刊,2015(2):31-39.
[5] 周灿,曾刚,曹贤忠.中国城市创新网络结构与创新能力研究[J].地理研究,2017,36(7):1297-1308.
[6] LIMTANAKOOL N,DIJST M,SCHWANEN T. A theoretical framework and methodology for characterising national urban systems on the basis of flows of people:empirical evidence for France and Germany[J]. Urban Studies,2007,44(11):2123-2145.
[7] 王垚,钮心毅,宋小冬."流空间"视角下区域空间结构研究进展[J].国际城市规划,2017,32(6):27-33.
[8] 数据来源为《中国统计年鉴2020》。

时间段,研究全国城际人员流动形成的网络特征,以认识人员流动网络所反映的城市体系特征和典型城市在流动网络中的特征。

一、数据与方法

1. 百度迁徙数据和平日时段、春节后时段的城际人员流动

百度迁徙数据移动互联网记录的城际出行大数据,包含百度地图用户的定位记录,还包括了使用百度地图定位技术平台进行地理定位的第三方应用用户的定位记录。百度迁徙以用户的定位记录为基础,将用户停留超过一天的城市定义为出发城市;将用户停留超过4个小时以上的城市定义为到达城市,据此识别城际人员的流动。

百度迁徙数据只是记录了匿名用户的位置变化,无法探知城际人员流动的目的。但根据不同的时间段,可以大致推断城际人员流动的目的。平日时段城际人员流动反映了城市与城市间短期人员的流动联系:城际的日常商务出行、旅游等闲暇出行、探亲访友等出行和相邻城市之间同城化的跨城通勤。总体上,平日时段反映了两个城市之间的经济社会联系。

春节前后的城际人员流动反映了一个较长时期内城镇化进程中人口迁居总体状况,反映了城市与城市之间长期劳动流动和人口迁居的格局。大量居民在节前返回家乡并在节后再次从家乡返回常年居住地。与平日时段相比,春运反映了城际人员流动,以及长期人口城镇化进程中人口迁居格局的信息。

百度、腾讯等移动互联定位数据出现后,已有研究从不同角度测度了春节期间全国人员的流动特征,探究春运期间全国城际人员流动不平衡现象,揭示了春运期间人员流动空间格局及其与经济格局的关联[1][2][3]。由于平日时段城际人员流动、春节时期城际人员流动各自表示了城市之间不同性质的空间关联,比较平日与春节期间的城际人员流动网络,能更好地认识各个城市在人员流动网络中的特性。

为此,本文采用以全国地级行政单元为基础的百度迁徙数据,将直辖市也视为一个空间单元,把全国一共划分为377个空间单元。时间上,选择春节后和平日两个时间段。春节后选择2019年2月11日(正月初七)至2019年2月24日(正月二十)的两周。该

---

[1] 刘望保,石恩名. 基于ICT的中国城市间人口日常流动空间格局——以百度迁徙为例[J]. 地理学报,2016,71(10):1667-1679.
[2] 魏冶,修春亮,刘志敏,等. 春运人口流动透视的转型期中国城市网络结构[J]. 地理科学,2016,36(11):1654-1660.
[3] 赵梓渝,王士君. 2015年我国春运人口省际流动的时空格局[J]. 人口研究,2017,41(3):101-112.

时段为春节后大量人员返回常住地的集中返程时期。平日时段选择2019年4月11日至2019年4月24日的两周，反映平日时段的人员流动。以下使用的人数均是使用百度定位服务的用户数，未经过扩样。

2. 城际人员流动时空特征的研究方法

本文将春节后、平日的两个时间段的城际人员流动分别视为一种城市网络，使用网络分析方法认知全国城际人员流动网络。全国377个地市空间单元之间形成了377×377的人员流动联系。平日时段的两周，一共记录了20973.02万人次的跨地级市的人员出行流动。春节后的两周，一共记录了23697.41万人次的跨地级市的人员出行流动。

将两两之间的任一城际人员流动联系均视为网络中的边，将377个地市均视为网络中的节点，以节点与边的关系分别测度两个时间段的城际人员流动网络特征。具体包括了以下三方面的研究内容。

（1）比较平日时段、春节后时段的城际人员流动网络中的联系特征。为此，研究以双向联系流动人数之和作为两个城市之间的联系量，以联系量的特征表示城际人员流动网络特征，分别关注两个时间段网络中的强联系。

（2）比较平日时段、春节后时段的城际人员流动网络的节点中心度特征。以一个城市的流入、流出人数之和作为该城市的流动规模值，表示该城市作为网络节点的中心度，分别关注两个时间段网络中的高中心度节点，及其与强联系之间的关系。

（3）比较春节后时段、平日时段的城市中心度变化。将平日和春节后两个时段流动网络的节点中心度变化进行比较，重点关注中心度有明显变化的城市。

二、平日时段的城际人员流动网络特征

1. 平日城际人员流动特征

在城际人员流动网络中，城市两两之间的人员流动联系构成了网络的边。由于平日时段，以流入、流出分别计算的人员流动是大约相似对称的。因此以城际人员流动联系量作为边的权重，构成了无向的加权网络。强联系代表了城际间最重要的关联，是城际人员流动网络中权重最高、最强的边。通过强联系和弱联系，可以认识城际人员流动网络中边的层级特征，以及其数量和空间分布特征。

计算平日时段累计两周城市之间两两流动的联系总量，即城际人员流动联系量。采用几何间隔法将城际人员流动联系量分为九类，将前三类认为是城际人员流动的强联系。平日时段，全国城际人员流动网络中共有65443条边，其中有1101条边是强联系，

网络中绝大部分的边属于弱联系。然而,强联系的边共发生了15143.82万人次的城际人员流动,占所有平日时段城际人员流动总量的72.21%。弱联系的边共发生了5829.20万人次的流动,占总量的27.79%。网络中少量的强联系边承载了大多数的城际人员流动量。

城际人员流动网络在空间上差异明显。东部地区网络边更加密集,强联系数量也更多。强联系呈现出明显的簇状分布。北京、上海等直辖市,广州、成都、郑州、西安等省会城市均与周边城市形成了成簇的强联系。东部沿海的城际人员流动强联系最为密集。其中,以长三角、珠三角、京津冀三大城市群最为典型。排名前十的强联系中,除了西安—咸阳外,有九个位于三大城市群内。在京津冀城市群中,位于第一层级的强联系有北京—廊坊、北京—保定和北京—天津三条边,其余强联系边也大多与北京发生关联。在长三角城市群中,位于第一层级的强联系有上海—苏州、杭州—绍兴、苏州—无锡等六条,都与上海、杭州和苏州发生关联。在珠三角城市群中,位于第一层级的强联系有广州—佛山、深圳—东莞、深圳—惠州等七条。广州、深圳和东莞聚集了网络中最多的强联系边。东部沿海之外的中部、西部和东北地区,城际人员流动网络中的强联系簇主要发生在省会城市和省内城市之间,如西安—咸阳、成都—德阳、郑州—开封等。除了乌鲁木齐—昌吉外,东北部和西部地区没有最高层级的强联系。

除了簇状分布的强联系外,部分超大城市、省会城市和直辖市之间也形成了远距离的强联系。最强的远距离强联系均位于第二层级,包括北京—上海、北京—郑州、北京—济南、北京—西安、北京—成都,均与北京连接。平日时段的强联系以近距离的联系为主,远距离的强联系仅发生在部分直辖市和省会之间。

2. 平日时段的城市人员流动性特征

在城际人员流动网络中,城市之间的人员流动联系是边,城市则是节点。以城际人员流动规模表示的城市中心度代表了网络中特定节点的重要程度,高中心度的城市在网络中有更强的人员传播能力。通过强中心度、弱中心度的分析,可以认识城际人员流动网络中节点的层级特征,以及其数量和空间分布特征。

本研究将平日时段累计两周的每个城市流入、流出人员总数,即城际人员流动规模,作为城市中心度指标。这一方法计算出的城市中心度是加权中心度,权重为每条边的城际人员流动联系量。采用几何间隔法将城市中心度分为九类,前两类被认为是高中心度的城市。平日时段,377个城市中进入高中心度的城市有27个。高中心度的城市共汇聚了14945.14万人次的城际人员流动,占全国城际人员流动总量的35.73%。少数几个高中心度城市在城际人员流动网络中集散了大量的人员,是最为重要的节点。

高中心度城市主要有三类。第一类是北京、上海、广州、深圳四个超大城市；第二类是省会城市和直辖市，如武汉、西安、郑州、重庆等；第三类是三大城市群中的部分城市，如保定、苏州、东莞等。位于最高层级的高中心度城市除了北京、上海、广州、深圳四个超大城市外，还有郑州、西安、成都三个省会城市，以及长三角和珠三角城市群内的部分城市，如东莞、苏州和杭州。京津冀城市群除了北京外，没有位于最高层级的高中心度城市。位于次一级高中心度的省会城市大多分布在中部和靠近中部的西部地区。其中，位于华中、华南和西南等偏南部地区的城市居多。东北地区仅有沈阳进入高中心度城市，西北地区则没有高中心度城市。三大城市群聚集了最多的高中心度城市。

与平日时段城际人员流动网络的强联系对比，中心度高的城市，一般有较多强联系边汇聚。此类除北京、上海、广州、深圳外，还包括成都、郑州、杭州、苏州、西安等。这类城市不仅汇聚了城际人员流动网络中权重最高的边，还是网络中最重要的节点，是人员流动最强有力的传播中心。还有部分高中心度城市，其汇聚的强联系边相对较少，如东莞、佛山、天津、廊坊等，基本都位于三大城市群。造成其高中心度的原因一般是与城市群的超大城市间的大量人员流动，而与网络中其他节点的联系相对较弱。这类城市也是城际人员流动网络中相对重要的节点，但其发生的人员流动传播力相对较弱，影响的范围相对有限。在有较多强联系交汇的城市中，还有一部分不属于高中心度城市——大多东北部和西部地区的省会城市，如哈尔滨、长春、兰州、乌鲁木齐等皆属此类。南方的省会和副省级城市中，仅有四个没有进入高中心度城市，分别是南宁、南昌、福州和厦门。这四个城市在城际人员流动网络中虽然不是最重要的节点，但也汇聚了网络中权重较高的边，仍具有一定的影响力。

三、春节后时段的城际人员流动网络特征

1. 春节后时段的城际人员流动的特征

本研究还计算了春节后累计两周的城市两两之间联系总量。分析采用几何间隔法将城际流动联系总量分为九类，将前三类认为是城际人员流动的强联系。通过强联系和弱联系认识春节后时段城际人员流动网络中边的层级特征，其数量和空间分布特征。

春节后时段，全国城际人员流动网络中共有65918条边，其中有1345条边是强联系，网络中绝大部分的边属于弱联系。强联系的边共发生了16153.23万人次的城际人员流动，占所有春节后时段城际人员流动总量的68.16%；弱联系的边共发生了7544.18万人次的流动，占总量的31.84%。网络中少量的强联系边承载了大多数的城际人员流动量。

城市间强联系的短距离簇状分布特征进一步加强。东部沿海地区仍旧是网络中边最密集、强联系数量最多的地区。除沿海三大城市群聚集了最多的短距离强联系外,中部的郑州、武汉、长沙,西部的成都、西安均与周边城市都形成了密集的强联系网络。排名前十的强联系中,有六个位于三大城市群,分别是京津冀城市群的北京—廊坊、北京—保定;长三角城市群的上海—苏州;珠三角城市群的广州—佛山、深圳—东莞和深圳—惠州;其余四个位于三大城市群之外的强联系分别是西安—咸阳、西安—渭南、武汉—孝感和成都—德阳。强联系的分布更为分散,有更多的第一层级强联系位于三大城市群之外。

除了簇状分布的强联系外,春节后时段的城际人员流动网络中远距离的强联系更为突出、数量更多。远距离的强联系可以分为两类,第一类是省会和直辖市之间的强联系,位于第二层级的有北京—上海、北京—哈尔滨、北京—西安、西安—成都、北京—济南、广州—重庆、北京—成都、北京—郑州、上海—重庆、重庆—贵阳、重庆—昆明、北京—沈阳等共12条。第二类是以北京、上海、广州、深圳四个超大城市为首的劳动力吸引城市和劳动力输出城市之间的强联系,如重庆—遵义、广州—衡阳、上海—阜阳、北京—周口等。远距离的强联系在城际人员流动网络中形成了一个以京津冀、长三角、珠三角和成渝城市群为顶点,向内部发散的菱形结构。

2. 春节后时段的城市人员流动性特征

分析将春节后累计两周的每个城市流入、流出人员总数,即城际人员流动规模,作为城市中心度。采用几何间隔法分类将城市中心度分为九类,将前两类认为是高中心度的城市。通过强中心度和弱中心度分析,有利于认识春节后时段城际人员流动网络中节点的层级特征,及其数量和空间分布特征。

春节后时段,377个城市中,高中心度的城市有27个。高中心度的城市共汇聚了15407.50万人次的城际人员流动,占全国城际人员流动总量的32.57%。少数几个高中心度城市在城际人员流动网络中集散了大量的人员,是最为重要的节点。

高中心度的城市仍旧可以分为三类,包括四个超大城市、省会城市和直辖市、三大城市群的部分城市。最高层级的高中心度城市中,京津冀仅有北京一个城市,长三角有上海、苏州、杭州三个城市,珠三角有广州、深圳、东莞和佛山四个城市。其余的省会城市和直辖市有郑州、西安、成都和重庆。次一级的高中心度城市在南方更常见。位于三大城市群中的,京津冀有天津、廊坊两个城市,长三角有南京、合肥、无锡、宁波四个城市,珠三角有惠州和中山二个城市。其余的五个位于南方,分别是武汉、长沙、昆明、贵阳、南宁;仅有济南和沈阳二个城市位于北方。春节后时段,东部沿海的长三角和珠三角城市群聚集了最多的高中心度城市,人员流动最为强烈。南北方城市的中心度进一步拉开差距,南方的城际人员流动更为频繁、联系更为紧密,北方的城际人员流动则数量较少。

与春节后时段城际人员流动网络的强联系对比,中心度高,有较多强联系汇聚的城市在春节后时段的中心度和汇聚的强联系都有增强。除了四个超大城市、部分省会城市和直辖市如成都、重庆、杭州外,还有部分位于三大城市群的劳动力吸引城市,如东莞、佛山等共同构成网络中最重要的节点,是全国性的劳动力集散中心,影响范围广,影响力大,中心度高。汇聚强联系边相对较少的城市主要有西安、郑州、天津、贵阳、南宁五个省会或直辖市,还包括惠州、宁波、廊坊三个位于三大城市群的城市。此类城市在长期劳动力流动中也是相对重要的节点,但其吸引的劳动力来源范围相对较小,影响力相对较弱。在网络中有较多强联系的边汇聚,中心度不高的城市,除了哈尔滨外均是主要劳动力输出城市,如阜阳、赣州、徐州等。这类城市在城际人员流动网络中较为特殊,其长期劳动力流出的特性值得关注。

3. 比较春节后时段和平日时段城际人员流动网络的特征

平日时段城际的人员流动反映了两个城市之间的经济联系。而春节后时段的城际人员流动反映了城市与城市之间长期劳动流动、人口迁居的格局。对比两个时段的城际人员流动网络特征,可以进一步解读网络中不同的边和节点的特征。

平日时段、春节后时段都是高中心度节点的城市共24个(如表1所示)。平日时段和春节后时段的高中心度城市各有27个,其中,太原、石家庄和保定三个城市仅在平日时段是高中心度城市,南宁、中山和宁波三个城市仅在春节后时段是高中心度城市。研究随后将计算每个高中心度城市发生的强联系数量;对比两个时段高中心度城市的强联系数量和中心度的变化;并分析中心度和强联系数量间的关系。

从两个时段的强联系分布特征来看,春节后时段共有1345条强联系。其中有507条位于第一、二层级;平日时段仅有1101条强联系,其中有297条位于第一、二层级。春节后时段,城际人员流动网络中的强联系城市数量更多、分布更广,位于第一、二层级的强联系明显增多。对比各个高中心度城市发生的强联系数量可以发现:春节后时段,高中心度城市连接的强联系数量普遍高于平日时段。尤其是排名最靠前的北京、上海、广州、深圳、东莞、重庆、佛山、苏州、杭州等城市连接的强联系数量显著高于平日时段。这些城市大多位于沿海三大城市群,这一特征揭示了我国长期劳动流动和人口迁居的方向仍旧是以东部沿海为最主要的目的地,三大城市群向全国吸引劳动力的能力遥遥领先。只有郑州、武汉和沈阳在平日时段发生的强联系数量略高于春节后时段。观察两个时段强联系边的变化,这三个城市平日与其他省会城市发生更多的经济联系,却主要在省内吸引劳动力。春节后时段诸如郑州—西安、武汉—合肥、沈阳—上海的强联系消失。

两个时段的城际人员流动网络中,多数高中心度的城市较为稳定地在不同时段都发挥重要节点的作用。北京、上海、广州、深圳、杭州、苏州、东莞、郑州和西安在两个时段都是位于第一层级的高中心度节点,是城际人员流动网络中节点中心性最为突出的城市。第二层级的高中心度城市在两个时段略有变化。廊坊在平日时段的排名较春节后时段高出八名,变化显著。重庆、惠州和昆明在春节后时段的排名显著高于平日时段。

随后,研究将城市的中心度和汇聚的强联系数量进行共同分析。总体来说,城市的中心度越高,其汇聚的强联系数量也越多。四个超大城市在两个时段内无论是中心度还是强联系对数都排在前四名。成都、苏州、杭州、长沙、南京等城市,中心度高的同时强联系数量也较多。廊坊、惠州、贵阳三个城市较为特殊:在两个时段都有着较高的中心度,但发生的强联系对都较少,是高中心度城市中影响力相对较弱的一类。

表1 平日时段、春节后时段的高中心度城市及其强联系数量

城市	平日时段中心度排名	平日时段中心度	春节后时段中心度排名	春节后时段中心度	平日时段强联系对	春节后时段强联系对
北京市	1	12377553	1	11630932	59	72
上海市	2	10262812	4	9385432	53	64
广州市	3	10090507	2	11306718	39	56
深圳市	4	8364105	3	9563954	31	61
成都市	5	7718388	5	8979611	30	31
郑州市	6	6970735	9	6571835	25	22
杭州市	7	6890428	11	6171572	25	32
苏州市	8	6721439	10	6465472	25	33
西安市	9	6391364	8	6673155	22	24
东莞市	10	6039055	6	7309935	20	48
佛山市	11	5663296	12	6166073	18	29
武汉市	12	5283875	13	5655572	31	25
南京市	13	5169301	15	4528296	24	25
长沙市	14	5046164	14	5009828	21	21
天津市	15	4493011	18	4083529	18	18
重庆市	16	4231170	7	6836532	26	43
济南市	17	4218546	19	3686554	19	19
合肥市	18	3828779	17	4107417	22	22
廊坊市	19	3818549	27	3022588	6	7

续表

城市	平日时段中心度排名	平日时段中心度	春节后时段中心度排名	春节后时段中心度	平日时段强联系对	春节后时段强联系对
无锡市	20	3746850	23	3251537	17	20
昆明市	21	3370092	16	4270578	20	20
沈阳市	22	3348681	26	3138122	20	18
贵阳市	24	3094198	20	3338107	11	11
惠州市	26	3038203	21	3327953	8	10

四、结论和讨论

1. 平日时段城际人员流动网络特征

平日时段的强联系以近距离的联系为主，呈现明显的簇状分布。北京、上海等直辖市和广州、成都、郑州、西安等省会城市均与周边城市形成了成簇的强联系。远距离的强联系仅发生在部分直辖市和省会城市之间。

平日时段的高中心度城市可以分为三类。一类是北京、上海、广州、深圳四个超大城市；第二类是省会城市和直辖市，如武汉、西安、郑州、重庆等；第三类是三大城市群的部分城市，如保定、苏州、东莞等。

从强联系数量和中心度两方面来看，四个超大城市和成都、郑州、杭州、苏州、西安等节点在中心度高的同时，汇聚的强联系数量也多，是网络中影响力最大、最重要的节点。

2. 春节后时段城际人员流动网络特征

春节后时段，近距离或远距离的强联系数量都有所增加。其中，远距离强联系变化更为明显，除了发生在直辖市和省会城市之间外，以四个超大城市为首的劳动力吸引城市和劳动力输出城市之间的强联系显著增强且数量增加。远距离强联系在城际人员流动网络中形成了一个以京津冀、长三角、珠三角和成渝城市群为顶点的菱形结构。

春节后时段的高中心度城市与平日时段相比略有变化，仍旧可分为三类。南方高中心度城市的中心度更加提高，北方城市的中心度则相对减弱。

从强联系数量和中心度两方面来看，除了四个超大城市、部分省会城市和直辖市如成都、重庆、杭州外，珠三角的东莞、佛山也同时具有高中心度、汇聚强联系数量多的特征，成为网络中重要的节点。

综上所述，城际人员流动网络从"流空间"视角来打量城际空间的关联。通常对城市体系"中心城市"的认识从常住人口规模、经济规模、社会资源集中程度出发①②③。通过对城际人员流动网络量化测度,可以用网络节点的高中心度来定义"中心城市",并以网络边的强联系进一步认识"中心城市"。"流空间"中的高中心度、强联系是认识"中心城市"的一个重要视角,有利于更好地认识"中心城市"的传播能力。

城际人员流动网络形成与航空、高铁、高速公路组成的高速交通体系完善相关。以人员流动网络边的联系强度、网络节点中心度度量,平日和春节后时段的人员流动网络特征不仅存在空间维度上差异,也存在时段维度上差异。高速交通体系提升了城市交通出行的可达性,为城际人员流动提供了可能。在高速交通体系的支持下,城际人员流动网络时空特征更多地受到城市自身特性的影响。

本研究表明各城市在城际人员流动网络中的时空特征与城市自身社会经济特征紧密相关。例如,北京、上海、广州、深圳等经济规模大、产业结构综合的城市在城际人员流动网络中的地位始终突出。东莞、佛山等城市在两个时段城际人员流动网络中心度变化明显,这与其产业结构的特征有关。城际人员流动网络时空特征很大程度上体现了城市社会、经济方面的特征,但其中的相关性和作用机制还值得进一步探索。

---

① 周一星,张莉,武悦.城市中心性与我国城市中心性的等级体系[J].地域研究与开发,2001,(4):1-5.
② 顾朝林,庞海峰.基于重力模型的中国城市体系空间联系与层域划分[J].地理研究,2008,(1):1-12.
③ 吴健生,刘浩,彭建,等.中国城市体系等级结构及其空间格局——基于DMSP/OLS夜间灯光数据的实证[J].地理学报,2014,69(6):759-770.

从"仿真之城"到"仿生之城":上海航拍短视频的"第四级仿象"生产①

◎ 周海晏②

摘要:无人机航拍应用于短视频生产,不能简单地视同为大众媒介时代城市形象片中的航拍影像生产,因为它对城市形象的建构不同于"第三级仿象"生产之"仿真之城"的主流范式,而属于新的"第四级仿象"生产方式——仿生之城。仿生之城是机器模仿城市中有机物的机能和运作机制,其运用于航拍是对城市之上的"上帝之眼"传统仿象生产的价值解放;它强调技术系统的驱动作用,通过抖音等平台的算法技术系统对航拍短视频进行仿象再生产,从而重新建构城市形象。从生产范式来看,"仿生之城"的仿象价值解放的本质是反精英主义;而仿象再生产的本质是软件代码系统的本体效力。"仿生之城"并不局限于航拍等信息生产方式的革新,而昭示着新传播时代社会生活的深刻变化。"仿生元宇宙"正成为"第四级仿象"生产时代城市形象建构的新趋向。

关键词:仿生;仿真;航拍短视频;第四级仿象

航拍影像生产作为城市形象片不可或缺的标准化生产方式,其在高空全面展示的高楼林立、车水马龙、万家灯火等城市景象,对于大众媒介时代城市形象建构而言具有重要意义。然而,随着当下城市形象建构的主要媒介悄然转向抖音等短视频平台,航拍短视频的生产,能否视同为大众媒介时代城市形象片中的航拍影像生产呢?对抖音平台上点赞最高的50个上海航拍短视频进行分析后,笔者发现其航拍生产方式并不限于无人机反映城市的真实,也不限于运用"延时摄影"等航拍编辑技巧去制造城市的"超真实",而呈现新的仿象生产特点。这种新的仿象生产为何不能视同于大众媒介时代航拍生产作为"第三级仿象"生产之"仿真之城"?它新在哪里?其本质是什么?它又是怎样影响数字媒介时代人类社会生活的?本文将聚焦上述问题进行阐述。

---

① 本文系教育部人文社会科学重点研究基地重大项目"数字城市共同体研究:媒介视角下的新都市文明"(22JJD860004)阶段性成果,并获得复旦大学新闻学院科研创新项目经费支持。
② 周海晏,复旦大学信息与传播研究中心研究员、新闻学院副教授。

一、对"仿真之城"的反思:"第四级仿象"生产的提出

论及当代城市形象建构中爆发式的影像生产,传播研究者常常将波德里亚的仿象生产及消费社会理论视为圭臬,将仿真作为重要理论工具,用以分析建构城市形象的摄影、电影、电视、纪录片、广告、网络直播、短视频等不胜枚举的各类影像。其应用理论的基本思路为:其一,将城市形象片等影像视作波德里亚意义上的"仿象",即不是传统仿象意义上媒介对现实存在的模仿形象,而是一种虚拟的图像空间,脱离了社会现实[1],从而会在三四线城市的城市形象片中同样看到消费社会的突出景象,如"大城市的垂直秀"[2];其二,将城市形象建构的影像生产视作波德里亚意义上的"仿真",即并非"对某个领域、某个参照物或者某个实体的仿真"[3],而是以符号(也译作"代码")为模型的仿真,包括参照迪斯尼乐园将城市场景"迪斯尼化"[4]等;其三,将影像生产对城市社会生活的影响视作波德里亚意义上"仿真"的"超真实",即由媒介产生一种比社会现实更真实的超级真实,进而将影像堆积的当代城市社会转义为"仿真之城",所以消费社会本质上就是仿真社会。这种应用波德里亚仿象生产理论的思路本身是有意义的,因为当代城市社会的影像生产确实不再是简单的模仿、再现,其生产的影像也不再是直观的镜像,其产生的社会影响也不限于反映城市社会情况。只是这种应用思路遮蔽了波德里亚仿象生产理论的重要基础——媒介技术形式,从而忽视了仿真与后来出现的新媒介技术形式的适配性问题。在波德里亚看来,仿真的基础性的媒介技术形式是大众媒介,是用以阐释大众媒介时代"第三级仿象"[5]生产的,恐怕不能直接用以分析数字媒介时代的短视频等新的媒介技术形式。

其实,波德里亚本人在晚年也发现了自己在大众媒介时代提出的"第三级仿象"的仿真理论的不足,尽管当时它在传播学界已获盛名。他认为它不足以阐释今天的各种科技产物——机器、克隆生物、各种假体等[6]新的媒介技术形式,因此在"第三级仿象"后要有新的类型——要为各种拟象(又译作"仿象")中的微观物理学引入一种新的粒子,形成第四个阶段——价值的分形阶段,或者说病毒扩散式发展、辐射状发展的阶

---

[1] 张帆.“拟像”视角下城市“千景一面”的深层解读[J].城市问题.2013(11):15.
[2] BAVDRILLARD J. America[M]. New York:Verso. 1989:5.
[3] BAVDRILLARD J. Simulacra and simulation[M]. AA:University of Michigan Press. 1994:1.
[4] 周向频,郑颖.文化视角下的中国当代景观观察——“迪斯尼化”的城市景观及其文化阐释[J].规划师. 2009(04):86.
[5] 波德里亚.象征交换与死亡[M].南京:译林出版社. 2012:62.
[6] 波德里亚.恶的透明性:关于诸多极端现象的随笔[M].西安:西北大学出版社. 2019:7.

段①。波德里亚用描述的方式指出了第四阶段仿象生产逻辑的两个重要维度：一是各种事物、符号或是行动从它们各自的理念、概念、本质、价值、参考点、起源和目的中解放出来；二是进入一种无止境的自我再生产过程②。受媒介技术发展历史条件的限制，波德里亚并未看到时下数字媒介时代最新的科技产物，对"第四级仿象"生产的设想是针对大众媒介时代的影像"狂欢"后的状况提出的，所描述的具体媒介场景为一个人静坐沉思，因为他面前的电视屏幕只有空白画面③，这与当下数字媒介时代的影像生产相去甚远：时下，即使他的电视屏幕是空白的，他还可以打开计算机、刷手机、玩无人机，处处都能生产短视频。

所以，我们有必要从波德里亚无法想象的数字媒介时代的城市影像生产新经验，去更清晰地观察、分析、提炼其作为"第四级仿象"的新生产逻辑。我们选择上海航拍短视频为研究对象，从经验上看有三个问题值得考虑：其一，上海作为老牌的现代化国际大都市，已被不少研究者强调其与波德里亚的仿象生产及消费社会理论之间的相关性，且它积累了大量大众媒介时代城市形象片中的航拍影像和抖音短视频中的航拍影像；其二，航拍影像产生的视觉文化，能被称为"新时代全球视觉文化的缩影"④，表明其在"第四级仿象"中的代表性，能够凸显其对"第三级仿象"传统的仿象价值解放；其三，航拍与短视频相结合，意味着"第四级仿象"还需经过抖音等短视频平台对其进行再生产，其背后的巨大算法系统促使仿象生产转义。基于此，我们于2023年2月17日爬取了抖音平台上点赞最高的50个上海航拍短视频作品进行研究，分析这些在数字媒介时代更受欢迎（点赞量更高）的航拍短视频在仿象生产逻辑上与大众媒介时代城市形象片中航拍生产的"第三级仿象"生产之"仿真之城"的主流范式有何不同。根据波德里亚描述"第四级仿象"生产的两个重要维度——仿象价值解放、仿象的再生产，重点分析抖音航拍短视频如何针对"第三级仿象"的传统价值进行仿象价值解放，以及抖音平台如何通过算法影响仿象的再生产，从而总结"第四级仿象"的新生产逻辑。

二、"仿生之城"：上海航拍短视频的"第四级仿象"生产分析

通过分析上海航拍短视频不同于"第三级仿象"生产之"仿真之城"的生产方式，

---

① 波德里亚.恶的透明性：关于诸多极端现象的随笔[M].西安：西北大学出版社.2019:5.
② 同①6.
③ 同①13.
④ 米尔佐夫.如何观看世界[M].上海：上海文艺出版社.2017:106.

我们将其凸显媒介本身主体性的航拍短视频生产方式归于"第四级仿象"之"仿生之城"。"仿生之城"与"仿真之城"的最根本的差异是在这个媒体与城市的互嵌系统中，人与技术的关系发生了反转①。"仿真之城"是从人的视角出发，而"仿生之城"是机器模仿有机物的机能和运作机制。需要注意的是，数字技术的仿生不同于早期仿生技术，它不再局限于单个生物机能的模仿，而是展示有机体整体性系统的模拟建造②。下文我们拟用"仿生之城"之"生"与"仿"分别描述"第四级仿象"生产的两个重要维度：仿象价值解放与仿象的再生产。

（一）"仿生之城"之"生"：抖音航拍短视频的仿象价值解放

"仿生之城"之"生"，指向有机的生物机能，这与非生命体"上帝之眼"客观的、中立的、抽象的观看方式相比，凸显了主体性、互动性、体验性，是一种仿象价值解放。在点赞量前50名的上海航拍短视频中，我们主要看到了两种"仿生之城"之"生"的感官生产方式。

1."仿生人"的平视仰视视角与"上帝之眼"高高在上的俯视视角

无人机航拍被称为"上帝之眼"，这是无人机航拍的传统视角，在大众媒介时代形象片中广泛应用，即模仿上帝高高在上的俯视视角，旁观、冷峻、客观，将俯视的城市景象以几何化、抽象化的方式呈现。其具体表现形式包括无人机航拍的镜头从高空拍摄的距离越来越远③，并且常常叠加"延时摄影"的技巧，试图通过压缩航拍影像的播放时间，在同一镜头内展现时间的变化，制造出"上帝之眼"中沧海桑田、斗转星移的壮阔感④。而抖音航拍短视频的航拍视角，却常常突破"上帝之眼"的传统价值，以"仿生人"平视与仰视视角去展现城市的立体感，强化无人机与所处空间的复杂互动关系。

其中，"仿生人"平视的视角，往往配合无人机自身的飞行运动，以呈现无人机"超级马里奥"般体验空间的意涵。以视频说明语为"你可曾记得那个黄昏"⑤的短视频为例。该短视频拍摄的是夕阳快落下地平线时上海的海岸线，海岸线上蜿蜒着一排风车，显得特别诗意，不太像传统城市形象片中由摩天大楼演绎"垂直秀"的上海。这一总共10秒的短视频全部采用了无人机平视的视角，并且让无人机沿着海上桥梁的方

---

① 孙玮，李梦颖."码之城"：人与技术机器系统的共创生[J].探索与争鸣.2021(08)：124.
② 同①.
③ HAFFNER J. The view from above: the Science of social space[M]. Cambridge: The MIT Press. 2013: 109.
④ 周海晏.在上帝与人之间：探索人性化的无人机航拍技巧[J].新闻记者.2019(03)：18.
⑤ 航拍摄影旅行家 Shawn Wang. 你可曾记得那个黄昏 #黄霞 #晚霞 #天空之境 #航拍 #上海[EB/OL]. (2019-06-10)[2023-02-17]. https://www.douyin.com/video/6700512815532330254.

向平移,让无人机模拟汽车驶过桥梁的体验关系,并有一种乘客透过车窗观赏海岸线美景的沉浸感。在此,无人机既不是上帝又不同于人类,采用"仿生人"的平视视角是很有必要的。一方面,面对上海地标空间,要让抖音用户感同身受地体会到平时感受不到的岁月静好,有意让无人机保持在人类观察这些上海地标空间时的日常视角,从而形成城市形象片与短视频的鲜明对比,这可取得"上帝之眼"在高空中俯视无法达成的冲突性效果。另一方面,短视频很短,需要无人机迅速概览上海地标空间,故而无人机也无法像人类在日常生活中细细体验这些空间的细节,而是要凭借数字媒介技术像"超级马里奥"那样飞速通过空间,以扫视扑面而来的景观。这样的"仿生人"平视视角,既展现技术模拟的人类生物机能——低空平视,又展现仿生技术的超人能力——飞速运动式观察,是介于上帝与人类之间的特殊视角,从而形成针对"上帝之眼"的仿象价值解放。

此外,上海航拍短视频中,还有无人机作为"仿生人"打卡高楼建筑群等上海魔都"网红"空间的仰视视角。以视频说明语为"这里不是纽约,这里是中国上海!!! 是你认识的那个魔都吗"①的视频为例。该视频的第2秒到第3秒用加速效果模拟了无人机抬头仰视上海陆家嘴的"网红"打卡点——"厨房三件套"摩天楼群(即:形似"打蛋器"的上海中心、形似"开瓶器"的上海环球金融中心、形似"注射器"的上海金茂大厦,被网民合称为"厨房三件套",广为流传,成为"网红"打卡点)。此处无人机作为"仿生人"的仰视视角也是不可或缺的。一方面,只有模拟人类日常打卡"厨房三件套"的观看方式,才能让人感同身受地体验到"网红"打卡点的灯火辉煌。另一方面,仰视"厨房三件套"对于上海无人机飞手群体而言是有特殊感染力的视角。因为上海飞手群体口口相传三道无人机飞行技术满分题——操控无人机穿越"开瓶器"、飞跃"打蛋器"与环绕"注射器",这三道题在技术上非常难实现而屡屡"炸鸡"("炸机"的谐音,指无人机坠毁),而"'炸鸡'后膜拜'厨房三件套'"也成为上海无人机飞手群体的特有"风俗"②。由此,仰视视角容易刺激抖音用户想起自身曾处于相似视角下的传播实践活动,从而获得短视频不同于城市形象片的对比性体验,这是旁观、冷峻、客观的"上帝之眼"所无法实现的。

2."仿生人"的有机感官系统与"上帝之眼"的切割感官

无人机"上帝之眼"的传统价值,意味着它一直被作为切割的感官而存在,只有

---

① 苏倾城.这里不是纽约,这里是中国上海!!!是你认识的那个魔都吗?[EB/OL].(2021-04-13)[2023-02-17].https://www.douyin.com/video/6950609028577889577.
② 周海晏.建构新媒体时代的"公民建筑"——上海无人机飞手群体"行话"中的空间可沟通性分析[J].时代建筑,2019(02):22.

"眼"没有其他,即使被视作"上帝",其实仍是残疾的,其城市航拍的仿象生产偏重视觉生产而弱化听觉等其他感官生产。而抖音,顾名思义,强调声音的听觉生产,其航拍短视频需要以听觉补充视觉,以突破"上帝之眼"的传统价值。这并不是说广泛应用无人机航拍的大众媒介时代城市形象片就没有声音,而是强调仿象的声音应在"仿生人"台词意义上进行生产,以修复其作为"上帝之眼"时感官切割的情况,从而构建有机体的整体性系统。

我们从短视频说明语为"十里洋场烟花地,风云际会上海滩"的上海航拍短视频来看"仿生人"台词针对"上帝之眼"的仿象价值解放。这一视频在视觉上也是航拍上海陆家嘴的"厨房三件套"摩天楼群,虽然视觉内容与类似主题的短视频比较接近,但听觉上很有特色,配的是民航飞机上空姐的台词——"女士先生们,晚上好!我们的飞机预计将于30分钟后抵达上海。十里洋场烟花地,风云际会上海滩"[①]。我们知道无人机上本身是无法搭载人的,但给无人机配上空姐的声音,则赫然拥有了"仿生人"的意涵。一方面,这是民航飞机中空姐面对乘客的台词,存在与乘客对话的互动关系,而不是大众媒介时代城市形象片中拉开与受众的距离进行客观、中立的叙述。另一方面,这也不是无人机本身机械装置的"嗡嗡"噪声,而是生命体的台词,即试图将无人机建构成"空姐"般的"仿生人",能够同抖音用户对话,传递消息。这些都将无人机航拍转义为有机体整体性系统的模拟建造,构成了针对"上帝之眼"传统仿象价值的解放。

(二)"仿生之城"之"仿":抖音算法驱动的航拍短视频再生产

"仿生之城"与"仿真之城"在"仿"的方式上是不同的:前者是由技术系统主导的,而后者是由仿象生产者主导的。抖音航拍短视频的生产是"仿生",是抖音平台的算法技术系统决定数以亿计抖音用户的仿象生产,与大众媒介时代少数媒介工作者主导的"仿真"相比,有显著的区别。此外,这是一种"再生产"。仿象生产者在完成航拍生产后,需经过抖音算法的"流量池"等技术设置对短视频进行再生产,才能完成完整的仿象生产。

1. 算法技术系统中的完播率指标驱动仿象再生产的"加速"

大众媒介时代的城市形象片,其航拍生产要配合仿象生产者专业化的审美,往往要四平八稳地展示宏大场景,本能上避免了短视频生产中常见的"加速"所带来的瞬时感官刺激。而数字媒介时代的抖音等平台,通过算法技术系统驱动了航拍短视频再

[①] 红途初行.十里洋场烟花地,风云际会上海滩[EB/OL].(2020-09-08)[2023-02-17]. https://www.douyin.com/video/6870005859213184267.

生产的"加速"之"仿"。

我们聚焦上海航拍短视频中同一天(2022年4月1日)发布的三个在视觉内容上相同的航拍短视频,都是反映浦西地标空间变得空空荡荡的,以期在排除视觉内容因素影响的前提下,探索算法技术系统驱动"加速"之"仿"的重要影响。这三个短视频分别是由东方网、人民日报、Vista看天下发布的,其中东方网的发布时间最早(2022年4月1日8:36发布)①,人民日报的粉丝量最大(共1.6亿个粉丝)②,但Vista看天下的点赞量最高、评论数最高、收藏数最高、分享数最高(其点赞量是三个中最低数的10倍,评论数是其11倍,收藏数是其13倍,分享数是其16倍)③。明明视觉上的内容一样,为什么对抖音用户的辐射效果有这么大的差异?这其实与抖音平台算法技术系统的处理有关。抖音平台的算法技术系统为短视频分配流量时,要通过初始流量池的考核,完播率是一个较为重要的指标,即用户能否看完整个视频④。而要抖音用户看完整个短视频,"加速"之"仿"下短视频的时长短、瞬时刺激大则相对有优势。在这三个视觉内容一样的短视频中,东方网首发的短视频最长(共45秒),而人民日报和Vista看天下在再生产东方网拍摄的视觉内容时都有意加快了速度。其中,人民日报的节奏相对舒缓(共16秒),而Vista看天下的短视频是"加速"效果最明显的(共10秒),也就最容易通过算法技术系统的初始流量池考核,从而获得更多的流量加持,取得更好的辐射效果。

2. "限流"等算法技术话语反向刺激仿象再生产的辐射用户

传统上"一对多"的大众媒介辐射用户方式中,"一"(指专业仿象生产者,即大众媒介的精英工作者)是起主导作用的,其城市形象片的航拍生产是无法通过流量的再生产进行制约的。而数字媒介时代的"多对多"辐射用户方式中,"多"(指数以亿计的抖音用户,他们既是生产者又是接收者)本身并不能起主导作用,需经过抖音平台的算法技术系统对其航拍生产进行流量的再生产,这既包括扩大流量的"算法推荐",又包括减少流量的"限流"。这种新的技术规则,驱使众多抖音用户去试图理解算法技术系统的"黑箱"运作方式,以便顺利地进行短视频的再生产。

在上海航拍短视频的生产者中,有一位名为"航拍摄影旅行家Shawn Wang"的抖

---

① 东方网.今晨,外滩、南京路步行街、延东立交[EB/OL].(2022-04-01)[2022-06-01].https://www.douyin.com/video/7081427643639401765.

② 人民日报.航拍下的浦西封控第一天。上海,加油![EB/OL].(2022-04-01)[2022-06-01].https://www.douyin.com/video/7081532709587242271.

③ Vista看天下.4月1日,航拍上海浦西封控第一天:外空无一人,道路不见车流[EB/OL].(2022-04-01)[2022-06-01].https://www.douyin.com/video/7081468827619364127.

④ 潘霁,周海晏,徐笛,等.跳动空间:抖音城市的生成与传播[M].上海:复旦大学出版社,2020:189.

音用户,是主发上海城市航拍类短视频的"网红",在此次爬取的点赞数最高的 50 个上海航拍短视频作品中,他一个人创作了 35 个。但他对自己的成绩并不满意,并制造了许多有关算法规则的相关话题,来指责抖音算法对他的"限流",以通过讨论算法技术系统的"限流"而刺激短视频辐射用户进行再生产。其抖音个人空间置顶位置的第一个作品,就写着"作品好坏,真诚与否,接不接地气这些都是玄学,抖音'爸爸'爱你才是有流量的必杀技",以此谴责"上帝"般的抖音算法系统。该短视频的 BGM 就是该抖音用户对抖音流量算法的评价,称"包括我自己,现在只发作品,也没有流量……但是只要你坚持在你的作品里加入一些花絮、反转、造梗文案、漂亮的小姐姐,流量就一定不会像你想象的这么糟糕"①,以此来讽刺抖音算法系统。该用户还直接开了一个合集专发被算法限制的航拍作品,并以"我就问最近抖音给我的流量配得上我的片子吗""是我不配发抖音,是我拍的不好不该有流量,是我不配让粉丝刷到我,是我内容不好没人看,我是劣币我的错"等视频说明语,有意制造关于抖音算法规则的相关话题,结果引发了一大堆聚焦抖音算法技术系统的讨论,使"限流"这个词直接被诸多抖音用户刷成了"评论热词"。值得进一步玩味的是,也许是作者的情绪平复了,他将视频说明语为"是我不配发抖音,是我拍的不好不该有流量,是我不配让粉丝刷到我,是我内容不好没人看,我是劣币我的错"的短视频又用新的说明语——今天我们不要文案,就静静地听着看着好好地活着②,将同样的内容(包括同样的背景音乐)以更加符合抖音技术特点的竖屏方式重新发布在抖音平台上,但点赞量远低于原视频(点赞量仅为原视频的 1/2),收藏数也只有原视频的 1/2,分享数同样并没有原视频高(分享数约为原视频的 2/3)。这就说明,短视频的描述语直接反映算法处理结果,对抖音的仿象生产者更有吸引力,以"限流"等算法技术系统的处理结果作为视频的描述语,能够反向刺激航拍短视频辐射用户的再生产。

三、作为范式的"仿生之城":"第四级仿象"生产中城市形象建构的本质

基于对上海航拍短视频的经验分析,我们试图从中抽象出具有一般意义的"第四级仿象"生产的范式——"仿生之城",揭示其本质。

---

① 航拍摄影旅行家 Shawn Wang. 作品好坏,真诚与否,接不接地气这些都是玄学,抖音爸爸爱你才是有流量的必杀技,莫泊桑是懂流量的[EB/OL]. (2023-02-05)[2023-02-12]. https://v.douyin.com/BxSdtmb/.
② 航拍摄影旅行家 Shawn Wang. 今天我们不要文案,就静静的听着看着好好的活着[EB/OL]. (2022-03-22)[2022-06-01]. https://www.douyin.com/video/7077862845949800229.

(一)仿象价值解放的本质是反精英主义

城市航拍短视频对"上帝之眼"传统的仿象价值解放,其本质是反精英主义。高瞻远瞩与客观冷峻的"'上帝视角'使它与其他'专家'平起平坐,强化了它的权威"[1]。这种精英权威的建构,不仅体现在航拍影像生产上,也同样体现在客观性报道等大众传媒青睐的其他仿象生产方式上。而"第四级仿象"生产,就是要针对这些精英主义的仿象生产方式进行价值解放。

一方面,"第四级仿象"生产的媒介技术形式,天然带有形象建构的反精英主义价值取向。抖音短视频的生产一般以手机为工具,"手机的前后摄像头设置,以及竖屏的屏幕设置,是天然适合人像自拍的"[2],这种日常化的自拍影像生产天然就是反精英主义的。而当手机拍摄风景名胜相关的短视频时,肯定不如专业的单反相机或高清摄像机有更尖端的光学基础,但这不代表它的传播效果就差,甚至可以通过手机便捷地加入更多人与人之间的有趣交往和活动,从而改变"风景名胜类空间形象本身在诸多空间中属于传播热度相对最低的类别"这一抖音平台的传播现状[3]。概言之,"第四级仿象"生产的媒介技术形式,以普通人参与的"沟通之手",冲击了大众媒介时代城市形象片中"上帝之眼"等精英主义的取向。

另一方面,"第四级仿象"生产依托的多样化媒介技术形式,及其体现出来的多样化价值取向,消解了传统城市形象建构的精英主义价值取向。以无人机航拍短视频为例,同样是无人机媒介,其具体的技术形式是不同的,因而其航拍方式也是有区别的,从而呈现不同的价值取向。"有点像'上帝'在头顶"[4]的"上帝之眼"价值取向只是其中一种,还有第一人称平视航拍、智能飞行航拍等多样化的无人机媒介技术形式可用以生产航拍短视频,它们相应产生的是平等主义、反人文主义等价值取向。所以,进行"第四级仿象"生产,应该要把握不同的航拍方式不一样的特点,如无人机的飞行高度相对较低而进行平视的仿象生产,或无人机采用智能飞行模式进行自主的仿象生产等,在其特殊的航拍方式上探索其相应的仿象价值,从多角度更好地避免精英主义对仿象生产的控制。

(二)仿象再生产的本质是软件代码系统的本体效力

"第四级仿象"的再生产,离不开软件代码系统的驱动作用。"第四级仿象"生产

---

[1] HAFFNER J. The view from above: the science of social space[M]. Cambridge: The MIT Press, 2013: 43.
[2] 周海晏. 以游戏化推动数字媒介的方法论转型[N]. 中国社会科学报, 2021-11-11: 7.
[3] 潘霁, 周海晏, 徐笛, 等. 跳动空间: 抖音城市的生成与传播[M]. 上海: 复旦大学出版社, 2020: 176.
[4] CHAMAYOU G. A theory of the drone[M]. New York: The New Press, 2015: 37.

所强调的软件代码系统，以技术的自生产运作终结了"第三级仿象"生产中符号、代码模型的主导作用。"第三级仿象"生产中大众媒介时代的传媒（也就是波德里亚文中的"现代传媒"），作为仿象生产者，被波德里亚喻称为拥有"代码登记册"，因为它的"剪辑和编码要求接收者以相同的过程进行拆解和译码"①。大众传媒的受众"对周围世界的总体使用近似于阅读，近似于选择性译码——我们在生活中主要不是使用者，而是阅读者和选择者"②，"信息的任何阅读都只是一种对代码的持续检查"③。而抖音等"第四级仿象"的生产平台与传统的大众传媒不同，不再直接作为仿象生产者存在（其仿象生产者是数以亿计的抖音用户），无法通过内容生产的"仿真"方式来直接主导编码、凸显符号或代码价值，而是通过软件代码驱动下的算法推荐规则变相影响短视频生产。在"第四级仿象"的再生产过程中，这些权力已让渡给了技术系统，由其内置的"代码登记册"进行再生产，从而生产出引导受众对社会生活"译码"的"第四级仿象"。

此处作为驱动力的"代码"虽与大众媒介时代的"代码"用同样的字眼，却有不同的意义价值，因为它存在于技术系统中，而不似大众媒介时代的"代码"存在于内容体系中，从而具有本体的效力。代码及其软件既有哲学效力，又有操作效力。代码是我们建构世界的强大引擎④。所以，数字媒介时代的"代码"始终在自生成意义价值，制约着包括航拍短视频生产在内的仿象生产，冲击着大众媒介时代无人机航拍作为"第三级仿象"生产之"仿真"的主流范式。

四、"仿生元宇宙"："第四级仿象"生产带来城市形象建构的新趋向

仿象从第三级到第四级的升级，仿象生产从仿真到仿生的转变，并非仅仅局限于航拍等信息生产方式的革新，而是昭示着新传播时代城市生活的深刻变化——算法、无人机等数字媒介技术模仿出"仿生人"，深度介入新传播时代人类的城市生活。诚如波德里亚将"仿真"作为理解大众媒介时代人类社会形态的重要依据，我们讨论的"仿生"同样是理解"第四级仿象"生产带来城市生活变化的重要切口。我们将"第四级仿象"生产带来城市生活变化的新趋向称为"仿生元宇宙"，即通过"仿生"使城市生活成为包涵万物、无所不联的元宇宙。这包括两个方面的重要意涵：

一方面，"仿生之城"之"仿生人"，成为"仿生元宇宙"中与人类共同参与社会生活的重要主体。"仿生人"不是切割的感官，而是整体性系统，是技术协调后可以独立参与城

---

① 波德里亚.象征交换与死亡[M].南京：译林出版社，2012：82.
② 同①83.
③ 同①.
④ 亚卡托.数据时代[M].北京：中国大百科全书出版社，2021：2.

市生活的仿生主体。以本文着重探讨的无人机为例。通俗角度来说,无人机可被理解为一种空中社交机器人[1]。作为社交机器人,无人机是一种由多重技术叠加、协调后的具有整体性的"仿生人"主体,能够相对独立地参与社会生活。无人机可以兼任测温员,在飞行过程中自主测量社区居民体温;无人机也可以担任监督员,在飞行过程中智能地识别公共区域中市民是否戴口罩并监督提醒;无人机还可以充当快递员,通过载重飞行给居民送快递;无人机还能作为主播,边飞边向社区居民播报通知……凡此种种,都使无人机跳出航拍这一传统信息生产的狭窄领域,以独立主体的身份深入参与城市生活。

"仿生人"对城市生活的参与,同人类有平等性。无人机航拍所建构的"仿生人",不是高高在上的"上帝",而是模仿人类平视视角、与人类友好相处的主体。这是当下数字技术开发的重要前提。大疆公司在2021年新开发的FPV(First Person View的缩写,指第一人称主视角)无人机,就强化了无人机作为"仿生人"的平视视角,还通过配套的VR眼镜让人类能够沉浸式体验无人机第一人称主视角的飞行式观察。同时,FPV无人机还强化了其智能性,使其能在特定的领域与人类一样思考,形成独立的判断,从而更像独立参与城市生活的主体。

另一方面,"仿生之城"之仿生技术,有力驱动"仿生元宇宙"人类城市生活的变化发展。仿生技术并不限于无人机媒介中,而是广泛主导着多样化的数字媒介,从而影响人类城市生活的方方面面。如广泛使用的健康码技术也是"仿生",因为"数字仿生"的二维码机制包括两个方面:一是将所有存在物数据化,仿造一个有机运作的系统;二是将整个城市变成人的生物有机系统与机器系统融合的新形态[2]。由此,仿生技术连接起多样化的数字媒介,形成勾连整个人类城市社会的庞大系统。

仿生技术的发展趋势,将更加紧密地编织人类城市生活,有力驱动人类城市生活的运作。2021年10月起新流行的"热词"——"元宇宙",所指向的就是仿生,即通过建构仿生系统以包涵万物,无所不联。上海更是在2022年6月就公布了《上海市培育"元宇宙"新赛道行动方案(2022—2025年)》,聚焦"仿生"的关键前沿技术——空间计算、全息光场、五感提升、脑机接口等方向,开展多项深入人类社会生活的"仿生"行动,如打造数字孪生工厂,推动元诊疗,发展元上会议室,建立城市数字沙盘,等等[3]。由此可见,"仿生元宇宙"正成为"第四级仿象"生产时代城市生活变化的新趋向。

---

[1] 罗斯坦.无人机时代:即将到来的无人机革命[M].北京:机械工业出版社,2016:93.
[2] 孙玮,李梦颖."码之城":人与技术机器系统的共创生[J].探索与争鸣,2021(08):124.
[3] 上海市政府办公厅.一图读懂《上海市培育"元宇宙"新赛道行动方案(2022—2025年)》[EB/OL].(2022-07-08)[2022-08-01]. https://www.shanghai.gov.cn/nw12344/20220708/cd11a2ba30a64fe0a2bc345e3f09e684.html.

数据技术、城市隔离与记忆叠加[①]

◎ 杨庆峰[②]

(中国科协—复旦大学科技伦理与人类未来研究院,复旦大学哲学学院,上海,200433)

摘要:现代城市的发展催生了不同于传统空间生产的空间隔离现象,这种隔离表现为城市中人与自然、异质文化之间以及人与历史的隔离。自然物、文化物与历史物是城市中不在场之物的外在表征,将上述不在场之物引入到城市在场之物中也就会产生城市记忆叠加的效果。通过上述记忆叠加过程,能够让生活在都市之中的人重新意识到在场之物的意义所在,从而实现城市与自然、文化和历史的有效融合。

关键词:城市;空间;记忆叠加

受到不同外力因素如自然、技术、战争等影响,现代城市空间不仅出现了生产效应,而且也出现了空间隔离现象。但是对空间隔离的讨论尚不多见。我们能够想到的布尔迪厄论及的社会文化隔离。今天的城市隔离现象已经日益明显,我们能够感受到城市中人与自然的隔断(失去了对自然界声音的感知,如溪水声响、蛙鸣等)、人与历史的隔离(大量被拆毁的历史建筑和蜂拥而出的新建筑)。2020年为了应对病毒全球蔓延,各国政府都在各类城市实现了人员隔离政策。在这一隔离过程中,数据技术无形中成为城市空间隔离的推动力,最终导致了城市人之间的隔离。如果从整体角度考虑,我们需要面对的问题是如何认识和解决这种隔离问题? 我们将借鉴艺术领域出现的实践活动,艺术家利用技术装置将远方海浪声和海鸥声(不在场)引入内陆城市,将现代都市嘈杂的汽车喇叭噪声和人流说话声(不在场)引到被遗忘的历史场所中,从而实现了特定的城市空间叠加。这成为克服隔断的一种可能的途径。

一、现代城市的深度数据化及表征

当我们强调现代技术是城市发展的重要动力时讨论更多的是技术的乌托邦效应,

[①] 国家社科基金重大项目"当代新兴增强技术前沿的人文主义哲学研究"(20ZD&045)阶段成果。
[②] 杨庆峰,中国科协—复旦大学科技伦理与人类未来研究院,复旦大学哲学学院教授。

但是对于负面效应却很少论及。在随后的反思中，笔者逐渐关注到现代城市随着深度技术化的过程出现的隔离现象，并且提出了这样的基本观点：现代城市的发展正在产生新的隔离现象，而且主要与城市自身的本质密切相关。在展开论述之前需要了解城市的深度技术化的情况。这主要表现为四个方面。

第一，现代城市规模在逐步扩大，可以区分为实体性扩展和非实体性扩展。实体性拓展即将一座城市看作一个实体，城市规模的扩大表现为城市人口的剧增和城市空间的拓展。"生活在巨型城市（超过1000万人口）中的人口在20世纪60年代是1.4%，2010年达到了5.3%，2025年将增加到7.9%；生活在中小城市（30万—500万）中的人口在20世纪60年代占11.2%，2010年增加到19%；2025年将增加22.4%。"①这些人口的增长伴随着城市空间的两类扩展，一类是走向郊区的外延伸，这种模式曾经成为城市发展的主导模式。但是现在向上夺取高度和向下争夺空间逐渐成为一些城市发展的模式。向下延伸的国家的一个典型代表是新加坡。当然城市圈也可以看作是实体性扩展的衍生形式；非实体性扩展是指不同城市之间通过某种方式联合起来，形成独特的区域群落。这种模式强调了单个实体城市之间的联合，形成一个城市群落。这两种模式共同丰富了城市的样式。重要的是，从价值层面看，城市规模的扩大与乡村的萎缩之间的强烈对比将二者之间的矛盾加以凸显，城市反而成为一种隔离效应，让城市与乡村二元之间的隔离愈加明显。

第二，支撑现代城市发展的技术系统逐渐强大化。在日常的理解中，技术多是指单个的技术物，如蒸汽机、社交机器人；但是技术哲学开始改变这种理解方式，20世纪60年代法国技术哲学家雅克·艾吕尔提出"技术体系"对于城市发展的重要性及其导致的风险和危机；20世纪80年代托马斯·休斯发表的《权力网络》继续激发了对"大技术体系"②（Large Technical System, LTS）的研究，决定系统规模的指导观念是(a)物化于这样系统中活动的相对的质（复杂性、速度、增长速率等）；(b) 为了实现功能，被(a)必需的另外社会过程质（复杂性、速度、增长速率等）③；随着21世纪的到来，智慧城市、数字城市等概念被提出，数字技术与人工智能越来越成为城市发展不可或缺的驱动力。随着这些技术的发展，一个自主的、智能的技术系统正在形成，我们把之称之

---

① OLIVER GASSMANN, et al. Smart Cities, Introducing Digital Innovation to Cities[M]. Bingley: Emerald Publishing Limited, 2019: 4.
② 在20世纪80年代前大技术体系的实例如铁路系统、轨交系统、通信系统、航空系统和电力能源系统；到今天这种大技术体系不断产生出新的系统，如物联网系统、虚拟支付系统、智能系统，等等。新的技术系统的出现与人工智能、互联网、物联网等技术发展密切相关。
③ RENATE M, THOMAS P., HUGES E. The development of large technical system[M]. New York: Campus Verlag, 1988: 24.

为"超大技术体系"。"超大技术体系"中的"超"既有超级之意,意指比大还要更大的规模,如大城市与超级大城市的差别主要是从人口数量做出的区分,而超大技术体系不同于大技术系统之处在于综合了多种技术类别,如智能技术与基因技术的整合;"超"还有超越之意,是指从超越人类智能的角度上来说,智慧城市和智能城市越来越具有超越性的特性,这种特性中充分体现自主的特性。这种技术体系的变化共同之处在于系统的脆弱性导致的风险,我们"需要察觉到两种解释策略,其一是理解什么导致了系统事故;其二是要先解释什么使超大系统机会免于失败。"[1]还有一种风险是随着技术体系的增大导致了现代城市的隔离效应,由技术系统导致的隔离效应主要是源自系统自身的复杂性的增强,正如我们所看到的,从技术体系到大技术体系再到超大技术体系的演变,恰恰说明技术系统内部的复杂性、系统运行的规范性得到了强化,这种强化导致了与人自身的隔离。如果人一旦失去了与技术系统衔接的时机和节点,会完全被系统抛弃。

第三,上述技术系统中作为主导技术形态的数据—智能技术最终导致了新的数据巨机器的出现,让城市变成了一个巨大的数据—智能机器。芒福德提出现代技术变成了一个巨机器。这一观念的有效之处是指出了现代技术的"大",但是不足之处限制在工业技术上。20世纪60年代的人类城市发展中工业技术还是占据着主导地位。20世纪80年代以后逐渐出现的计算机技术、2000年以后出现的数据科学、数字技术的发展则呈现新的特征;2011年以后的5G技术的飞速发展促进了智能城市的发展。智慧城市概念的出现显示了数据与城市的深度整合。智慧城市系统地使用数字技术以较少的资源投入提高人群的生活质量;以可持续的方式提升区域经济的竞争力。在基础设施、能源、居住、移动、服务和安全等方面应用的智能方法,这些都建立在整合的感应器技术、联结、数据分析和独立的功能性价值增值的过程之上。[2] 有学者提出了数据巨机器的观念来描述数据技术正在构造一个新的巨机器。巨机器与技术系统的侧重点不同。两者都描绘了一个按机器规则运行的系统,而没有人的因素。但是技术系统则突出了其自主性,技术系统按照自主性运行。从巨机器到巨数据机器的提出可以看出,这是系统规模的增大,这种增大会让其中的人产生一种仰视感,从而感到自身的渺小,继而产生另外一种隔离效应。

第四,技术系统和巨机器都有一个共同的特性:对效率和速度的强调。从社交媒体看,它们共同建立起"即时通信"的概念。"即时"指出了行为的时间性,是在瞬间发

---

[1] RENATE M, THOMAS P. HUGES E. The development of large technical system[M]. New York: Campus Verlag, 1988:22.
[2] OLIVER G. Smart cities, introducing digital innovation to cities[M]. Bingley Emerald Publishing Limited, 2019:25.

生和完成的事情。技术系统和巨机器强化了速度主义的观念,这种高速运行的系统无形中产生了某种离心力和马太效应。那些被排除在系统之外的人群的结果是被隔离开。所以,在系统环节的衔接之处,要做到即时衔接。以微信群聊天为例,如果稍微不注意,就会有很多新的信息出来,先前的信息会被淹没,而且这种速度会不断加快。所以,至少在城市社交媒体上表现出来的就是快速运行的社交系统,人们必须不停歇地刷新它。

这四个方面可以分为人与物(建筑物、技术物)两个维度,而人与物是城市构成的两大因素。意大利的建筑师和理论家阿尔多·罗西(1966)指出,城市建筑成为我们把握城市结构、城市个性的媒介物。其作为集体记忆即集体与场所的关系的历史价值,可以帮助我们掌握城市结构的意义,城市的个性以及表现这种个性的建筑。[①] 笔者(2011)也认为,人口的数量、需求是城市出现的依据;而建筑的理念决定着城市的特性。现代城市的发展也表现出一些隔离效应,需要我们加以注意。

二、现代城市发展的三重隔离现象

从上面的分析中可以看出,城市发展有三重维度:作为人造物的城市、作为技术物的城市和作为具有现代性的城市。作为人造物的城市突出的是城市的建造活动及其建筑体系;作为技术物的城市突出的是城市的技术逻辑及其技术体系;作为具有现代性的城市突出的是城市的现代本质及其物化体系。这三重维度导致了城市与自然体验的隔离、城市与文化记忆的隔离、城市与历史意义的隔离。

首先是由人造物这一规定性发展导致的城市与自然体验的隔离。作为人造物的城市强调的是城市的被建造性,其外在表现是多元的城市建筑,与人造物相对的是自然维度。建筑对于一个城市来说不可或缺,历史建筑意味着城市的过去,现代建筑意味着城市的当下。罗西(1966)将建筑与城市紧紧联系起来,提出城市是众多有意义的和被认同的事物的聚集体,它与不同时代、不同地点的特定生活相关联,是城市记忆的缘起之所。从空间发展的角度看,我们会发现这两类建筑空间的碰撞一直都没有停止,比如历史建筑与现代建筑、商业建筑与艺术建筑。但是,建筑的内在属性——与自然相对以及外在复杂冲突使得城市与自然的隔离变得明显。生活在城市之中的人早已忘却了星空、鸟鸣和溪水流动的自然声,更加忘记了那种感知自然的亲身体验。此外,在整个城市隔离的分析中,我们还需要面对一种新的自然隔离。这就是应对自然

---

① 罗西.城市建筑学[M].黄士钧,译.中国建筑工业出版社,2006:131.

灾害时产生的隔离。为了应对和治理新型冠状病毒性肺炎,很多国家采取了必要的隔离手段,从而有效地阻止病毒的传播和扩散。

二是由技术物这一规定性发展导致的城市与文化记忆的隔离。随着信息、大数据、人工智能等技术的出现,在技术之上城市得到了发展。"智慧城市"恰恰体现了这样一个独特的类型。上述技术不仅嵌入城市基础设施之中,还规约了人类的行为。人们的生产、消费、休闲等活动都是被各类技术塑造出来的。一个庞大的智慧数码城市空间形成了。所有这一切都定义了一个数码空间,用模式的极化、散射和引力定义了一个代码磁场,它永远都是最小选言单位的通量。[①] 继续深入分析,我们会发现技术与资本不可分割。各类城市建筑依靠现代技术才能够建构起来,才能够正常运行;城市人的基本行为——购物、消费甚至生产都离不开各类技术系统,而技术背后的强大的资本推力又是不可或缺的。于是,资本逻辑、消费逻辑、技术逻辑巧妙地整合在一起,这决定了城市的运行方式和文化越来越多地表现为技术约定的结果,而非自然运行的时刻呈现。传统的文化习俗都是依照自然运行而来的,比如节气和节日。但是,新出现的"剁手节"以及各类消费"节日"是资本和技术共同建构的结果,这样的结果让城市人群离文化的本质更远了。

三是由现代物这一规定性发展导致的城市与历史意义的隔离。现代物强调的是城市的现代本质,不同于传统城市,它强调的是历史的价值与意义,而现代城市凸显的是与现代性更加一致的资本和消费,与现代物相对的是历史的机制。城市乃现代性特有的空间,是现代性物化体系的集中表现。空间生产与空间消费,都特别地归属于城市化。因此,关注城市、思考城市,就是在思考现代性最核心的问题。[②] 建筑对于一个城市来说不可或缺,历史建筑意味着城市的过去,现代建筑意味着城市的当下。每一座城市的发展都可以通过历史建筑与现代建筑之间的冲突表现出来,北京和西安这样的有历史的城市尤其如此。此外还有商业建筑与艺术建筑之间的冲突,商业建筑主要是指大型商场,艺术建筑主要是指艺术展览类的场馆和空间。对于大多数城市来说,由于资本的驱动,商业建筑得到了极大发展。以上海的南京路为例,南京路两旁的商业楼几乎每个月都会翻新或者重建,而且速度奇快;此外,艺术建筑也成为城市发展的一景,以上海西岸为例,成为艺术建筑聚集的地方,形成了强大的艺术空间场域。从空间发展的角度看,我们会发现这两类建筑空间的碰撞一直都没有停止过:历史建筑与现代建筑、商业建筑与艺术建筑。这些建筑从文本的角度来说,都可以纳入广义的文

---

① 波德里亚. 象征交换与死亡[M]. 车槿山,译. 南京:译林出版社,2012:94.
② 邹诗鹏. 世博与现代性[J]. 江海学刊,2010(5).

本之中。

现代城市的深度技术化导致了现代城市的隔离效应,而且是多重的隔离。传统的城市的功能是凝聚和吸引。那么,如何解释现代城市的隔离效应呢?城市隔离器产生了三种效应:对自然知觉和体验的隔离、对文化与记忆的隔离、对传统与历史的隔离。正如我们已经看到的,现代城市的发展中其技术的实质是创造了人工的奇幻世界,在现代都市中展现了各种虚拟现实技术场景、各种智能控制的场景,此外,这一世界是奇幻的、仿真的,正如波德里亚展现的数码技术带来的空间后果。数码空间是可接触的、感官拟态的、触觉神秘主义的全部想象,说到底它是整个生态学被移入这个操作仿真的世界,给多种刺激带来多种回应。① "写实仿真的眩晕"是波德里亚所概括的数码空间带给我们的真实体验②,总体来说是力图消除因与果、始与终,它用重叠来代表一切。③ 这种重叠是幻觉重叠,在仿真中,元语言幻觉重叠并且补足参照幻觉。④ 这一切的实质是对自然体验、文化记忆以及对历史意义的隔离。城市作为消费体逐渐彰显资本的力量,资本和消费产生的力量最终让城市传统的历史价值被隔离。在现代城市之中,意义逐渐萎缩,而消费和资本空间却急剧扩张。即便有各种各样的抵抗方式,如城市之中的涂鸦、城市之中的艺术空间、城市之间的历史空间。但是抵抗的结果却是不尽如人意的。

三、隔离效应与记忆叠加的克服

现代城市空间的发展导致了多重隔离:对自然体验的隔离、对文化记忆的隔离与对历史意义的隔离。要克服上述空间隔离,需要重新理解它们的本质。在这个方法中,我们把不在场之物作为记忆规定下来。对于城市而言,乡村生活体验、自然声音、历史场景、文化物和传统节日都是不在场之物。要意识到不在场之物的意义所在,仅仅诠释和展示它是不够的,需要通过叠加来实现这种意识的重构。所以,记忆叠加就成为我们使用的一个关键概念,这一概念通过将不在场之物与在场之物加以重叠从而实现强烈对比,让生活在都市之中的人重新意识到它们的意义所在。接下来,我们要介绍五种记忆叠加形式,这五种形式有利于克服空间隔离效应。

---

① 波德里亚.象征交换与死亡[M].车槿山,译.南京:译林出版社,2012:95.
② 根据让·波德里亚所述,仿真眩晕有四种可能的方式:(1)真实物体被解构为自身的各种细节;(2)物体在自身细节上分裂与重叠,最终真实不再反射其中,最终衰竭;(3)本义的系列形式消除了内在的反射和形式的曲折;(4)这种仿真仅仅成为区分超真实和超绘画的极小差异。
③ 同①98.
④ 同①99.

(一)将乡村自然景观引入都市生活,激活都市人的自然记忆

生活在现代都市中,最强烈的感受是少了乡村的绿色和水。从传统意义上看,一个地方有了水才有了灵气,很多建在河流湖泊旁边的城市都有着比较好的发展。但是超级城市建设过程中不断填充着原先的湖泊、海洋。武汉在建设过程中为了发展房地产,建设高楼,填充了一些小的湖泊。所以生活在城市之中的人群逐渐被禁锢在一个封闭式的人工岛屿中,类似于生活在建筑的茧房之中。所以人们更向往乡村的生活体验,面对绿色、面对湖泊,为了实现这一点,在城市建筑设计上就非常重视"绿地"的设计。这种引入实际上是对传统自然记忆的恢复。从形态上看,这是物理意义上的空间构成,通过"绿地"将自然视觉体验引入到城市生活中。这种形式较容易实现,只要通过各种设计,在城市中营造特殊绿地、在道路两旁栽上植物就可以了。除此以外,还有就是将自然声音通过特定的方式引入到城市空间中来,但是这种方式较为困难。

(二)将自然知觉记忆引入城市,激活城市人的自然记忆

从知觉体验构成的角度看,除了视觉之外,还有听觉也是重要的形式。但是如何通过听觉来实现自然与城市的融合呢?在城市中,我们听到的更多是汽车、人群、喇叭和音响等人工声音,这种声音听得多了会让人产生极大的压力和烦躁感。根据欧洲环境署2016年的一项关于欧洲市民的统计,至少有1亿的欧洲人暴露在大于55分贝的街道噪声中。噪声削弱了许多城市居民的生活质量,[1]而他们听到大自然的声音,如鸟鸣、流水、海浪等声音,自然会感到心旷神怡。为了实现这一点,一些西方艺术家开始了尝试。这一实践是20世纪70年代艺术家通过在历史遗址、建筑和其他地方替换和填补的声音雕塑的典型。[2] 如美国艺术家比尔·丰塔纳的装置艺术《白色噪声》(White Noise,2011)。在其伦敦展览期间,观众沿着尤斯顿路的密集交通要道行走,靠近建筑的人会听到交通的喧闹声、上空的广告牌发出的嘎吱嘎吱声和波浪冲击河岸的声音。如果说上述的形式是通过知觉来实现城市与自然的融合,那么如何实现城市与历史的融合呢?作为现代性现象的典型代表,城市似乎正在逐渐丧失自身的历史性和时间性,城市有的更多的是变化。

(三)将现代城市声音引入历史场域,激活被遗忘的历史记忆

在上文,笔者已经指出,现代城市中的一些独有的声音,如人群声、汽车喇叭声、广

---

[1] OLIVER G,Smart cities,introducing digital innovation to cities[M]. Bingley:Emerald Publishing Limited,2019:19.
[2] CATERINA A. Memory,forgetting and the moving image[M]. London:Palgrave Macmillan,2016:123.

告音响声等的本质是现代现象,现代现象在发展过程中不断割裂自身与传统的关系。此外,在曾经的历史城市中,历史和文化的遗址被遗忘。走在西安、襄阳、北京等城市中,历史场所尽管还在那里,但是并没有引起太多人的注意。人们更多地流连、徘徊在大型购物消费场所,几乎想不起上述的历史文化遗留物。在国外,一些艺术家引入现代大都市的喧闹人声,让人们通过强烈的对比想起曾经的历史遗留物。在丰塔纳的作品中,通过了这种方式实现了历史场域的激活。丰塔纳的《远方列车》(Distant Trains, 1984)就是这样一个典型案例。《远方列车》中的历史场域是柏林的安哈尔特火车站,就是这个火车站在二战期间运送犹太居民到集中营的,于20世纪50年代废弃,从此被遗忘。丰塔纳描述了1990年第一次参观它时的感受,"第一次我参观了安哈尔特火车站,在被损毁的建筑外边,后面的空地看起来异常安静,好像火车与人群的声音徘徊在'伤口'处。"①为了让参观者身临其境,丰塔纳记录了欧洲最繁忙的转运站之一——科隆火车站的列车的噪声、信号灯的声音、火车广播声、人声、脚步声,然后他在两个平行拱廊中间埋了八个低音喇叭,投放在安哈尔特的空地上。它模仿了火车的声音,在巨大空荡的火车站内制造了最佳的听觉场域。正如卡特瑞娜·阿尔伯那指出的那样,在《遥远的火车》中,丰塔纳重现了柏林火车站建筑的声音。

(四)将数字技术手段引入文化遗址的复原中,续写文化记忆

因自然或人为因素建筑体经常会被部分破坏或者整体破坏。2018年9月巴西国家博物馆的火灾烧毁了大部分馆藏品,随灰烬而去的是人类重要的历史。2019年4月巴黎圣母院发生大火,标志性的塔尖被焚毁。这些都表明城市建筑理论的一个非常重要却被忽略的部分:残缺的建筑体。残缺的建筑体指上述提到的建筑整体的破坏和消失,也包括部分损坏。整体的损毁意味着建筑体演变的断裂,直接导致的是文化记忆的断裂。比如阿房宫、圆明园,后者还有些残存遗址,前者是一点都没有了,我们只能在历史文献中找到相关记录。面对建筑体的残缺,人们采取了数字虚拟技术加以修复。随着数据技术和数字人文的发展,利用数据技术进行虚拟化重构成为一个重要的延续城市文脉和维系记忆之场的方式。但是,其中的有些问题尚待进一步的反思和讨论。2019年8月6日,美国独立出版公司GoArchitect宣布其主办的巴黎圣母院顶尖设计大赛结果,中国设计师蔡泽宇、李思蓓的作品《巴黎心跳》获得冠军。主办方的评价非常有意思,奇妙的镜面反射让建筑、城市和时间之间建立了紧密的联系。磁悬浮装置为过去留下记忆,为未来的故事留出空间。新塔尖代表人类的过去、当下和未来。

---

① CATERINA A. Memory, forgetting and the moving image[M]. London: Palgrave Macmillan, 2016: 127.

如此幻境中,空间和时间都交织于一体。巴黎圣母院每一次的灾难印记都是历史上不可磨灭的一部分,现在,是时候让巴黎心跳变得生动起来。从评价中,我们可以看出历史建筑的修复实际上是留住历史记忆、重构过去。

城市建筑毁坏带来的是人类记忆的断裂,只有通过修复才能够延续记忆。但是在这里我们会碰到一个"纽拉特式"的难题。纽拉特是科学哲学家,他曾经用破船的比喻来说明人类获得知识的过程,这个过程如同在一艘破船上,边行走边修补。这个比喻本意是说人类的知识从来不是固定的,而是修改完善的过程。但是后来这个比喻被转化为另一个问题的表达:当这艘船被不停地修补后,最终还是它自己吗?应该说这个转化还是非常有意思的。在城市建筑的修复中就存在这个问题。如果是小修小补,不改变建筑的原始风貌,那么这座建筑还是它自己;但是如果发生了大的变化,甚至是原址迁移、重建,那么它在哪种意义上还是它自己?这个问题的解答关乎文化记忆的延续。如果修补后的建筑不再是原始建筑,那么文化记忆就会断裂,也就是城市文脉的断裂。所以,当数据技术用于建筑的修复的时候,这个问题自然而然地涌现出来。以巴黎圣母院的塔尖修复为例,《巴黎心跳》之所以能够获得好评,就在于磁悬浮装置为过去留下记忆,为未来的故事留出空间。所以文化记忆的延续并不仅仅是过去建筑的原始保留,变化是自然而然的,更重要的是通过重构过去而展现未来空间。

当然,数字修复基本上解决了纽拉特之船的问题。文化记忆的延续并非是完全的复原,而是以一种新的形式出现,即为未来打开空间。此外,文化记忆的延续还表现为文化符号自身的一种意义统觉作用。"巴黎圣母院"这个名称本身就有着一种意义统觉的作用,它将城市建筑的历史和意义展现出来。所以当建筑逐渐消失的时候,这个符号本身的文化意味会变得异常浓厚,让文化记忆得以保留。

(五)将节日本质引入城市活动中,激活文化记忆

受到消费逻辑的主导,现代都市改变了传统节日的内核,还创造了许多新的以消费为内核的节日。随着城市的发展,节日发生了三个阶段的变化,这三个阶段充分显示了节日的内涵。在处于农业社会的城市中,节日往往通过某种活动形式来进行,充分体现传统人类活动的意义。广义地看,一个节日是庆祝的时机,为了纪念或者记忆诸如"神""圣人"或者某件事(例如春天来了)等而举办的活动①,比如通过祭祀来怀念祖先,在这一阶段,节日完全是文化意义的充盈,二者实现了完美的统一。中国传统的节日如春节、元宵节、清明节、重阳节、端午节、中秋节等,都成为消费逻辑展示自身

---

① DOUGLAS B. The nietzsche dictionary[M]. London:Bloomsbury Academic,2015:135.

力量的"中介"。但随着城市现代性的发展,我们发现消费主义以一种独特的形式"侵蚀"曾经的庆典和节日,传统的节日的本质发生了极大的变化。在处于工业社会的城市中,尽管节日保留了传统的形式,但是却逐渐脱离了文化意义,资本开始侵入其中。在现代社会中,社会发展不仅将原先的传统节日的记忆的本性侵蚀掉,还创造了新的节日形式,这种节日完全实现了与资本的内在统一。比如"双 11"购物节就是这样的一种形式,通过购物让全民产生了一种"狂热"的情绪,其实质却是记忆本性的丧失,而资本通过该节日实现了自身的完整呈现。

上文的记忆叠加从根本上来说还是从内容角度展开的分析,笔者呈现的是不在场之物与在场之物的叠加类型,其所展示的冲突还是比较明显的。接下来,笔者要从形式角度展开分析,更加深入地揭示不同形式的记忆叠加存在的内在冲突。

四、叠加冲突之意义

当不同的记忆空间叠加之后必然会产生特有的冲突效应。因为在叠加中出现了在场之物与不在场之物的强烈对比。我们的目的也是通过叠加后的冲突效应来理解在场之物的意义,仅面对破旧的遗留物(如历史残留物、文化纪念物)等,我们无法领悟在场之物内在的意义。通过技术手段能够弥补残缺物,从而实现技术意义上的完美,并通过完美与残缺的对比领悟残留物的意义。这个过程通过一种现实的强烈对比来实现,仅仅通过文本—想象所构建起来的完美则难以实现这一任务,因为个体和集体的想象力与想象物的极大差异会限制最终的想象物。

为了分析这一问题,我们需要区分以下两种类型的冲突:

(1)记忆叠加是通常所说的物理意义上的现实物叠加。在一些历史城市中,如西安、北京等经常会见到这种叠加形式。在古城墙边上建起很多新的现代住宅高楼、商业区,在北京故宫就有星巴克等现代咖啡馆,这些都是同样的现实物的叠加。从时间上看,这类叠加是同时共存的,形成了独特的空间场域冲突。但是此处的冲突仅仅是一种强烈的对比冲突,对比物之间只是对等的,这种冲突也没有理解各自对比物,毕竟在这种冲突中,两个对比物彼此都是孤立且完整的,冲突也并没有成为一个有效背景让我们更多地了解对比物本身。所以,这种冲突尽管随处可见,也只是制造了一种奇幻的视觉效果。

(2)记忆叠加是现实物与虚拟物的叠加,相比之下因运用了技术,它创造了一种完美。随着虚拟现实技术(VirtualReality,VR)的快速发展,我们可使用增强现实技术

(Augmented Reality,AR)来还原历史残余物的完整面貌,并且这种复原效果达到了完美的效果。以圆明园为例,清华大学建筑学院郭黛姮教授带领团队,利用虚拟现实技术重现了圆明园的构思,现在的 VR、AR 技术已经可以展示圆明园的"原始"场景。这种原始场景是根据大量的历史资料还原的,并非是观看者想象的意向物①,在这种情况下,它会形成一种强烈的对比和冲撞。通过 VR 和 AR 等技术手段,观看者能感受到原始建筑的宏伟和美丽,然后卸下技术装置,肉眼所观看到的是历史的残留物。残留与完美形成了极大的认知冲突,这种冲突自然导致的结果是让观看者重新理解残留物承载的历史记忆。所以,利用技术手段来修复文化遗址必须要关注冲突层面,而不是仅停留在物品的"还原"上。

五、结语

我们最终要思考的是城市本质及人类的生存体验问题。如今的城市已有技术主导的特性(数据驱动型城市)。VR、AR、大数据、智能决策和服务等信息技术已成为城市居民最为日常的打交道之物。对于城市居民来说,算法的构造物和数据呈现才是最为"真实的",如果完全不假思索地接受这种看法,我们很容易想到这样一个未来图景:嗡嗡的巨机器中算法在"漠然"地运行,人类"自主地选择"算法推荐的行动方案。这样的想象与本文的主题相呼应。算法对不同的数据进行分类和建模,人群按照最优模式来行动,与自然、文化、历史的隔离逐渐被强化。为了反思这种对技术构造的认识,我们选择回到城市记忆本身,通过不在场之物与在场之物的叠加来完成这一过程。对于久居城市的人而言,自然的声音、文化的意义、历史的价值都是不在场之物,已然成为他们永远的记忆;而领悟自然、文化和历史的意义最好方式是多种记忆叠加之后产生的强烈对比。上文所提及的艺术家的实践将当下的城市噪声引入过去的场域之中,从而实现"激活"效应,让当下的人真正领悟历史的意义;将自然的声音引到嘈杂的当下的城市场所,从而让人们真正领会自然的意义。这种艺术实践产生的意义恐怕不是在于引入物本身,而是通过引入物与当下物的强烈对比让人们真正领悟自然与历史的意义。

---

① 为了让圆明园"活过来",她们已经努力了将近 20 年,通过查找文献、勘察、测绘,对园中每一栋建筑的造型特点、景区空间构成进行分析,还查找了全园的水系变化。

第三部分
"切问近思半月谈"沙龙荟萃

"融"而不"合":媒介卷叠千重网——媒介融合再思

(2020年5月29日)

◎ 黄 旦

> 黄旦,复旦大学信息与传播研究中心学术委员会主席、浙江大学文科资深教授,国务院学位委员会第六届、第七届新闻传播学科评议组召集人。主要研究方向为中外新闻与传播思想、大众媒介与社会。

关于媒介融合的问题,我以前也写过一篇文章,但当下的传播现状对我的刺激非常大,对于我们以往对媒介融合的一些讨论,以及一些想象,我觉得有了新的理解。

关于媒介融合的以往的讨论和想象,我们以往总是觉得网络就是一个有机体,在网络中每个人是有序的互相联结在一起。如果我的理解没有错的话,我们以往对媒介融合的讨论基本上是落在这样一个聚焦点上。于是我们讨论的问题,常常把媒介融合看作一个以数字技术本身为基础,相互协调、秩序井然的过程,从不同的层面和角度展开去讨论媒介融合的状态、优劣、改进方向等,比如,传统的媒体是怎样跟数字媒体融合的,社交媒体是怎样跟大众媒体互相配合,等等。一个基本的想法是媒体之间的共同合作、形成合力是一个可以达到的方向。就像延森讲的媒介融合,通过数字元技术这样一个平台,三个维度像社会机构这样跨越式地重新形成一个开放的历史性迁移,同样是这样一种有序的、互相配合的、好像自然式的一种跨越。

但是在最近的实践中,现实给我们展现的恰恰不是如此,在社会中对同一事件有不同角度、不同表述、不同表达。理论与经验现实之间的反差,让我们不得不进一步反思过去对媒介融合的构想。所以,我认为关键点就在于也许媒介融合并不是平面的,而是立体的,是"千层网"。但"千层网"不是有等级的,我感觉到的数字媒介的媒介融合,是不同媒介在共存中各唱各调的情况。这种现状是激发我思考的一个基本点。

对此,我想谈对媒介融合再思考的两个问题:

第一个问题就是我们在什么基点上来思考媒介融合?大概有两个基点,一个是从技术的角度,一个是从媒介的角度。当然媒介和技术是有关系的,不同的技术带来的媒介是不一样,媒介的特性也不一样,但是技术不是媒介。我们讨论媒介、媒介融合、媒介理论,需要厘清技术与媒介两者之间的差异。我用波兹曼的话,他说技术和媒介的关系就像大脑和思想的关系,一种技术只是一台机器,媒介是这台机器创造的社会和文化环境。也就是说技术只是像大脑一样,可以在那里运动。但是它不像思想,思想会创造各种各样的关系。而如果把大脑视作媒介,则是说大脑在产生思想后,对所产生的各种关系的凝聚。所以,波兹曼说"媒介"意味着这台机器创造了社会文化环境,这句话可以给我们提供很多思考,也就是说媒介会创造关系,会打开不同空间,或者说像海德格尔所讲的,它具有"解蔽"能力。"解蔽"不只是技术本身的问题,而是它会把各种各样的因素和关系重新连接进去又创造出来。基于此,技术和媒介的区别,我想用下面两种视野来表达,一种是精神工艺学的,一种是转换人类学的。

精神工艺学把技术看作人体的机能的一种扩展。比如,阿诺德·盖伦在《技术时代的人类心灵》里讲,人和技术经历了三个阶段:第一阶段是器官代替,第二阶段是器官强化,第三阶段是减轻器官负担的技术。所以,他认为技术就像人一样,形成了人造的特质,技术跟人实际上就是人的感官或人的能力跟技术之间的一种连接关系。

所谓的转换人类学,我用了布克哈特与克莱默尔的说法,尤其是布克哈特的说法,他认为传媒都是组合的东西,我抓住了它,它也抓住了我。而这样一种"抓"不仅是互相的一种连接,它也会发生转化,所以,克莱默尔说媒介会决定我们的思维、感知、经验、记忆,尤其是交往的模式。

如果媒介与人之间的关系是相互的,并且媒介的存在决定了交往的模式的话,我们如何来看媒介融合?不同的媒介,与人形成的关系又是不一样的,它所带来的感知记忆和交往的模式也是不一样,如果是这样的话,那什么又是媒介融合?

在中文里,"媒"是撮合,"介"是界别、区隔。我认为,"媒"是在"介"当中触接,"介"是在"媒"当中划界,构成"媒—介"的运作。这里我想到这几年很盛行的"可供性"概念。我们现在讲"可供性"好像技术本身的特性一样,实际上可供性的提出,是从生态学的角度说的。"可供性"实际上是互惠的关系,既是技术的"可供性",也是人的"可供性",互相可供的接触会转化成相互间的关系,形成一种互动,互动会重新组织秩序,会产生莫兰所说的组织化的秩序。这是媒介在转换人类学视角里的表现,不是我们一般意义上的技术本身的问题。我觉得这是进行媒介融合再思考的一个基点,也就是说我们首先要问:你讲的是技术融合,还是媒介融合?

延森认为,媒介融合是网络传播、大众传播和人际传播的三重维度在元技术(也就是数字技术平台)上汇合。我想问的是,从媒介的角度来讲,这三重维度的传播究竟是融为一体,还是各自独立?到底是技术的汇合还是媒介的汇合?技术当然会改变媒介,媒介会顺着技术特性的变化发生变化,但面对面的身体媒介和以复制为特征的大众媒介会不会因数字平台的出现而消失呢?波斯特讲的不同的信息方式还存在吗?换句话来讲,如果从媒介的角度来看,三个维度是不是都还存在?利文斯通在给延森作序的时候讲了一句话,他说互联网是衔接所有的媒介并通过重新塑造各个媒介在新兴的网络语境的可能性而再度媒介化的媒介。我们要从这段话来推敲的话,衔接究竟改变了什么?这个网是不是还是原来那个互联网?到底是一张网?还是多张?我觉得从技术还是从媒介的基点来展开,这对我们理解媒介融合是至关重要的。

在这个意义上分析延森的媒介融合,从精神工艺学的角度来看,它是一体化的,所有的媒介都集中在一个数字的平台上;从转换人类学来看,它是一个平台,汇集三个维度的传播,并将其整合为一;但我们在现实中看到的,是当下数字媒介中万马奔腾式的汇聚,而不是说大家集中到某一个平面。从现实来看,互联网本身也是多重网络。弗格森在《广场与高塔》中提到,从历史上来看,网络是一直存在的,网络存在就是高塔和广场,高塔是等级式,广场是平面式,他认为在历史的演变中,高塔的网跟广场的网是同时存在的,不是非此即彼的,是共同起作用的。媒介融合不是融合媒介,它不是过去我们想象中那样要把媒介的界限通通抹去,这是思考中首先要澄清的一个基点。我们要从媒介入手,而不是说要从融合入手或从技术入手,这是第一点。

第二点,我想以社交媒体和大众媒体在这种多重网络中的运作来讲融而不合。我自己的观点是从媒介的角度来看,媒介融合中融而不合,是完全符合它的面貌的。我讲的融而不合,不是在批评它没有融合,技术的融合搭建了共同的平台,但是不同媒介在其中的运作是不合的。

证明这一点的理论武器,我想用卢曼的理论。用卢曼的理论的好处,是把我们个人的对媒介的运用撇开。我想从系统入手。从系统论的视角看,大众媒体和社交媒体是两个系统,这样一种系统本身就已经规定了大家对它的使用方式,或者说规定了其运作的方式。卢曼的系统的几个关键:系统自成一体,所以,它是封闭性的,是通过封闭性的运作把自己跟环境区分开的。也就是说,如果说大众媒体是一个系统,那么大众媒体是自己封闭的运作,社会的其他系统,比如经济、政治,就是大众媒体面对的环境。所以,大众媒体在生产中首先要做出这种区分,然后,他又要在这个区分里跟环境发生关联,通过区分重新进入系统,把这种区别作为他生产当中的一个资源,由此循环往复,于是就造就了大众媒介特定视野当中的一个实在。所以,卢曼认为任何系统都是有界域的,卢曼说全世界是一个实在,但是只有"上帝"才能看见整个世界,个体是通过不同系统去观察,观察的同时也意味着有舍有得,世界在卢曼这里不是大众媒体的对象,而是现象学意义上的界域。如果从这个角度,那么社交媒体跟大众媒体是两个系统,他们观察的方式是不一样的。

我们先来看大众媒体,卢曼给大众媒体下了一个界定,他说它是使用复制技术来传散沟通的社会设置,所以这里的关键词是复制、传散和社会设置。卢曼把技术撇开了,而我理解这些系统的分出实际上跟技术有关,所以大众媒体的特征,它的基础是复制技术。复制技术是传散,从而使大众媒体成为社会当中的一个子系统。所以大众媒体是通过复制,从一个点向外的一种放射。用约翰·厄里的话来讲,这是由一个中心或者多个中心向外放射的一种方式,这跟复制技术有关。因为大众媒体所使用的复制技术,这样的传散决定了这个系统的支撑运作,所以他是要把互动排除掉,由大众媒体自身来决定和组织调解。也就是说它成为整个系统发送的中心,他能够决定自身的自治。同时,大众媒体又没有办法以一个中心的机构来统合所有人的发送的意愿和收视的兴趣,因此,大众媒体的生产是标准化的,多样化是在标准化基础上的多样化。它是统一化的,定点、定时地往外发送,从他自己的观察来看,要考虑跟其他环境的区别,要考虑它在社会设置中的社会价值问题。价值就体现在它运作的符码,就是系统对讯息和非讯息的评价,因为它确定了哪些是讯息,哪些是非讯息,两者是相悖的。卢曼的系统论永远是以悖论来进行的。对于大众媒体来说,讯息和非讯息是评判性的,这一评价的标准是社会价值。大众媒体定时、定点的播放,提供确定性,是要社会公众都能够适应并把握整个现实的状况。用海德格尔的话来讲,就是把世界理解为一个图像。

而社交媒体则完全是另一回事。第一,它把人类沟通中的书写、口语、视听等情境都整合到一个系统里去,人类的不同向度在社交媒体中是重新结合起来的。这跟大众媒体的复制技术是完全不一样的,是通过网络和自我之间的两极对立来建立的。经由这样的技术路径,社交媒体是人机一体的,用唐·伊德的话来讲就是具身技术。第二,社交媒体是散点互动的,我以前用过"千手观音"的比喻,社交媒体的交往是对话式的。这样一种网络的运作,评判的标准不是社会价值,而是通信价值。你必须服从它的规则,按照规则与不同的点发生关系。这样的网络,跟大众媒体不完全一样,或者说有非常大的区别。社交媒体的发送和回应,尤其是发送,是以具体情境为导向的,不是以评价为导向的。其他人对此做出回应,有可能是评价,也有可能是以自己的情境为导向,所以我认为社交媒体的运作也是基于二元的符码,即分享或者不分享。用齐美尔的《桥与门》来讲,社交媒体是"门",所以它永远是个人的界限,永远是一种边界,是在一种连续当中的断裂,断裂当中的连续。而大众媒体就相当于"桥"。如果从断裂和联通的角度,大众媒体是跟你联通的、统一的,它给你一个确定的东西,而社交媒体是不确定的。社交媒体并不需要确定性,它是开放的、流动的。在这个意义上来讲,社交媒体是一种风险,你不知道它的结果是什么,它也没有结果。比如我们看到的,关于虚假信息的问题,就是社交媒体风险的具现化,实际上谴责是没有用的。抛弃一部分"故意"的发布者,社交媒体中的发布者都是以自己的具体情境为导向的,是本能的反应和回应。

如果是这样的话,我们大致可以用德勒兹的话来讲,大众媒体和社交媒体都是不同的装置,它们各自从环境当中选择要素,利用特定的方式把它们聚集在一起。所以,装置创造界域,界域总是被建立起来又被毁灭,被再界域化又被解域化。社交媒体和大众媒体是无法统一在一起的,于是就没有一个固定的现实和实在,而是有多种流动的实在,像约翰·厄里讲的多种轨道、多种运动、多种展现和观看。它有速率的问题、脉动的问题、不协调的问题,在协调节奏间统统联系在一起。

我想再做一点总结,社交媒体是大众媒体系统的环境,大众媒体也只是社交媒体系统的环境,在两者的区分里边,系统和环境的区分都有可能被复制到系统里,把它看作自我再生产的资源,但是这两者不可能合二为一。如果社交媒体有了大众媒体的想象,它仍然是社交媒体。大众媒体运用不同的数字技术形成所谓的全媒体和多媒体的运作流程,它仍然是大众媒体,它不可能变成社交媒体。社交媒体跟大众媒体是不同的东西,媒介融合不是融合媒介,实际上是不同层级、不同强度、不同震频的媒介交往的一个聚合。它是互相聚合在一起的东西,而不是统一的。如果我们一定要把这两个东西融在一起,把它们统合在一起,两个系统都会崩溃。

最后我想从研究的角度提出几点思考:

第一,我们要从媒介来讨论融合,而不是以融合来要求媒介。我们要改变现在提问的方式,不要以事后的规范式视角来讨论和规范媒介融合的研究,而是应该从事先的系统运作的实践的眼光来进入媒介融合的研究。

第二,由于不同媒介存在的多样化,运作也是多样化的。融而不合是常态,需要应用新的传播伦理,特别要警惕以大众媒体的标准来规范社交媒体。这既包括管理部门,也包括研究者。现在很多研究者批判社交媒体,这些可能都是以旧的知识来看待新的实践的一种看法。比如,大家非常熟悉的关于后真相的问题,究竟应该怎么看它?温伯格的一句话对我很有启发,他说网络化事实开启了一个充满分歧的网络,我们可能会怀念过去的经典事实时期。但是我们应该意识到那个时期对事实的看法不是基于"事实"的,而是基于发表"事实"的纸质媒体,也就是说纸质媒体的运作使我们觉得应该有一个真相和事实。我们现在要学会跟分歧共存,这恐怕将是一种常态。所以,我们要质疑以往的理论前提,寻找新的基础,商定新的传播伦理,融合不同的共同体,产生某些结合点。也许我们讨论媒介融合,要从这样的层面来进行讨论,重新审视媒介的融而不合。

第三,媒介融合的根本是它会产生一种实在,因融而不合,所以实在是分裂的,用德勒兹的话来讲,它是多层面的。所以我们应该从多层面的块茎式的角度提供,开辟媒介融合的新空间。比如,我想到社交媒体跟人的身体是合为一体的,所以社交媒体涉及身体政治和生命政治的问题。这不是福柯意义上的对规范式的一种反抗,而是对自己生命的一种新的开创,是一种创生式的生命政治,在研究里可以给我们提供很多想象。大众媒体系统恰恰不同,如果说从政治哲学的角度来讲,它是社会政治。卢曼讲大众媒体和人的关系,人是心理系统,大众媒体是社会系统。沟通是心理系统和社会系统的一种结构性耦合。从新闻报道的角度来讲,他把个体预设为有认知兴趣的观察者;从广告的角度,他会把个体假定为计算自己利益的生物等。这跟社交媒体是完全不一样的,社交媒体是人的身体的一种扩张,所以使用者的身体就是媒介、地理、空间,它会产生人的重新创造。用怀特海的说法,人是通过身体的表达,在世界的实体里边有了自己的位置和界限。没有表达的人体,实际上就缺少生命。这个表达不是指发表意见,而是说人体就是个人表达的基础,通过身体划出了自己的界限,又通过这样的界限和其他人、自然和实在发生关系。

  这大概就是我今天想讲的,我对媒介融合的问题产生了一些新的想法,分享给大家,谢谢大家的讨论和批评。

(整理/程陶然)

"环球同此凉热"——人类感官的媒介再造(2020年5月29日)

◎ 孙　玮

> 孙玮，复旦大学信息与传播研究中心主任、新闻学院教授。主要研究方向为城市传播、媒介理论、媒介文化研究。

我和黄老师讨论这次半月谈如何展开的时候达成一个共识，就是要反思我们的媒介理论，反思媒介、媒介融合，而不是用媒介理论非常具体地展开经验性的关于传播的研究。我最近半年一直在思考一个问题：研究媒介、研究技术现在有多种多样的视角，我自己做研究的时候，从哪一个视角切入来做我关注的媒介技术、身体、空间、城市的研究？在最近半年的机缘巧合之下，我突然感觉到自己抓住了一个视角，从感觉、感官的视角来做媒介研究，可以把我自己前面讲的关注主题全部连上。

我大概分成这样三个部分：第一部分是引子，我想非常简要地概括一下感官视角的媒介研究，怎么来设定人和技术、媒介和感官相互的关联。我关注到感官的问题，之后进行了相关的文献阅读后发现，虽然没有这样的命名，但从感官视角进去看技术媒介或者城市的研究是非常之多的；第二部分是想非常简短地展示一下，媒介在塑造感官的过程中，怎么引发或伴随了政治的、经济的、文化的、制度的社会变迁。虽然感官初看是非常个人生物性的名词，但实际上它的社会文化意义是非常丰富的；第三部分，想就新媒体传播的实践状况来分析当下的我们怎么看媒介，发生的变化是哪些。最后的结语很凑巧，和黄老师刚才的结语可能有一些呼应，正好连接上了，我的结论就是当前的人和媒介正相互融合生成新的主体。

从"环球同此凉热"出发，我想说的是，在1935年毛泽东写下这句话，他这句话的意思是印刷时代的特定的人物对于世界和人类的感知。这种感知是通过文字和印刷品来感知的。我把这种感知，看作是文字印刷品作为媒介的第一次全球化时代。这样的感知是文字符号通过视觉的转喻形成的，但是它不是直接的图像的视觉，而是通过文字符号转喻的一种身体感觉。因为凉热是一个比喻、隐喻，用身体的感觉来转喻毛泽东对世界的感知。

在赛博空间的当下，对"环球同此凉热"有不少阐述，很多人会讲到相互依存感，因为我们生活在同一个地球上，另外，就是对于所谓大同世界的一种想象。这句话到现在我们用的仍非常多。当突发事件遭遇数字媒介所形成的移动智能网络时代，它不再是一个少数政治文化精英对世界人类共同体的这样的一种文字转喻的感知了,而是卷入全世界大众全感官的一种媒介的体验。

当然,这种感知来源于智能身体的感官,而并非真的肉身。这样的空间感知是全球一体化的,通过全球移动网络当中的智能感官来体验。它的主体是普遍的大众,一般的老百姓都可以感受到全世界怎么了。这是不是又延续了毛泽东在1935年体会到的那种人类互相的依存感呢?可以说,因为病毒在全球流行,我们是互相依存的。但是它并不是对一个大同世界的展望,我这里想用莫兰的话说,我们感觉到了相互依存,但是我们感觉不到团结,莫兰说我们感觉到的更多是依存和冲突。

用这样的一个引子开头,我想简单地梳理一下我理解的感官视角的媒介研究和它大概的思路,以及从哪些方面去切入和展示现实。

首先,人类的认知是经由感官实现的,媒介不断的演变会再造人的感官。从这一点来说,媒介经由再造感官来影响人和世界的关系。我们都知道人类的感官当然是具有生物性基础的,但是同时人的感官和动物不一样,它包含了非常丰富的历史文化和社会的意义。个体的生物性感官,我们常常看到的比较多,但实际上它和社会感知、社会关系和社会结构有历史性的连接,自古以来感官的社会文化意义一直是非常丰富的。所以,有学者提出了"社会感官"这样的一个概念,也就是社会整体的感觉模式。比如说我们进入了现代性之后,印刷媒介就变成了一个社会主导的整体感觉模式。到现在又变化了,把印刷媒介的整体感觉模式冲垮了。媒介技术会塑造感官,这是媒介影响人类文明的重要且基础的方式。同时,媒介也塑造主体,感官视角的媒介研究是对现代性的媒介研究的一种强大的"反动"。

现代性的媒介研究,我把它综合成这样几条:视觉偏向的、话语的、转喻的、理性的、去身体化的,感官视角的媒介研究是对这种研究的一种"反动"。感官视角一直存在于研究之中,从古希腊开始就作为西方哲学话语而存在,而当前新媒体的实践,智能身体主体的实践,为感官视角的媒介研究提供了一个崭新的、经验的场域,以及理论创新的可能。以上是第一部分,就是想引出感官视角的媒介研究,接下来我想展开讲一下媒介、感官和社会变化是如何建立相关的关联的。

先简要梳理一下关于感官思想的一些观点,关于感官、感觉、知觉的研究非常多,且历史悠久,跨越众多学科。在这里,我想用古希腊的感官思想开头,主要人物是柏拉图和亚里士多德。古希腊哲学家对于"认识"和"审美"的研究与语义学都是基于人类感官的。人类如何能够认识世界,通达世界,确认实在?早期的哲学家认为,我们必须研究人的感觉器官,因为我们是通过感觉器官来实现确认实在的目标的。从人类开始和世界建立关系,感觉器官就是最重要的媒介,或者说是唯一的媒介。我们只能通过感觉器官，才能建立人和世界的关联。古希腊的这些哲学家把感官等级化，它的等级标准是和身体的关系，距离身体越远，等级就越高，因为越有助于理性。这样的思想一直延续到现代。视觉在所有的感官当中处于一个中心的位置，到现在还是垄断的地位。视觉为什么高贵？总的来说有利于理性，有利于理性的认识世界，有利于促进人类交往。与其他的感觉器官相比，视觉被称为是理智的感官、空间的感官，就因为他有这两大重要的功能作用，其他的感官在这个方面表现都很差。这就形成了视觉中心主义，也奠定了形而上学理性主义世界观的主客体二元对立观。所以对于视觉感官的研究思想，实际上是理性主义哲学观的一个非常重要的基础和思想的来源。我们现在的媒介是再现的想法，实际上就是来源于此。如果对比早期中国的认识论、哲学的认识论的研究，它和西方就有很大的区别。它强调的不是突出某一个感官，而是一个无形的气，气是人和世界交接的媒介，现在也有很多学者从这一点出发来看早期中国古典哲学和媒体的关联。

其次，我们讲现代性都是政治经济的结构性变化。克拉里反复强调，现代的转变同时涉及知识、语言空间和传播网络的变化，以及主体性本身的广泛重组。所以，他把现代的摄影绘画技术这样的媒介技术看成现代性非常重要的部分。有一批研究都集中在讨论现代性的视觉方式、知觉方式如何再造了人类文明，如何影响政治、经济、文化，如何创造了新的主体。我把它归结为一点，就是感官的分离，把人的各种感觉器官切割开来，用媒介技术的方式把它抽离出来。大众媒介把视觉和触觉分割开了。克拉里说，个体感官的分离，也是一个地方关系网络的脱离，或者说遮蔽。所以，按照基特勒的说法，大众媒介就是先把人的感官切割了，然后用技术去延伸，各自在各自的方向上延伸，其中延伸最突出的就是视觉。大众媒介创造了一个感官分裂的、脱域的主体。计算机创造的虚拟像是机器创造的，并不是人的视点。它创造了一种非人的视觉和知觉方式，指向一种新的主体，也就是我自己说的，创造了赛博人的主体。权力的规训，到了福柯的后现代视域，权力就要规训身体本身。但到了克拉里，最根本的是规训知觉。通过转变个体感知方式的角度去规训主体，权力的操控也发生了非常大的变化。我们现在看到这三种规训交织在一起，而不是相互替代的关系。今天的媒介变成了一种真实感知的配置。他通过各种感觉器官的重新配置来达到真实，不是通过内容信息本身，而是通过感知的重新配置。

最后，我给它的标题命名为"感性的抵抗"，我在这里选了本雅明作为代表，来看感性如何抵抗现代性的理性视觉中心主义媒介对感官的改造。康在镐说，本雅明是感官传播的一个代表人物，本雅明认为讲故事的人是一个多感官的交往，涉及身体、情绪、情感、神经的多个维度，讲故事的人的集体记忆是一种非自愿的、非主动的记忆，就像我们现在常常讲互联网改变了我们的集体记忆。如果按照本雅明的路径,最重要的不在于它叙事主体的多元化,而是新媒体为非自愿的、非主动的、涉及多个感官的场景与身体的前语言记忆敞开了空间,提供了可能性,这才是新媒体对于集体记忆的一个全新的创造。本雅明直接反转了柏拉图时代的观点,那时的思想家认为主体和对象距离越远,越有利于理性,越有利于我们真实地感受到这个世界。他认为,这完全是错的,我们必须要投入,要去接触它。本雅明的媒介批判开辟了一条新的路径,即媒介技术扩展了多少感知理论的可能性,媒介技术如何找回被异化和分裂的人类感觉器官,如何重组新的主体。我也是从这一点审视新媒体。它不仅仅是"人人都有麦克风",还是信息模式,更重要的是,数字媒体把被大众媒介分裂异化的人类感觉器官重新找回来,但重塑出来的不是一个自然的身体,而是重新组合成一个智能的主体。

当下我们怎么来看媒介,大概分成这样三个部分,第一,如何通过媒介去感知?第二,这种感知是如何嵌入日常生活中的,如何展现它和大众媒体完全不一样的嵌入方式?第三,媒介如何变成一种社会性的基础结构?

(1)多感官沉浸式的体验和在场。我觉得大家可能都有体验,就是我们在手机上拼命地刷消息,在不同的平台上刷,实际上,这样的行动不仅仅是为了捞取事实,而且感觉到不同的情绪在流动。这不是原来理性的、产生距离的传播,而是理性和感性交织在一起,形成多种媒介形态的组合式冲击。我们每个人都在定义我们自己的真实。黄老师刚才讲到各种各样的媒介系统,社交媒介系统的内部也很复杂,各种媒介系统用多重网络的形式交汇于我说的这个节点主体。个体把自己所接受的不同内容拼贴整合起来,这就是个体的真实。

(2)这样的一种感知是如何和人的生活世界发生关联的呢?我目前想到的是它对日常生活的嵌入。新媒体突破了信息范式,不仅仅只是在传递信息,打破了信息在线这样一种模式,虚拟和现实的交织和互嵌成为一种必然。所以新媒体变成了谋划组织、实现日常生活的平台。

(3)我想从日常生活两个维度——空间和时间去展开。第一个就是空间,新媒体把实体空间和虚拟空间的屏障击穿了,不间断地重组、创造了无数个复合的、流动的空间。而且,这个新空间会不断地对实体空间产生影响。第二个就是时间,标志性的时间变成一个感知时间的坐标,塑造了我们的主观时间。这种多样化的主观时间和客观时间,与我们现代性的机械时间之间形成了一种参照。我们的生活常常受到主观时间的影响,甚至在很多情况下是被主观时间决定的。所以,我在这里试图下一个判断,媒介对现实的配置创造了一种新型的时空感。刚才黄老师讲媒介既是流动的也是区隔的,这样的一种配置变成了我们社会结构、社会关系的基础议题和基本方面,所以,我把媒介看作通过流动和区隔来进行社会配置的中枢。

我最近一直在讲"赛博人"。原来媒介是外在于主体的，在人和世界当中作为一个桥梁而存在，把人和世界能够结合起来，让人能够认识世界，世界能够通达到人。以这样的视角来观看媒介，将之作为一个第三者的东西。感觉在很长一段时间，媒介不停地外化，走得越远越好，大众媒介就克服空间和时间，延展到越来越遥远。而当前的媒介迎来一个反身性的变化，就是媒介和主体出现了融合。我理解中的数字时代媒介融合其实没有超过我以前说的基本结论，也就是人和媒介的融合趋势。我们在早期互联网时代，常常讨论信息茧房一类的理论，担忧互联网把"我们的日报"变成"我的日报"会毁灭掉彼此之间的共识。再后来就是讨论自媒体，属于个人自己的媒体的媒介所有权问题。每个人有自己的媒体，不是专业的机构给我一份报纸，而是个人有个人的媒介。我们主流传播学对于这两个阶段的讨论，实际上还是再现模式和信息范式，只是说大众媒介给你配置的信息，或者是我自己配置的、自己来搜集的信息。人人都可以发声了，我们也可以成为消息来源，这样的讨论还是在信息范畴和再现范畴上。第三阶段如何命名，在这里就用了一个"我—媒介"的提法，我就是媒介，这和"我的媒介""我们的日报"全不一样，它突破了这两个范式。我想把它称为感知在场的范畴。在数字媒介所创造的新智能身体中，你只是感知在场，并不是身体在场，也不是视觉在场，这样就出现了一个中介内化的趋势。今天的现实并非柏拉图所认为的离身体越来越远的视觉理性，而是技术内置于人的身体之中，所以我们的对象和身体越来越近，这就导致了生物体的逻辑和技术逻辑的互嵌。主体和媒介开始融合，媒介和世界又开始融合。

最后，我想总结一下，从感官的视角去看媒介究竟发生了哪些变化。我大致提炼了两条：第一，数字技术使主体以感知的方式在场，它颠覆了以往的在场的方式，不是自然身体在场，也不是单一的器官视觉远距离的在场，而是感知在场；第二，它配置真实，通过感知的在场，主体截取他所能感觉到的那部分材料来定义属于每一个主体的真实。

这就是我今天要向大家报告的内容，谢谢！

（整理/程陶然）

实践的媒介哲学:信使模式——为什么连接和传输很重要

(2020年11月20日)

◎ 克莱默尔

> 克莱默尔教授曾任柏林自由大学的哲学教授,现任吕讷堡大学高级教授(客座研究员)。主要研究方向为哲学理性主义、心智理论、语言写作和图像哲学、表演理论和具身理论、象征性机器、形式化和数字化的文化技艺、媒介哲学、人文与数字人文之间的关系。

一

中国哲学家赵汀阳提出了一种不再以个体为出发点的理性概念。在"天下"这一个中国传统概念的推动下,他将关系——无论是个人之间的还是国家之间的关系——确定为宇宙秩序的基本构成方式。个体理性是竞争的理性,而赵汀阳的学说则认为"关系理性是共存的理性"。对他而言,产生的连接,所有人的关系的构成,形成了结构和动力。

本文的观点:媒介的核心任务是将相异之物联系起来,从而使相异者之间的交流成为可能。我将2008年发表的这一方法论称为媒介理论的"信使模型"。同时,《媒介哲学》的英文、日文和意大利文的译本也陆续出版。我最近才开始了解赵汀阳的哲学,我认为,我的媒介哲学与他的思想的某些方面是有共鸣的。

二

在20世纪下半叶,欧洲和北美经历了思想史上的一场变革:媒介转向。在这一转变之前,媒介概念等同于大众媒体:广播、电视和报纸,等等。除此之外,媒介几乎对于社会没有任何影响。但在20世纪中叶,随着控制论和数字信息处理技术的出现,情况发生了变化:正是因为计算机的出现似乎中断了书写和印刷文化,人们对书写产生了

---

① 译者:程陶然,复旦大学新闻学院博士研究生。

新的认识。正是在这一时刻,传统口语和传统书面语、白话方言和书面文学之间的差异被发现,西方活字印刷术的发明被公认为欧洲现代文明的开端。

在20世纪的最后三分之一的时间里,人文学科开始深入到其研究对象的媒介性构成之中。没有印刷技术就没有文学,没有可复制的图像就没有图像学,没有音乐符号和录音就没有音乐学,没有文献就没有历史学。人文学科在研究中所做的一切都是由其相对应的媒介所塑造的。

然后,把科学和艺术对象的媒介性洞察概括为一种世界观:我们可以感知、体验、交流和了解的一切都是在媒介中感知、体验和交流的。媒介正在成为人类社会的驱动力。

在北美,媒体转向与传播学者马歇尔·麦克卢汉有关,在欧洲,媒体转向则与法国哲学家雅克·德里达和德国文学学者弗里德里希·基特勒有关。上述的思想家是否有共通的前提假设呢?在以下这一点上,他们是具有一致性的,即假设媒介的核心特质在于其总是以某种方式恰当地生产它们所传播的内容。马歇尔·麦克卢汉的"媒介即信息"、弗里德里希·基特勒的"只有可转换的才能存续"①和雅克·德里达的"文本之外无他物"是媒介转向的重心。媒介是它们所包含的信息的创造者。除此之外,如果存在的一切都被媒介所配置,那么媒介就成了社会和文化生活的技术创造者。作为主权的行使者,媒介构建并构成现实。这种将媒介的自主性作为社会的根本力量的观点,我将称之为"媒介生成主义"。

媒介生成主义产生于对17世纪和18世纪欧洲启蒙运动进行的批判。启蒙运动的灵感仍然来自对"作为具有能动性的个体主体"的主权信念。"创世"原则是一神论宗教的特征,它将上帝定义为世界的创造者,在世俗化过程中,"创造"的能力从上帝转移到人类主体。人被设定为世界和自我的创造者:只有在他创新性地生产、创造和产生时,他才是人类。然而从弗里德里希·尼采到后结构主义者米歇尔·福柯,这种主体的概念在19世纪和20世纪的反思中逐渐消失。

---

① 该短语德语原文为"Nur was schaltbar ist, ist überhaupt"(only what is switchable exists at all),出自 KITTLER, F. (1993): Draculas Vermächtnis. Technische Schriften. Leipzig 2003; Reclam, S. 182. 此处指向的是基特勒所持媒介物质性观点的重要逻辑"任何可被呈现的事物,都可被技术过程所再现"(Everything that can be described, can be represented in the terminology of technological processes.),详见于 KRÄMER S. (2006). The cultural techniques of time axis manipulation: on Friedrich Kittler's conception of media. Theory, Culture & Society, 23(7-8), 93-109. 此处基特勒所使用的"switchable/schaltbar"一词也可视作一个双关语,既代表了同一事物在不同媒介中发生的"转换",又包含计算机二进制开/关逻辑的含义,因而这一短语既指向了在抽象的媒介概念上的转换,也可特指事物向着计算机逻辑的数据流变化。在参考了基特勒《德古拉遗产》原文、克莱默尔教授过往的相关研究论文与国内过往翻译、注解的基础上,笔者根据上下文的关系,将该短语译为"只有可转换的才能存续"。

通过对上述历史的梳理,我们的逻辑逐渐清晰:媒介生成主义将欧洲启蒙运动最初赋予人类主体的创造主权转移给了媒介。媒介现在接管了权力中的主体地位。随着媒介的自主化成为社会和历史的根源,媒介生成主义成为它先前所批判内容的一部分:产生、生产、制造等过程被解释为社会和文化活动的中心,而连接、传递和调节等过程被边缘化,其创造潜力被贬低。

我们如何反思媒介,使其文化和社会历史形成力能够在不遵循媒介生成主义立场的情况下产生?如何描述和分析"媒介性",以表明媒介的核心任务不仅仅是创造和生产,而且是传播和调节?

为了找到答案,我们的方法是基于行为学观点的。我们不能将周围的事物分为媒介和非媒介。相反,只要某种东西在实践中被用作媒介,它就会成为媒介。当某事物被用作媒介时,它恰恰作为媒介存在。但使用某种东西作为媒介的本质是什么?

本文的观点与媒介生成主义不同。在媒介生成主义中,媒介活动包括生产其内容。我们希望使用更基本的观点:媒介的功能可以被描述为在关系中的第三方立场。媒介位于两个不同的系统、领域或世界之间,在不消除差异的情况下,将异质的彼此连接起来,从而实现传输。

在下文中,我将举两个传输效率的例子。

三

第一个例子是十分新颖的,即把疾病传播中的病毒视作是一种媒介。在我的《媒介哲学》(2008)一书中,有整整一章是关于病毒传播的。作为媒介的病毒意味着什么?

当病原体从一个生物体传播到另一个生物体时,就会发生感染。受感染的和未感染的生物体之间一定存在差距,患病者和健康者之间一定存在差异。在这种差异的驱动下,病毒"征服"了健康的身体。免疫系统正是基于上述的过程而存在,即必须消除这种差异,以中断疾病传播链。

就媒介理论而言,重要的是病毒感染的具体过程,即病毒所遵循的"传播逻辑"。病毒并非生命,但会自我复制。没有与宿主细胞的接触,病毒只不过是化学化合物。如果它们接触到特定的活生物体细胞,它们就会发展成一种复杂的繁殖策略:宿主细胞的繁殖机制被用于病毒自身的复制。病毒是宿主细胞的具有自我繁殖能力的"寄生虫"。

寄生原理基于这样一个事实,即病毒通过进入细胞,利用细胞自身的复制、转录和翻译过程来放大病毒的遗传物质。这一成功(至关重要)编码活动的结果:细胞宿主的遗传物质 DNA 被重新编码到病毒的 DNA 中。因此,"自身"和"外来"之间的区别被消解了:病毒是外来者,它通过记录宿主的遗传信息来掩盖和改造自身。这种重新编码确实让人联想到从文化技术角度对信息进行转译的行为。文字和代码等文化制品在一定程度上也在生物过程中发挥作用,即媒介性不仅作为文化现象,而且作为自然现象,这一事实表明了传播媒介逻辑的跨界意义。

我们可以从更广泛的角度来看待宿主 DNA 中的铭文作用:那些可以在人与动物之间交叉传染的病毒,将人类世界与动物世界联系起来,这对人类的进化及其先天免疫功能的形成至关重要。现有的研究已经表明[1],大约 8% 的人类基因组是由于病毒的入侵及其对人类基因组的永久转录而形成的。因此,通过病毒这一媒介,我们在进化过程中获得了对外界诸多影响的先天免疫力。生命的字母表——我们的基因组——也有一部分是由病毒传播所构成的。

生物病毒和技术病毒之间同样具有某种相似性。复制的分子生物学基于读取、处理和传递基因组中的信息;在这方面,它相当于自动机,即自再现机器的机制。这种自动机的工作以基本形式向我们展示了图灵机的程序:它的活动仅包括"写""读"和"删除"。生物病毒和技术病毒的共同点在于,它们包含在纯粹的"信息包"中,并通过"阅读"和"重写"等活动获得复制的可能性。计算机病毒是一个程序的一部分,它将自己编码成另一台计算机的"宿主程序",并且随着被感染程序的激活,可以破坏数字"材料"和数据,同时复制自己。"计算机病毒"的说法绝不仅仅是隐喻。

最后,应该提到的是,感染不仅是一种医学和技术现象,也是一种社会现象。病毒的传播与围绕它的社会文化影响是交织并行的。无论如何,病毒感染的现象可以从生物学、医学、技术和社会角度同时被描述为一种涉及媒介传播的事件。

四

为了表明媒介视角可以应用于非常不同的对象和情况,我想介绍另一个更接近我们通常对媒体的理解的例子。这是一种"人工扁平化"的现象。

我们生活在一个三维的世界中,但围绕在我们周围都是有插图和解释的平面。印刷纸、图片、技术图纸、记分板、地图、屏幕和电子界面如此普遍,以至于人们很难注意

---

[1] EDWARD B. CHUONG, et al. Regulatory evolution of innate immunity through co-option of endogenous retroviruses [J]. Science. 2016, 351(6277): 1083-1087.

到二维空间的特殊形式体现了什么。根据人类的感知经验,并不存在二维表面,但我们将各种图纸和铭文视为二维:重要的是在其表面上雕刻或印刷。自从洞穴绘画、文身、日晷、图片、文字、图表和地图的发明以来,文化史上一直存在着一种"空间扁平化的文化技术"。目前,这一传统在屏幕和智能手机的普及中达到了顶峰。

人工扁平化的广泛成功背后的秘密是什么?我们的身体为我们在环境中的生存提供了一个基本的方向:通过身体认知的三个垂直轴,我们得以区分上/下、右/左、前/后。最后一个轴(前/后)与感知缺陷有关:我们身后的东西不仅看不见,而且无法被控制。在被平面表现的内容中,只有右/左和上/下两个维度被投射到平面上,而前/后的部分则被移除了。这就创造了一个人造的特殊空间,在这个空间里,所有被铭刻的东西都是可以被测量和控制的。平面性消除了看不见的、无法控制的"后面"和"下面"。

图像与平面化可以被当作认知生产力:每当我们面对不熟悉的对象时,复杂内容的平面图形投影会使一些难以察觉的东西变得可见,关系和联系变得可理解,其中的复杂性也变得可管理。一种关于对象的概要描述被建立起来,最重要的是,通过平面化,其上的所有铭文可用于实际操作。每个符号结构都可以重新构造,每个图形都可以重新配置。因此,平面化不仅是可视化的工具,也是精确操作和探索这些问题的工具。纸张这一载体创造了一个简化复杂认知的实验空间,一个艺术创作的实验场所,以及各种设计和规划的游戏场地。许多游戏,如象棋和围棋,或足球等团队游戏,也需要一个用图解绘制的游戏场地,这一切仅仅是巧合吗?

与病毒不同,人工的扁平化技术是纯粹的文化成就。正如轮子的发明在物理领域创造了移动性和创造力一样,人工扁平化也在智力领域开辟了移动性和创造性。重要的是,这种文化生产力可以从媒介的角度来解释:富有意义的平面内容在时间与空间的两极之间形成了居于中间的第三实体:按照康德的说法,没有这两极,人类的体验是不可能的。只有在空间和时间上可以定位的东西才能被人类感知。作为一种维度秩序,时间是一维的,而作为物理环境的空间是三维的。然后,具有二维属性的平面正好位于时间的一维性和空间的三维性之间。通过这一二维平面,时间序列可以被转换成空间配置,反之亦然。时间化的语音可以写成空间化的字母配置,音符的空间排列可以转化为时间中的音乐表演,建筑师的技术绘图可以转化为建筑制作,计算机程序可以转化为数字化操作等。

五

病毒感染和人工扁平化是两个截然不同的问题,两者似乎没有共同点。然而,我们都可以从媒介的角度对它们进行有益的分析。如何才能使这种可用于不同对象的媒介视角更精确呢?这就是我们的"媒介的信使模式"试图做到的。在下文中,"信使"一词不被理解为基于人类作为信使的个人机构;相反,"信使"关注的是每一个在实践中发生着的媒介案例,无论是人类的、象征性的还是技术性的,它们通过传递某种信息在异构系统之间建立联系,从而塑造系统而不消除它们之间的差异。

我们希望通过以下六个属性来描述信使模型:

1. 距离是所有传播的基本现象

传播通常被描述为在通信者之间建立联系。它的理想结果是共识,它应该将沟通者之间的差异同质化为一致性。平等交流被认为是达成共识的最佳方式。无论如何,这是哈贝马斯交往理论的基本框架。但从信使的角度来看,出现了一种不同的观点:彼此远离是所有传播的基本条件。距离不仅在数量上局限于空间或时间上的距离,而且在质量上也意味着多样性,这种多样性使交流的人在丰富的不同历史、独特的经历、不同的意见和实践取向方面存在差异。所有的沟通都以分裂和分离为前提。距离和差异不是传播所能克服的,而是传播最初发挥作用的原因。媒介是处理距离和差异的一种方式,因此可以在交流彼此不被迫达成共识的情况下进行理解。因此,不仅对话是一种常见的交流形式,非对等的传播也是。"非对等传播"是指一个人向许多人发送信息,由信息接收者决定如何处理收到的信息。那么,让我们注意到,处理被移除、缺席和隐藏的东西,是(甚至是唯一的)文化的源泉和跳板。

2. 媒介所具有的异质性

语言行为理论以自我决定的言语主体的结构为基础,但我们想发展一种不同的观点。信使不是自主的,而是异己的,他们用"舶来的身份"表达某种东西,而不是他们自身行动的起源。信使所承担的角色并非来源于其本身的意志。信使不是自己行动,而是代表另一个实体行动,即信使所承担的使命。这与作为言语行为理论哲学基础的以自我为中心的话语主权是对立的。古希腊哲学实际上诞生于对信使模式的拒绝:柏拉图对狂想曲作者的批评,便是对那些只将自己的话语视作替他者传话的人的批评。但是,人类在角色中以及在他人视角中说话的能力不仅构成了戏剧和文学的文化资产,也构成了社会本身的文化资产。作为人不仅意味着能够以自己的名义,作为个体的自我进行言说;也意味着能够扮演非自我的异质对象进行发声。让我们注意到:如果媒介并非自治的,而是受到其他因素的影响的,那么媒介总是与外部的某些实体相连接的。

3. 三元关系作为社会的核心

信使通过连接不同的侧面、领域或世界来建立关系。居中的位置构成了一种三元关系,对于这种关系,信使而非关系的主体和发起者,是必不可少的。在西方哲学中,社会结构,即主体间关系,通常以二元形式建模:言说者和收听者、自我的正反面、主人和仆人、发送者和接收者、我和你、生产者和接收者等等。在这一框架内,第三方的出现似乎令人不安且总是寄生于主客二元之上。但我们的假设是,三元关系——而不是二元性——构成了社会的核心。通过中介,关系被建立,在此基础上,社会被创造出来。通过将信使视为第三元的形象,媒介的"社会潜力"被充分显现出来。

4. 中立性和恶性畸变

消息的传递会产生触动、惊喜,会给收件人带来好运或厄运。但信使对他所传递的信息内容漠不关心。中立性是调节的根本;对要调节的各方漠不关心似乎是一条戒律。信使的使命与一种去人格化和自我中立联系在一起。在神话、宗教和艺术中,这种中介者的"自我退缩"通常以垂死的信使形象为主题。一个信使,他为了自己传递的信息而"消耗"自己的行动。这类形象最具影响力的代表人物之一,是古希腊马拉松的传奇故事,他于公元前490年9月12日将希腊战胜波斯的消息带回雅典,然后倒下死去。我们知道,这个故事与任何历史事实都不相符,因为希腊人在他们的军队中训练了日跑者,他们可以在没有损伤的情况下跑更长的距离。但这一传说,作为马拉松比赛的体育竞赛的基础,表明了与媒介调节相关的自我中立原则。这种自我退缩也是我们与媒介打交道时感受到的即时性的原因。当媒介在没有干扰的情况下运作时,他们会隐藏自身,转而支持呈现的内容。几乎所有的媒介——不仅仅是计算机的虚拟现实,都具有身临其境的效果。用户被吸引到媒介所呈现的内容之中,而媒介本身的重要性被隐没。

然而,关于自我中立的现象,我们不能忘记:信使的调节立场始终是矛盾的。在第三元的位置上,信使不仅连接了彼此分离的事物,同时也将其隔开。调节者不仅可以架起桥梁,还可以打断桥梁、制造不和、挑起冲突和钩心斗角。调节总是有两面性的:它可以是聚合性的,也可以是毁灭性的,从而导致分裂。畸变分离的可能性天然地蕴藏在信使的功能中。

5. 让无形的东西变得可感知

信使是一种进行距离传播的行为者。他或她的言语不是一种与言语行为有关的自我决定的、自主的交流。信使讲话的"不真实性"指的是,信使的讲述,永远是在展示其传递的对象。信使将另一个人的言说转译为一种新的结构,不仅仅是口头交流,而是使其可见并呈现为一些遥远、缺席和不可见的东西。与人类交流中纯粹话语的绝对性相反,应该强调的是:交流意味着让彼此感觉到某种东西。不为自身言说,而是展示他者是信使功能的核心。这就是为什么所有形式的可视化都具有成为媒介的基本功能。正是因为原则上所有事物都可以被转化为一个在二维平面上的投影,所以平面化的文化技术对于科学和艺术来说,变得具有决定性。没有什么比雕刻和图解的平面更适合于让他人感知。

6. 无差异的本体论

原则上,信使服务可以由非个人的传输代替,即由符号或技术工具系统代替。从技术上讲,没有什么比传输本身的功能更容易转移。因为即使作为一个人,信使也是一个去人格化的人,也就是说,他或她就像一个类似书写工具的装置。在数字文化中,界面形成了一种无所不在的、物化的信使形式。从媒介的角度来看,人、符号和机器之间的本体论差异正在逐步离散。人类和非人类实体之间的边界在操作上变得可渗透。"行动者"的身份仅在人、符号和技术的互动中出现。这是技术哲学的一个原则,也适用于所有形式的人工智能:智能这一概念始终是被集中起来的分布式智能,通过人类和机器之间不同形式的分布式协作来实现。因此,对信使模型的拟人化解释是不可能的:信使模型不是试图重新将媒介特征化与人性化。

六

信使模型可能会导致对媒介的误解。由于媒介的核心任务是连接、传递和传播,媒介可能被贬低为纯粹的内容传递工具,而非内容的塑造者。那么,如何在信使模型的框架内证明媒介在传播过程中有助于信息的形成呢?

我们记得,"第三元的中立性"是信使模型的重要组成部分。在不受干扰的使用中,媒介倾向于隐藏自身的重要性,转而中立地呈现内容。与此同时,媒介塑造了它所呈现的信息,但由于自我中立属性的存在而使其影响难以被察觉。为了能够分析媒介塑造的轨迹,我们必须对此采取一种方法论的态度,暂停对具体媒介实践的解读,以便从理论上检验媒介的物质性和内在性质。

让我们认识"轨迹"的含义。轨迹是指向不在场之物的可见变化:脚印所显示的并非脚,而是其负面印记,即脚的经过所留下的痕迹。轨迹以潜藏的方式表示某种东西,通过那些对轨迹的揭示感兴趣的人识别、阅读和解释,潜藏的轨迹显现出来。在读取轨迹的过程中,我们遭遇了信使所蕴含的与其职责相反的功能:对轨迹的检阅,首先必须重建其发送者,即媒介本身。这种对媒介内容轨迹的重构是媒介批判认识论的一部分。在媒介的实际使用中,我们"只"关注和认可内容;但通过跳出现实的实践,我们能够关注并认识到媒介的内在逻辑和物质性。

我们不妨把地图的使用作为例子,展开思路:

地图是文化实践的产物,它们服务于特定的目标,取决于地理知识、技术测量和视觉表现方式。作为三维环境的二维投影,地图永远不会毫无失真地描绘它们所要表现的领土。某些地理特征结构的忠实呈现必然与对其他特征的虚构一起存在。举个例子:墨卡托(1569)绘制的世界地图可以证明这一点,其设计的地图投影方法至今仍在海上和航空的应用中使用。凭借其经度和纬度之间的角度保真性,墨卡托的地图是无标记海洋上无与伦比的导航仪器。然而,角度保真度是以区域失真为代价的,在这种失真中,纬度之间的距离必须向两极方向增长,因此,相对于赤道附近区域在现实中的实际大小,地图上所绘制的该区域要大得多。在墨卡托的绘图中,格陵兰岛的面积几乎与非洲一样大。这种扭曲不是欧洲中心主义在地理学中的显现,而是墨卡托所追求的导航功能实现的必要条件。这是一个与二维投影相关的地图悖论,即如果没有某种形式的扭曲,则具有真实性的地图呈现是不可能的;这取决于映射的目的,在各种可能的变形中选择哪种变形。例如,阿诺·彼得斯于1983年绘制的一幅面积比例真实,但角度失真的地图显示了全球范围内的土地面积;这张地图有助于解释墨卡托地图绘制技术所蕴含的原理;但它完全不适合作为导航手段。

我们发现,在实际使用中,在导航时,地图被视为提供了其代表现实地点的客观、透明视图。但媒介批判的视角揭示了另外一些东西,地图所描绘的并非实际的地点,而是关于该地点的知识,其呈现与制图的实际目的相关。地图的具体、实践的使用必须与对制图惯例和制图做法的分析区分开来。地图生产过程中的数学逻辑、文化技术以及历史政治条件在作为成品的地图中沉淀。批判性地揭示、分析和评论这些沉积物作为媒介所创造的潜在轨迹,是媒介批判认识论的任务。

在这一点上,很明显,媒介理论视角可以解决一个基本的哲学问题。当谈到表象与现实之间的关系时,"现实主义"和"建构主义","自然主义"和"相对主义"的世界观通常是相互竞争的。在哲学中,你必须是现实主义者或建构主义者,自然主义者或相对主义者。但地图悖论揭示了表现的透明性和不透明性、相对性和客观性并非相互排斥,而是彼此包容的。在实际使用中,地图被视为真实的复制品。在媒介批判的反思中,地图的导航功能被搁置到一边,我们转而分析其文化和技术生产条件。这两种观点是并存的,取决于你与地图发生关系的意图何在。

在信使模型的背景下反思中介性意味着重建理性,在这一点上,我的媒介哲学与由赵汀阳所开启的"作为一种联系和共存的理性,而不是竞争和排斥的理性"有着关联与共鸣。

口罩：城市重要的技术人造物和象征符号（2020年6月24日）

◎ 潘 霁

> 潘霁，复旦大学信息与传播研究中心副主任、新闻学院教授。主要研究方向为城市形象的数字化传播、媒介技术与城市日常生活转型以及数字传播研究方法创新等相关领域。

今天我想跟大家汇报我做的关于口罩的两个研究。倒并不是因为这两个研究做得多好，而是我想通过口罩作为道德调节物的研究反思媒介技术研究背后的前设，提出一些新的发问角度。

海德格尔在1949年的"The question concerning technology"里讲过一句很有意思的话——"I saw the essence of technology is by no means anything technological."如果顺着海德格尔的话问下去，技术的本质应是什么，或者应如何认识日常生活中越来越多的自动化技术装置？通过对口罩的经验研究，我希望能在一定程度上推进对以上问题的理解。

首先交代下我对口罩兴趣的缘起。我对口罩的兴趣主要出于口罩对多种生活场景的全面侵入和学者围绕相关话题展开的争论。

口罩有意思的地方在于在正常情况下，它是医疗用具。口罩出现的多数场景是医疗的专业场景。在大多数"正常"环境下，更常见的是医院中戴口罩的病人和戴口罩的医生在进行交流。健康传播中有经验研究用控制实验方法探讨专业人士遮蔽脸部的表情，对于医患沟通会产生什么样的影响。现有文献对口罩作为符号含义的研究发现，1911年中国东北部大规模瘟疫期间，佩戴口罩被认为代表了西方的现代科学技术，象征着卫生的现代性，成为现代进步的标志。具体而言，当口罩作为技术物同其他技术物（防护服、帽子等）搭配，并将佩戴者的身体姿态，眼神和言语结合在一起，形成现代医学专业权威的标志和各种西蒙栋所说的"缔合环境"，具有独立的社会、文化和审美意味。

如今，口罩越来越多"入侵"到日常生活中更为多元的实践场景中。比较典型的有城市中穿行的快递小哥们。快递小哥戴着颜色与制服一致的口罩，加上电动车、各种移动终端，运送实体食物的保暖盒等整体构成了该职业人群在疫情期间生活实践的一个基本技术环境。此外，口罩也更多地成为社会动员的象征符号，指向更多英雄主义的行动取向。在公共生活中,戴口罩者和不戴口罩者之间隔开了心理、社会和实体上的距离,甚至通过口罩符号在媒介和城市公共空间的运作,将有些群体的形象特意提升到崇高的高度中。此外,口罩还在现代工业生产体系中作为生产资料和流通商品同时出现。环卫工人等不同职业从业者不得不戴着口罩进入各自的工作场所,口罩技术物与这些具体场景之间常发生各种"摩擦"和冲突。总而言之,口罩已从相对单一的场景进入日常生活交错复杂的实践场景,与生活开始发生更为复杂多元的连接,产生出诸多原本没有的新问题和新意涵。

关于技术物的新问题总是在旧问题背景中提出。若将口罩视为现代科学医学理性象征,衡量口罩的标准就是它的功能——目前通行的防护功能分级体系正是由此产生的。换言之,口罩在科学场景和视角下的本质是其功能和效率。若反观媒介研究,可以看到在媒介效果研究中也存在着一条类似的传统——以"客观"的姿态对技术物的功能实现进行评估,并据此将其归入不同的范畴。但2008年,医学研究者用控制实验发现,对口罩科学功能的评估,实际上也取决于实践过程中被试对医学权威的遵从度。技术物功能的发挥只要牵涉具体的人,即便实验这样"干净"的场景中也常常会牵涉各种各样的社会和文化因素。

如果我们默认口罩被放置到医学专业的技术环境中来探讨其防护功能的话,下一步就是顺理成章地探究口罩的使用和效果问题。例如,我们知道公共空间90%以上的人使用口罩,就可多少推测城市对疫情的控制效率。在这个过程中发生了数字的抽象。对口罩的使用和效果的数字抽象是必要的,能帮我们在特定的前提下更好地做出预测。这样就发生了海德格尔所说的一阶工具化,通过抽离"场景"为防护口罩的生产研发和围绕口罩的社会治理做了"解绑"。实际上,我们媒介技术研究也存在功能主义的客观视角,然后通过探讨使用与效果的问题来形成规律性的知识,为大众媒介在特定历史阶段的发展"助推松绑"。

但随着医学防护口罩作为人工技术的"异物"侵入日常生活各种场景。不同社会对于"口罩"入侵的文化准备和接受度不同,就出现了不同程度的"排异"反应。口罩原有的含义和原本围绕口罩聚集起来的行为趋向,搅动了人们日常生活的实践网络。在这样的情形下,科学理性的功能视角就无法涵盖我们对于口罩的实际经验和实践——为了更充分地理解口罩作为技术物的含义,就需要将技术物放回多样化的生活场景中去重新打量。

这种转变给我后面的实证研究带来哪些启发呢?

第一,如果按量化思维的话,我首先会界定分析单位。技术使用和效果视角下常常将个人作为认知或行动主体,体现技术功能的实现程度。在第二阶工具化的角度看来,我们需要将口罩放置到具体化的生活实践场景中,尤其是对技术物与人在特定"缔合环境"中的互动加以考察。所以,我在考察口罩对伦理的技术调节作用时,选择将"facemask in practice"的不同场景作为基本分析单位。这里的实践并非指所有和口罩有关的行为,而指具有一定的社会规则,有一定的文化含义,包含了情感体验,并且反复发生的惯常行为。

而我所谓的场景主要指三个维度。第一是物理维度:口罩实践通常在哪些物质场景中出现,通常和哪些其他技术物或建筑空间一起出现?第二是社会维度:口罩实践发生时通常有哪些他者在场?他们之间的关系是什么?第三是意图维度:个人和技术间通常基于怎样的意向性而发生关系?三个维度彼此缠绕,共同构成了口罩实践的场景。场景本身究竟是什么?在物理维度(物和物的关系)、社会维度(人与人经技术产生的相遇)和意图(符号化的个人意志与物的关系)的光影错落之间,它其实是人、物和符号之间反复充满"事件"性质的邂逅。这种邂逅逐渐获得文化审美和道德意味,构成了场景。

第二,分析单位的转变实质上是提问视角的切换。若我只是研究口罩本身技术功能,关注的是口罩显在内容(厚度、材料、防护等级等因素)对佩戴群体健康状况的影响;若从语义上去探讨口罩的符号意义,实质上需要通过符号编织探寻现在内容背后隐含的意义结构;但如果我将场景化实践网络中的口罩作为基本的分析单位,那言下之意就要探讨围绕口罩聚集产生的生活实践。如果这时回顾海德格尔关于技术本质不存在于技术中的说法,我们或可以认为技术并非和我们面对面等待我们去打开的"黑匣子",而是由不可化约的异质技术实践通过交叉"托举架构"出来的实在。

将基本分析单位定为实践中的口罩,事实上将人—技术的联合视为一个整体的单位。这具体包含两层意思,一是口罩成为佩戴者感觉外在世界的积极"中介",戴口罩感知到的外在世界和不戴口罩感知到的外在世界,乃至他人,或他人与"我"的互动都会有所不同。如果考虑到对外界的感知差异,口罩侵入日常生活各种场景后深刻地改变了场景本身,并在原来的基础上创造了新的生活场景和新的实践主体。而按唐·伊德和维贝克等学者的说法,技术物和人之间发生了动态的互构,形成了他们所谓混杂的道德主体。作为由共生关系构成的整体,人—技术混杂体在道德上负有责任。二是看到有学者为口罩的作用方式给出了不同的解释。韩裔的德国哲学家韩炳哲在德国《世界报》发文,提出东亚得益于儒家思想中与人身依附关系相关的依顺服从,及东亚国家公共空间中广泛的数字监控。他认为两个因素合力,使民众更愿意戴上口罩,这也就增强了口罩所能发挥的效果。

同济大学的张生老师提出中国和东亚体现出来的不是文化意义上的儒家服从,乃是和欧洲一样对抽象社会规则的现代性服从,其中包含了主体能动性的发挥。我根据自己切身的在地体验,赞成张生老师的说法。事实上,民众借助便利的物流系统和数字网络技术所展现出来的前所未有的能动性,尤其是道德情感上的共鸣,绝非数字监控和服从两个因素可以解释。我想说事情也许更为复杂:在口罩作为技术物与他们讲的多元因素的缠绕扭结中,我们才能更好地理解口罩。

基于以上两方面的考虑,我最近完成的两个口罩相关的研究主要针对纵横两个维度上面的问题。其一是主流媒体平台上口罩实践场景的建构和再现与社会文化积淀之间存在怎样的张力,形成怎样的道德调节作用。其二是横向维度上,口罩作为技术物缠绕到中西方不同的文化历史脉络之中,分别产生了怎样的意义。两个问题彼此相关,互为补充。

针对第一个问题,我给《Social Semiotics》期刊撰文,以文本分析方法探究国内各类宣传片对口罩实践和场景的符号建构。我选择网上大家比较过的几部宣传片加以分析,具体包括《武汉2020》《抉择》《中国速度》等。我不在此处赘述分析细节,但有三个有趣的发现。首先,口罩常常被宣传话语建构为中国式"大爱"和"小爱"之间进行即时转换的中介物。所谓大爱是对民族国家的热爱,与之相应的是为了国家利益的奉献行为。小爱是对个人核心家庭(成员)的热爱,更多展现为个人作为家庭角色的行为和强烈的情感表露。在宣传片中,"戴上口罩"常常就意味着行为从受"小爱"驱动转为"大爱",脱下口罩则反之。这一叙事脚本的宣传多将场景设定在亲人与医护人员在机场、火车站,甚至医院隔离病房内外送别的物理环境。医护人员戴上口罩瞬间,对家庭的小爱蕴含的巨大情感能量就被戴口罩的实践和其他防护服构成的技术系统转化成在全球疫情中对民族国家的热爱和责任。另一方面,宣传片中还存在反向的虚构叙事:在未来疫情已经结束时,英勇的医务人员脱下口罩,脸上压痕犹在,但他们可回到城市公共空间享受和亲人、朋友共处的时光。口罩在这样的脚本中一定程度上挪用了中国传统文化中的家国情怀,构成了完整的叙事转换。其次,戴上口罩还被描绘为个人做出"属于正确的大多数人"的伦理选择。宣传片中各行业的人们,戴上口罩,手拉手做出团结一致的身体姿态。多数群体获得了自然的道德正当性,而不戴口罩就无形中成为"一小部分人"破坏大部分人团结努力的错误行为。口罩本身统一的外形和代表不同身份的服装,加上各种表示团结的身体姿态展示将口罩实践构建成一个是否选择准确多数的伦理选择。最后虽然仍然表现为对社会规则的遵从,但宣传片机制上利用了中国文化中对成为"少数派"的负面道德情感而非理性的社会契约条文。最后,戴上口罩的行为确实有服从的含义,但这样的服从倒不是缘起于中国传统儒家文化的依附关系。当口罩和军队的抢险救援联系在一起的时候,其叙事背后的意味在于军队的服从和军事行动的效率能够以最快速度拯救人民生命。

总体上看，宣传片中戴口罩现代科学理性的医学功能没有成为场景中的主题，分析并未发现有宣传片去冷静分析口罩对抵抗疫情的有效程度。相反，叙事中集体的道德情感，热爱家庭内在的情感能量和大众媒介编辑部文化的长期象征积淀被有效挪用。按照阿甘本的说法，这种"挪用"的关键并非"再现"既有原初的文化体验（传统的家国情怀，得道多助的道德预期等），反而是口罩技术物介入抗疫场景之后形成对文化传统和象征积淀在当下的构成性"见证"。

第二个相关研究是试图厘清口罩本身在中西方不同的文化符号秩序中的位置。我们知道在中国尤其在北方省份没有疫情的时候，为了面部保暖人们也常在冬天戴上口罩。出现空气污染以后，人们戴口罩防止吸入雾霾。而明星为防止被人认出也常常在公共场合戴上口罩。值得注意的是，口罩在中国人的日常生活实践中多被用于自我保护，防止个人受外在环境的影响，而不是为了防止自己散播病毒。目前多数的公共健康信息也多将口罩视为"个人防护用品"，正是以自利的目的为主。所以你看有人戴着口罩抽烟，当然可说他没有公德。但同时，抽烟脱下口罩主要是为了往外喷烟而非往里吸气，确实未妨碍口罩阻碍个人吸入不洁物的原本意思。

而西方文化中，口罩直接同瘟疫产生语义上的联系。事实上，口罩在西方日常生活中的实际应用也更多地被已确认感染瘟疫的病人用于他利目的，防止传染别人。一方面，要你自己出于他利目的出钱购买口罩，如果脱离了道德义务就很难理解。而戴上口罩的人自然也经过口罩的象征含义与瘟疫发生了可能联系，让人避而不及，甚至构成了对公共健康和安全的威胁。此外，中文所谓"口"罩字面上实际强调罩住的是进入自身的入口的"嘴巴"，而西方文化中口罩与脸联系在一起。在西方文化中，遮住隐藏的面部通常与神话中善于恶作剧的小丑，面目模糊的魅影噩梦，乃至中世纪拉丁语当中搞恶作剧的顽皮小丑和女巫形象联系在一起。若追溯"mask"一词的渊源，还可以找到隐喻色彩更为强烈的意象，比如暴风雨来之前的黑云等于末日来临的压迫感等。所以口罩在西方的公共领域中常会激起对于1918年西班牙流感时期全球性卫生灾难的创伤记忆——不少留存那个时代的照片中，戴着口罩的普通人凝视着观众，将观者引入诡异的氛围。如此，口罩将人类集体转变为位于自身灭绝边缘的濒临物种。

在这样的符号秩序中，口罩作为技术物发挥了不同的技术道德调节作用。按照维贝克的说法，技术道德调节可以通过转移伦理选项和让某些道德选项看上去更恰当诱人的两种形态发挥强迫、劝说和引诱的作用。口罩技术物的强迫作用主要体现在口罩自身的物质特性使使用者不得不采取某些活动：比如说重体力劳动或高强度的体育锻炼戴着口罩是不适合的；口罩的物理属性迫使你不得不定期更换；甚至口罩和二维码的结合构成了允许或禁止个人进入某些空间的强迫结构。口罩的劝说则是指使用者通过既有的文化认知与口罩物质性反馈间形成协商。技术物本身给出的反馈与使用者的文化认知交互产生了劝服效果，导致了特定的指向技术物的行为趋向。口罩的物质性反馈有很多是不可见的：如细菌的繁殖未必总能通过气味或外表颜色表现出来。如何通过综合利用口罩、颜色、气味、触觉等可感知的技术物特性，指向它在使用中不可见的物理变化和反馈，成为我们和口罩之间能否形成有意义的协商对话的关键。最后，技术物引诱存在于特定技术和其他技术或者与其他技术实践的关联中，凭借着物本身提供的感官刺激，直接影响行为和态度。例如，口罩设计中的个性化风格化，视觉和触觉体验与日常生活各类社会场景的契合程度，口罩外观与时装之间的搭配效果，甚至口罩的触觉嗅觉体验都能称为吸引人们在疫情期间戴上口罩的关键因素。记得我们居委会刚刚发口罩时候，周围就有人在问，说"口罩摸上去这么薄，是不是真的有用"。"摸上去这么薄"就构成了口罩技术物的触觉体验，在中国文化中轻薄的触觉体验通常与较低廉的价值联系在一起。最近，日内瓦大学医院儿童血液病理科的护理人员希望在给病患儿童讲故事时，孩子们能看到讲述者的脸和情绪。该大学的研究人员发明了允许空气通过但阻绝病毒的微孔膜，实际上就是一个透明的口罩。这一技术的发展方向与口罩技术物西方符号秩序中的既有位置紧密相关。

通过围绕口罩的经验研究，我其实想借机分享一下自己对媒介技术研究的一些反思。首先，我慢慢理解了由技术物聚集起来的实践运作构成了技术的含义。与此相应，我在思考媒介技术研究是不是也有一个从技术本身的显在属性到技术功能的实现慢慢转向技术场景化的操作过程。这样的转变整体上构成了由显在到隐藏，最后逐渐衍变为动态过程的转换。其次，围绕技术物在文化叙事中的象征秩序，构成了技术装置生成情境的前提条件和背景。已有的文化脚本和象征资源积淀为人们在各种技术装置不断繁殖的现代社会中，顺利地为辨识技术装置和场景设定了参数。实际上，社会文化与媒介技术发展之间产生的错位，或者会导致对技术的误认，使人们在不同技术装置大量迅速的繁殖中产生迷失方向的感觉。再次，装置独立运作于同环境的辩证关系中。技术装置形成后，在特定文化中有自己独立的运行逻辑，构成了与环境紧张的张力。围绕口罩等一系列技术物构成的装置系统，在中国文化的建构稳定化之后，就会将环境中的刺激讯息吸纳到技术装置的逻辑中，展现出来。最后，技术装置和技术物只有被放置到纵横两个方向的符号秩序中，才能更清晰地阐明其在实践过程中发挥的道德技术调节作用。

（整理/黄莹）

第四部分
算法生活调研报告

作为算法的"蚂蚁森林":与数据化低碳生活共舞

◎ 林珺瑶[①]

摘要:根据蚂蚁森林在2021年发布的五周年数据报告,共有6.13亿人参与这款游戏。这提示我们"种树游戏"已然融入了个体的日常生活,而绝非仅仅是公益游戏产品。基于此,本调研将蚂蚁森林作为一种"算法",结合对六位蚂蚁森林用户的访谈以及笔者自身四年多沉浸式的蚂蚁森林体验,试图考察其基本运作逻辑——将日常生活以低碳减排为标准进行数据化转换。在此基础上,本文试图描绘蚂蚁森林算法所催生的个体日常生活的数据化感知方式及其对个体生活实践的影响,从而探索一重基于算法展开的开放性的"原(proto-)"想象。

关键词:蚂蚁森林;算法;数据化

一、种树游戏背后,作为算法的蚂蚁森林

2021年8月27日,蚂蚁森林发布五周年数据报告[②]及纪念视频,有6.13亿人参与,生成超过2000万吨的"绿色能量";在超过0.265平方千米的土地上种下了3.26亿棵树,对11个省份进行了生态修复,在10个省份设立了面积超过2000平方千米的18个公益保护地……6.13亿人的"低碳生活"经其核算为"绿色能量"的"重量",浮于视频背景里,铺于荒漠的大片绿色之上,以数值的形式呈现在大众眼前。聚木成林于无声处,这些数字似乎提示着我们,不知不觉间,这款只是"玩玩而已"的"种树游戏"已然嵌入了个体日常生活的方方面面。

事实上,透过蚂蚁森林的形式外衣来看,与其说它是一款"种树游戏",倒不如说是一套自动化的碳减排计算机制。依据蚂蚁森林官方的资料,最初蚂蚁森林最基本的设计构想是所谓的"碳账户"的概念:其出发点在于量化终端用户的低碳行为,从而引

[①] 林珺瑶,复旦大学新闻学院2021级硕士研究生。
[②] 蚂蚁森林,五年同行,谢谢有你们! #蚂蚁森林五周年##刻进中国人DNA的环保习惯#[EB/OL].(2020-2021)[2021-08-27]. https://weibo.com/6226754317/KvoFPyn06.

导用户践行环保公益理念①。换句话说,支撑蚂蚁森林运作的关键点是一套统一的、科学的个人碳减排算法。蚂蚁森林的关键能量转换机制,是通过将日常生活中的扫码支付、行走、公交地铁出行等行为转化为可再组织的数据。在不断"滋养"自身的同时,结合环保公益项目落地成为真正的"绿色"项目,并激发出巨大的影响力,联合国环境规划署(United Nations Environment Programme,UNEP)在2019年就将联合国环保最高荣誉"地球卫士奖"授予蚂蚁森林,奖励其"带动5亿人投身低碳环保实践",他们认为这一项目对世界都具有示范意义。②

然而,对于蚂蚁森林算法这一概念,大多数用户并不敏感。与之相对的,社会各界对蚂蚁森林的关注和考察,也更多的是从结果层面出发,肯定它对促进环保公益实践、推动绿色金融发展的积极价值。但把蚂蚁森林看作算法,对蚂蚁森林的影响力的来源的考察鲜有之。具体而言,从学界研究来看,生态环境部环境与经济政策研究中心于2019年发布了《互联网平台背景下公众低碳生活方式研究报告》,结合对蚂蚁森林"能量"数据换算方式的解读,阐析其对公众个人碳减排实践的现实推动作用③。吴嘉莹等人④聚焦于蚂蚁森林的绿色金融发展前景,认为它在宏观层面提供了打开碳市场交易的可能性。黄春燕等人⑤关注蚂蚁森林的互联网环保公益潜力。高思远⑥、胡怡⑦等人分别从"传播游戏"等理论出发,考察蚂蚁森林对用户环保公益观念的影响及其在实际运作过程中产生的经济效益,并指出蚂蚁森林将用户现实中的运动、线下绿色消费等行为转化为线上虚拟树成长所需的能量,最终又回到实体的"树",具有"打通虚实"的积极价值。但整体而言,上述研究对蚂蚁森林的关注主要落在其表层的"游戏"形态及其成立后的运作机制上,却恰恰忽略了这一转化的过程,即算法对用户日常生活的数据化提取,以及对算法介入日常生活的考察。

结合意大利学者亚卡托对算法的思考:算法从技术角度可被理解为一串"计算机执行操作的指令序列",即对计算过程形式化的抽象描绘⑧,但仅仅止于此的理解并不

---

① 黄春燕,宋忠智,祝运海,等.蚂蚁森林:环保公益的互联网实践[J].清华管理评论,2020,78(Z1).
② UNEP. ANT FOREST-INSPIRATION AND ACTION[EB/OL]. (2019-01-01)[2019-9-19]. https://www.unep.org/championsofearth/laureates/2019/ant-forest.
③ 中国生态环境部环境与经济政策研究中心课题组.互联网平台背景下公众低碳生活方式研究报告[EB/OL].[2019-08-27]. http://www.prcee.org/yjcg/yjbg/201909/W020190909692854952540.pdf.
④ 吴嘉莹,毛庆庆,董炳灿.大数据时代下个人碳账户的可持续发展研究——以蚂蚁金服为例[J].时代金融,2019(14):103-107+111.
⑤ 黄春燕,宋忠智,祝运海,等.蚂蚁森林:环保公益的互联网实践[J].清华管理评论,2020(Z1):126-134.
⑥ 高思远.游戏化传播:传播的新发展趋势[J].青年记者,2019(03):81-82.
⑦ 胡怡,张雪媚.互联网时代环境传播的游戏化创新策略——以"蚂蚁森林"为例[J].新闻爱好者,2018(02):74-77.
⑧ 亚卡托.数据时代:可编程未来的哲学指南[M].何道宽,译.北京:中国大百科全书出版社,2021:69.

够。随着全世界万物的数据化发展①,数字技术的渗透意味着基于数据的算法隐匿于我们的日常生活之中,不能抽离于被激活的场景。② 我们需要看到算法作为一种代码、一种自动化方法、一种架构在持续更新的具体情境中作为"媒介"的潜力——而蚂蚁森林被认为是算法介入个体生活的重要代表。③ 基于此,本文参考亚卡托对算法的理解展开对蚂蚁森林的考察。即作为一种算法,蚂蚁森林不再仅仅是必须执行的指令,而是表演的实体,以探索的方式挑选、转化和生成数据;而对蚂蚁森林的算法的考察,重点正是要落在其如何应召扫描和重述个人或公共生活的日常动态。④

基于上述分析,一系列亟待探索的问题随之浮现:在日常生活中人们如此广泛地便用蚂蚁森林积累绿色能量数据,但为何蚂蚁森林的算法的运作似乎并不为人所觉?蚂蚁森林真的仅仅意味着所谓的传播游戏和互联网公益吗?从蚂蚁森林算法的视角切入,我们如何描绘并理解其对个体日常生活的影响及其发生机制?

回应上述问题,作为蚂蚁森林的资深用户,笔者通过调研,试图回归到把蚂蚁森林看作一种"算法",并从中提取其对日常生活中以低碳减排为标准进行数据化转换的基本逻辑。进而,通过对六位蚂蚁森林用户(文中标记为 A1、A2、A3、A4、A5、A6)的访谈材料的整理,结合笔者 2022 年 1 月 1 日至 2022 年 2 月 10 日围绕蚂蚁森林行动的自我记录和加入蚂蚁森林四年又五个月的沉浸式体验,笔者试图进一步描绘个体在使用蚂蚁森林之后对日常生活的新感知方式,并考察其对个体的生活实践的影响。

二、隐匿的算法机制:围绕碳减排的数据转换与基于数据的自我更新

依据官方公布的资料,蚂蚁森林最初的理念雏形为"碳账户",旨在通过将"终端用户碳减排行为的量化"转化为"虚拟积分"的形式,由企业捐资实现"看得见的绿色",激励公众选择低碳生活并参与创造"看不见的绿色"⑤。由此可见,在这一想法诞生之初,就需要建立以日常生活的"数据化转换"为核心的自动化算法机制。蚂蚁森林算法本质上就是以"碳减排量"为核心标准对生活的重新计量——数据化日常生活的一种特定方式。

---

① VIKTOR M, KENNETH C. Big data: a revolution that will transform how we live, work, and think [M]. Boston: Houghton Mifflin Harcourt, 2013.
② DOURISH P. Algorithms and their others: algorithmic culture in context [J]. big data & society, 2016, 3(2): 1-11.
③ 亚卡托. 数据时代:可编程未来的哲学指南[M]. 何道宽,译. 北京:中国大百科全书出版社,2021:70-71.
④ 同③72.
⑤ 大江网. 创造"看得见的绿色""森林探访团"千里奔赴自然之约[EB/OL]. (2021-02-04)[2022-03-23]. https://new.qq.com/rain/a/20220303A088BY00? no-redirect=1.

(一)聚焦碳减排:生活的数据化转换与算法的自我更新

根据官方公布资料①,北京市绿色交易所有限公司(下简称"北交所")负责蚂蚁森林碳减排能量算法的开发。北交所首先依据蚂蚁集团所提供的数据资料,综合评估了 2016 年用户数字生活的基本状况,并以此设定了算法所纳入的九个维度:步行、绿色办公、线下支付、生活缴费、网络购买火车票、网络购票、预约挂号、ETC 缴费和开电子发票,每个维度之下的内容随着技术的革新不断拓宽。其后,基于现实数据,蚂蚁森林联合北交所共同开发出一套个人碳减排算法标准,并与大自然保护协会(The Nature Conservancy,TNC)②共同研发出碳减排量与树种碳汇量之间的转换规则,以实现对用户不同的减排行为自动的"绿色能量化"测算。绿色出行维度下的折算机制如表 1 所示。

表 1 蚂蚁森林绿色出行维度下的能量折算机制

出行方式	能量
行走	步行越多,能量越多。日上限为 296g 能量(1g 大约为 60.7 步的能量,296g 能量则需要 60.7×296=17967 步,约为 12.6 千米)
公交出行	每笔为 80g 能量,日上限为 5 笔
地铁出行	每笔为 52g 能量,日上限为 5 笔
共享单车	扫码骑乘共享单车、共享助力车(目前仅限哈罗单车),单次时长不少于 3 分钟开始记能量,每分钟可得 1.8g 能量,单次上限为 30 分钟,日上限为 88 分钟(159g 能量)
新能源汽车	新能源汽车(纯电模式)每行驶 1 千米可减少碳排放 33g 能量,同一用户每天最多可领里程上限为 27 千米(共 891g)的能量
公共充电桩	每度电记为 32g 能量,每周限 1 次,每次上限为 960g 能量

从算法设计的基本规则来看,1g 的绿色能量等于现实生活中 1g 的碳减排量;种植每棵树所需的能量则依据这一树种在其成长的年限内所吸收的二氧化碳量——即碳汇量予以确定。③ 值得留意的是,具体测算发生的过程并不能被我们所知,也并不明确个体行为与碳减排量为何会有此对应的测算标准——就此而言,正如大多数算法给人的"黑箱感",蚂蚁森林的自动化运作确实并不明晰。但是,就从算法数据化运作

---

① 曹华威,王林.蚂蚁森林将推动出台个人碳减排算法标准[EB/OL]. (2016-07-09) [2017-06-08]. http://news.cyol.com/content/2017-06/08/content_16168689.htm.
② 大自然保护协会 TNC.蚂蚁森林里收集多少能量能种什么树,到底是怎么算出来的?[EB/OL]. (2016-08-01) [2018-01-25]. https://www.sohu.com/a/218796538_384269.
③ 中国生态环境部环境与经济政策研究中心课题组.互联网平台背景下公众低碳生活方式研究报告[EB/OL]. (2016-09-01) [2019-08-27]. http://www.prcee.org/yjcg/yjbg/201909/W020190909692854952540.pdf.

的过程来看,参考蚂蚁森林公开提供的种树攻略,用户能够清楚地了解其数据化运作是如何发生的。以上述绿色出行部分的能量折算机制为例,我们不难发现,从对传感器传递的步数数据的读取和转换,到对地铁、公交出行行动的"能量化"测定,乃至于对公共充电桩充电行为每度电对应能量的计算,蚂蚁森林是日常生活行动中传感器和代码的中介,体现为步数、电量和行为次数,依据"碳减排"核心标准的转换规则,自动地对这些已被量化为具体数据的个体行动进行再量化,从而生成"绿色能量"的具体数据,并记入个人的"碳足迹"。

以碳减排量为衡量标准,用户的不同行为被蚂蚁森林自动转化为可计算、再处理的"绿色能量"数据——尽管这一过程似乎并不透明。而在完成这一数据化过程之后,需要留意的是,作为算法而言,蚂蚁森林的运作远没有完成。数据化的转换恰恰是其自我更新的起点。换句话说,作为自动化的算法,蚂蚁森林一面不断"转化数据"[1],同时又受到数据的"滋养"和驱动[2],并以此自我更新。举例而言,受访者 A3 告诉笔者,在 2020 年上半年的时候,因为工作上的一些需要,她对蚂蚁森林的产品设计进行了简单分析:"我记得很清楚,那时候公共充电桩这一维度在绿色出行下面是没有的……2021 年 11 月的时候,为了上下班方便,我买了辆新能源车,有一次在路边充电的时候,发现可以收能量了,还挺意外的。……蚂蚁森林真的是与时俱进了。"

受访者 A2 是自支付宝推出蚂蚁森林以来就加入的第一批"元老"级用户,在五年多的时间里,她对蚂蚁森林数据化标准的更新同样有一定的感受。据她的反馈,这些不仅体现在数据化的具体规则的变化上,也表现在"数据化范围"的拓宽之中。受访者 A2 说:"蚂蚁森林应该是在 2018 年末的时候把车辆停驶也分到计算能量的范围里,包括新能源汽车好像也是后来出现的。……说起来,其实车辆停驶(这一数据维度)一开始上线的时候还有点'bug',就是它没有设置停驶能量的上限,而且根据排量什么的算碳减排的时候,好像不是很科学,数字大到离谱,所以后台数据也经常奇奇怪怪的。当时网上也是有很多反馈意见吧,上了没多久就下线改造了,应该是后台把整个算法的计算机制都做了修改和限制。"

针对受访者 A2 的反馈,笔者通过检索资料和调研,对"车辆停驶"能量计算规则的变化进行了更为完整的梳理。最初,"车辆停驶"被纳入蚂蚁森林算法的数据范围时,其依据汽车排量和停驶时间进行能量转换的测算,确实未设上限——如 2.0 排量的汽车停驶一天就能积累 2.1kg 的能量球,一个月就能积累 60kg 以上的能量。这"超

---

[1] 亚卡托.数据时代:可编程未来的哲学指南[M].何道宽,译.北京:中国大百科全书出版社,2021:69.
[2] 同[1]107.

高速"积累能量的模式在运作一段时间之后,在后台累积了大量的不平衡数据,乃至于对蚂蚁森林原本稳定的算法生态形成了干扰。换言之,在和数据的互动过程中,通过算法对数据的整合和组织、人群与算法的互动和反馈,蚂蚁森林识别出了"停驶"数据在整体算法生态中的异常。随后,在 2019 年 3 月,蚂蚁森林暂时性地将"车辆停驶"脱离自身的数据整合维度,并通过人和系统的共同交互模拟,重新设计了算法。在 2021 年初,"车辆停驶"再度上线,以新的标准转化行为数据的同时,增加了每周停驶能量的累积上限:即每周停满 24 小时,燃油车生成 1460g 能量,新能源车则生成 250g,此外超出的停驶时间不计入能量累积。

由此,通过受访者的反馈以及对"车辆停驶"维度具体变动的考察,我们不难发现,蚂蚁森林的算法基础性地展开自身的运作:一边对现实生活进行数据化转换,同时也依据数据来完善自身。这意味着,蚂蚁森林的算法依照碳减排标准,对现实生活的数据化转换是自我的再更新,但绝不会是一成不变的过程。以此观之,蚂蚁森林在不同维度下出现的新的行为实践,恰恰指向"在线支付"在后台新的"场景"的生成,算法的自我更新,使蚂蚁森林适用场景的范围不断拓宽,内涵不断延伸;而对特定维度算法标准的更新,也正表明了异常数据对算法的警示作用。算法以此得以推进自身的再完善,向更加适应社会现状、更加公平的方向演进[①]。

(二)润物细无声:于隐匿中渗透的算法规则

尽管如前所述,蚂蚁森林本身即是算法,作为算法而言它的运作也呈现清晰的数据化逻辑——即将用户的行为数据自动转化为碳减排量(即绿色能量数据),并根据用户反馈的数据不断调整和更新。但值得留意的是,大部分用户对作为算法的蚂蚁森林并无所觉。即蚂蚁森林作为一种算法,始终隐匿地运作着。

具体来看,在受访者被问及对蚂蚁森林的看法时,并没有受访者在未经提示的情况下直接提出"算法"的概念。同时,因为蚂蚁森林以"收能量"的方式与人展开交互,且将额外的能量数据增量——能量雨、能量保护罩、能量加速器等以"道具"的形式纳入自身的运作,更多受访者的第一反应是将蚂蚁森林理解为"游戏"。在接受访谈时,受访者 A1 告诉笔者,在她的蚂蚁森林的背包里,共计有超过 100 个的能量道具,在她看来,"像能量保护罩、能量加速器、能量双击卡之类的,不知不觉就会越积越多。因为其实都是可以通过付款包括春节期间玩能量雨之类的方式累积的……这些道具就和游戏里提升经验的道具一样,有时候会让我有收集的想法"。受访者 A5 觉得蚂蚁

---

① 黄春燕,宋忠智,祝运海,等.蚂蚁森林:环保公益的互联网实践[J].清华管理评论,2020(Z1):126-134.

森林和QQ农场有些类似,收能量—种树—拿证书的设计让他在"玩"蚂蚁森林时像游戏通关一样,"想把所有树都种一遍……如果不需要我收能量,只是这么积累着,然后种树,我可能不会有这么强的通关愿望"。

然而,尽管受访者对算法的认识较为模糊,他们更倾向于将蚂蚁森林看作一种"游戏",但这恰恰成了蚂蚁森林作为算法本质的另一重佐证。一方面,基于自动化代码的"游戏"本身就可以被理解为一种"算法"。模拟游戏设计师威尔·莱特所言,玩计算机游戏其实是"用户(查看结果、输入决策)与计算机(计算结果,将结果呈现给用户)之间的一个循环语句"。而在马诺维奇的理解中,计算机游戏也正是被另一种算法逻辑所支配的①。

另一方面,尽管受访者并没能直接给出"算法"的理解,但在其脑海中,对蚂蚁森林"数据化"运作的规则已有了清晰的认知。当笔者进一步追问蚂蚁森林能量转换的机制时,多数受访者均能对能量数据与行为之间的对应关系予以清晰的描述。受访者A2作为兢兢业业的上班族,每天走不了多少路,对她而言,交通出行永远是最重要的绿色能量来源,"每天上班坐一次地铁就攒了52g的能量;偶尔出差的话,网购动车票是136g,不过火车票每个月会有次数限制……"受访者A5告诉笔者,蚂蚁森林每天的步数上限是18000步,对应的是296g能量,所以自己不知从什么时候起就很清晰地记得,"走一万步等于累积160g左右的绿色能量"。受访者A6有回收旧物的习惯,在她的印象中,除了一些电子产品对应特定的能量之外,一般旧物回收的能量按照重量计算,"每千克的废纸是100g能量,每千克塑料是144g能量,旧衣服更'贵'一点,每千克是158g能量"。

基于这种对算法无意识的"意识",在讨论完能量转换机制之后,当笔者再次切入算法对受访者进行询问时,大部分受访者都对作为能量转换机制的蚂蚁森林算法给予一定的积极反馈与认可。不过,尽管经提示后受访者开始对"蚂蚁森林算法"有所认识,但多数受访者还是向笔者表示,自己平时并"不会往这个方面去想",并且"也不知道这个对应的具体标准是什么"(受访者A2)。在受访者A4看来,他只是知道"这个算的结果","为什么支付宝交电费就是减少了262g碳排放量,这个标准就是他们自己(蚂蚁森林)定的,我们哪里知道";并且,据他回忆,参与蚂蚁森林后,自己交水电费、走路的时候,确实会想起能量这件事情,但是这种"想起"对他而言"就是自然而然的事情。太自然了,你不说,我都注意不到"。

由此可见,作为一种算法,蚂蚁森林通过"需要在行动发生的24小时之后收取"

---

① 马诺维奇.新媒体的语言[M].车琳,译.贵阳:贵州人民出版社,2020:226-227.

的游戏化互动设计,将其本质藏于游戏外衣之下。因此,一方面,蚂蚁森林算法刺激着用户与自身的交互,让人最大限度地介入算法运作的过程,进而以个体介入之下生成的源源不断的数据支撑自身的更新;另一方面,蚂蚁森林将转换日常生活数据的量化逻辑作为一种"游戏规则",也随着算法的自动化运作,"润物无声"地在用户的脑海中生长——尽管大部分人仍然并不清楚其转换的具体标准(碳减排量计算的标准)或是在代码层面运作开的方式。从这一角度出发,蚂蚁森林算法确实有隐匿的一面,或是"黑箱"的一面。

综上,尽管用户未必能清楚地认识蚂蚁森林作为算法的本质,无从觉察其运作的痕迹,也并不了解其建立的转换规则的标准,甚至未必了解自己所收取的能量与碳减排量之间的对应关系。但显然,大部分人都对蚂蚁森林建立的"能量转换"机制有着清晰的认识,并且确实在无意识间内化了算法运作的绿色规则。因此,这恰恰从反面印证了蚂蚁森林作为算法的特质:其运作过程面向社会大众的相对不透明性,潜藏于社会生活中的高度"隐身性"①及其于人所不觉处嵌入,对个体生活依据碳减排标准,进行数据化转换和再定义的强大力量。由此观察,蚂蚁森林的用户事实上不自觉地越来越依赖算法中介后的形式来通达数据生成的新感知②,其日常实践本身也在蚂蚁森林的影响下发生新的变化。

三、乍现其痕的算法运作:从感知到实践介入日常生活

前文在数据化个体生活的维度上,勾勒了算法运作在第一重维度上的隐匿性。然而,这一数据化低碳生活的算法转换只是算法运作的第一步,其后续如何与作为人的意向和机器行为中介代码的转换能力相嵌入,在不知不觉间,它使我们从"聆听世界数据"走向对数据的"再感知和执行"③。受到个体日常生活实践变化后的影响,如何进行自我调适,是我们在考察算法如何与人共舞的过程中需要关注的第二个关键。

换句话说,对蚂蚁森林运作的算法的考察,需要进一步挖掘其隐匿的第二重维度——即其如何与现实深度共舞,直接作用于个体的日常生活。

通过访谈材料及对笔者的个人自我行动记录的分析,笔者发现,作为一种算法,蚂蚁森林从感知和实践两个维度,隐秘而深入地介入我们的日常,影响着我们的生活和

---

① 亚卡托.数据时代:可编程未来的哲学指南[M].何道宽,译.北京:中国大百科全书出版社,2021:70.
② 同①87.
③ 同①41-42.

现实。① 感知维度上的影响与前述用户对绿色能量转换规则不自知的情况直接相联。正如受访者在接受访谈时所提及的,在蚂蚁森林的影响下,他们"没有直接感知到自身的行走有多累"(受访者A4),但却意识到了脚下迈出的每一步减少的0.016g碳排放量;他们不一定察觉自己的身体在地理空间内的移动,但却知道公交地铁的刷码出行会生成52g绿色能量球;他们未必记得自己在看的某一场电影的内容,但却在买票的时刻就收获了180g的绿色能量"轨迹"……作为一种重新"表征"日常生活的算法②,蚂蚁森林在无形之中直接影响了个体对生活的经验尺度——我们开始按照其所规定的数据化方式,重新感知现实。

换言之,蚂蚁森林算法的运作是一个完全"自动化"③的过程,其虽然需要用户以"收能量"的方式参与,但在根本上,"它既不在乎人的感知,也不在乎认知本性(感觉、感知、注意力),人是感觉不到媒体的"。受访者的反馈充分表明,蚂蚁森林带来的是一种"全部归因于数据、传感器和算法"的"感觉而无感知,感知而不注意,注意而无主体"的全新感知模式④,我们因此感知到了在没有中介时我们不可能了解的,被碳减排标准界定着的各类现象、事件或过程。

除了对碳减排生活的新的数据化感知之外,包括个体的交往方式,各项日常行动实践与蚂蚁森林的互动也发生了变化,具体有以下两个方面。

(一)我的能量伙伴:人际交往的新形态

以蚂蚁森林算法为中介,一种围绕"绿色能量"形成的衡量人际关系的尺度及新的交往方式出现了。如果说蚂蚁森林合种和公益林等是基于趣缘、血缘、情缘一类的人际连接,是最为直接的展开的数字交往方式,受访者A3表示,自己会选择"和爸妈合种",或是给"偶像的公益林浇水";那么围绕"绿色能量球"展开的各类行动,则指向了间接的人际关系的表达,且在一定程度上,算法颠覆了日常生活习以为常的规则,依据自身的运作,拟定了各种行动新的意义。

以"偷能量"为例,在蚂蚁森林中"偷好友的绿色能量"不是"坏行为"。相反,这是每一位蚂蚁森林用户每天的"日常行为"。同时,通过访谈和自身经验的总结,笔者发现,毫无芥蒂地"偷能量"正是双方关系亲密的表现:受访者A1在偷完能量之后,会

---

① KITCHIN R. Thinking critically about and researching algorithms[J]. Information, Communication and Society, 2017, 20(1):14-29.
② 亚卡托. 数据时代:可编程未来的哲学指南[M]. 何道宽,译. 北京:中国大百科全书出版社,2021:69.
③ 同②70.
④ 同②88.

特地提醒一下被偷的朋友可以收能量了;受访者 A5 表示,现实生活中的关系远近一定程度上会影响自己偷能量时候的心理负担,"反而是比较好的朋友我偷能量时就不会觉得不好意思"。

此外,"偷能量"的日常性也使它开始成为表达"问候"的一种方式。受访者 A2 说:"2021 年下半年的时候工作任务比较重,所以和爸妈联系不太频繁;但是我每天有偷能量的习惯,偷我爸妈能量的时候,好像就是在和他们打招呼,告诉他们我今天也挺好的。反过来,我爸妈收了我自己的能量之后,也会给我浇水,我就知道他们今天也挺好的。"

由于"能量"本身是蚂蚁森林算法对日常生活的数据化重述,受访者还表示,在"偷取"好友能量的过程中,自己能够以"数据"的方式感知对方一天中的生活——即便只是推测,但确实生成了一重新的数字联结,而这也正是蚂蚁森林算法运作的直接结果:受访者 A3 告诉笔者,自己在每天早上偷朋友能量的时候,可以从克数看出对方昨天大概走了多少路;也可以从 5g 能量球的数量,看出对方用支付宝花了几次钱;从 52g、80g、136g 的能量值可以看出对方是否坐了地铁、买了电影票或是订了火车票。在她看来,偷能量其实也是自己观察朋友生活的一种方式。受访者 A5 则表示,自己会在早晨收能量的时候,看到自己的孩子的行走能量球,"如果看到 296g 的时候,我还会问问她昨天干什么了,怎么走了这么多路"。

除了偷能量之外,在调研中许多受访者还表示,给好友浇水,"拯救"好友的能量,赠送好友能量雨也成为表达问候和亲切感的一种方式。论及互赠能量雨的对象,受访者 A1 表示自己只和自己的一个关系很好的朋友每天互相赠送能量雨。而以笔者自身为例,在 2021 年 7 月中旬,为了种植侧柏,笔者拜托自己的好友每天给自己浇水,并在微信中进行提醒。在 2022 年新年钟声敲响之际,笔者的一位好友以蚂蚁森林浇水的方式表达了对笔者新一年的祝福。春节期间,笔者每天拜托父母给自己浇水。笔者的父母在应允的同时,会选择最多的浇水量(66g),且在自身能量余量允许的范围内,浇满一天内的所有浇水机会。由此可见,蚂蚁森林空间内能量的浇灌成为笔者人际关系的一重延伸,为人际关系的互动方式提供了新的方式;而在这种互动中,笔者和父母、朋友之间的亲密关系反向又得到了进一步的确证。

换言之,围绕"绿色能量"展开的多样数字实践表明,蚂蚁森林算法在运作过程中,增加了个体人际交往方式。用户之间的交往出现了一种新的无须言说的基于"能量"的互动可能,新的人际纽带以此在蚂蚁森林的编织之下形成。

(二)我的绿色、健康生活:低碳实践与早起行动

除了基于线上绿色能量展开的对人际关系的新的理解方式,基于渗透用户脑海的对算法运作过程(绿色能量转换机制与收取规则)的认知,蚂蚁森林也直接引发了在个体生活中线下行动的变化。根据调研反馈,这一影响与蚂蚁森林运作的底层逻辑,即前文所分析的以"碳减排量"为标准与基于"叫醒2.2亿中国人"为目标的算法设计相契合,主要发生在对用户低碳生活实践的促发和日常生活习惯的塑造两个方面。

从宏观数据来看,蚂蚁森林公交出行场景上线后,次年蚂蚁森林用户低碳公交出行日均频次较第一年提升了11.5%。饿了么全国业务在2018年8月21日接入蚂蚁森林之后的一周时间里,环保订单(无须餐具订单)量比上线前一周增长500%。盒马在2018年1月接入蚂蚁森林后的两周内,全国门店弃用塑料袋的订单量相比接入蚂蚁森林前两周整体上涨了22%。① 更具体地看,在访谈中,不少受访者表示,为了获得更多的绿色能量,自己会主动去完成一些碳减排行为。

受访者A1说,"为了拿点外卖的无须餐具的能量,我特地买了一套餐具放在寝室里……"受访者A4说,"我本来就挺喜欢走路,用了蚂蚁森林之后,为了行走的能量,走得更多了。"受访者A6说,"确实是在用了蚂蚁森林之后,我要把扔的一些旧东西往回收旧物这一块走了。"由此可见,蚂蚁森林算法以碳减排量为标准搭建起的能量转换机制深刻地影响着用户的生活实践,从交通出行到日常消费,算法运作"无处不在"②地嵌入了用户的绿色日常。

而就对生活作息的影响来看,许多受访者表示,在蚂蚁森林算法设计的"7:00—7:30"行走能量成熟的机制③下,自己确实养成了早起的习惯。受访者A4告诉笔者,有一段时间,为了避免自己的"行走"能量被别人偷走,定了每天早上7:13(即受访者A4的行走能量成熟,可收取的时间)的闹钟。后来,在这个时间点醒来就变成了受访者A4的生物钟。受访者A1在加入蚂蚁森林之后,即便"有时候没有早课,也会在七点多起来先把能量收了再睡"。而当被问及春节假期期间的能量收取情况时,受访者A1表示,她仍然保持着定闹钟收能量的习惯——只是偶尔会有例外,比如:"除夕夜晚

---

① 中国生态环境部环境与经济政策研究中心课题组.互联网平台背景下公众低碳生活方式研究报告[EB/OL].(2018-06-07)[2019-08-27].http://www.prcee.org/yjcg/yjbg/201909/W020190909692854952540.pdf.
② 亚卡托.数据时代:可编程未来的哲学指南[M].何道宽,译.北京:中国大百科全书出版社,2021:74.
③ 2017年6月8日,蚂蚁金服宣布为"叫醒2.2亿中国人",蚂蚁森林成立个人碳减排专家委员会(简称"专家委员会")推动出台全球首个大规模个人碳减排算法标准。蚂蚁森林用户步行转化的能量数据可被收集的时间均在次日7:00—7:30之间。

上,我用了能量保护罩①,不用担心能量被偷了,所以第二天也很安心地睡了懒觉。"受访者 A2 在访谈中反映了类似的情况。春节假期期间,她依靠能量雨的赠礼——能量保护罩,打破了自己的生物钟,天天睡懒觉,"对打工人来说,这个假太难得了,反正用了保护罩就不会被偷,我就抓紧一切机会睡觉"。

对比之下,观察笔者自身的春节期间蚂蚁森林能量收取行为,笔者发现,与受访者 A1、受访者 A2 的情况相似,在蚂蚁森林能量雨随机赠礼的助力下,笔者更为频繁地使用保护罩、能量加速器②,并在使用保护罩的次日会相对晚一些起床;但同时,区别于受访者 A2,笔者 7 点多醒来的生物钟仍然发挥着力量,甚至在使用了保护罩的时间里,笔者也会偶尔因为"已经醒了"而早起,并收或偷能量。

上述表明,蚂蚁森林算法设计的能量成熟时间规则直接且确实影响了个体的日常作息:新的一天伴随着绿色能量的成熟而开启,个体在不自知时依照蚂蚁森林算法的"要求"调整了自己的起床时间,甚至可能还会形成固定的生物钟维度上的习惯。不过,春节期间基于"能量保护罩"的例外情况也提示我们,作为一种算法,蚂蚁森林的运作并不是死板的,而是时刻与现实生活互动的。其上线的能量雨的每日赠礼,随机掉落道具的奖励规则,正是与假期时人群作息时间的集体变化互相适应的自我调适的结果,这也反向印证了算法如何始终在和数据的互动中保持不断更新的状态。

此外,同以往研究所揭示的一样,从算法运作的最终闭环来考虑,由用户和算法共同生成的这些"绿色能量"数据不断累积,最终可以在企业和公益基金会的合作之下,转化为一棵树的线下种植、一平方米保护地的开垦——这也是蚂蚁森林算法运作过程中非常重要的一个面向,即直接的绿色公益行动的促发与落地。

进一步挖掘,我们还会发现,蚂蚁森林算法可以被理解为其背后更大的平台——蚂蚁金融的权力中介。通过"绿色能量"的数据转化,蚂蚁金融实际上是将对用户"碳减排"数据的收集权合法地保留在自己的手中,进而使自身在碳交易市场中有了"识别、调价资源过程乃至于社会和经济动态"③的绝对主动权,也能够更好地把数据用于自身的产业经营——这就涉及更广意义上的对平台作为"偶生巨结构"的审视④及一

---

① 蚂蚁森林道具,使用之后,24 小时内用户的好友无法偷取用户能量。
② 蚂蚁森林道具,使用之后,用户现有的绿色能量球将即刻成熟,可被收取,是避免好友偷取能量的一种方式。
③ 亚卡托. 数据时代:可编程未来的哲学指南[M]. 何道宽,译. 北京:中国大百科全书出版社,2021:133.
④ 同③132-133.

系列与平台①②③、数据④、算法⑤相关的反思性批判,此处不做细谈。

综上,蚂蚁森林在隐匿其算法本质的同时,也直接介入了个体的日常生活,影响着我们对生活的感知及行动实践。具体而言,一方面,蚂蚁森林生成了一种新的经验观,促使我们用更加数字化的、网络的和人工的语言来获取世界的经验,拓宽了我们的感知乃至于经验本身⑥;另一方面,在其中介之下,我们不自觉地基于能量数据动态地调节个体的日常生活轨迹和节奏⑦,以此不断生成新的行动方式和新的行动数据,而这些数据,如前一部分所言,又重新被蚂蚁森林吸收,进而推动其自我更新。故而,在这样的算法的自我更新和实践数据更新双向的交互之中,蚂蚁森林似乎也在向我们发出呼唤:"生存就是更新且让未来引路"。⑧

四、蚂蚁森林:开放的"原(proto-)"想象

蚂蚁森林读取着用户的日常生活数据,并经由自动化算法的转译,将所有数据转化为"碳减排量",进而把每个人的日常生活可视化为一棵树成长所需的"绿色能量球",漂浮在数字空间等待着24小时后或是第二天早晨用户的收取。以往的研究多关注的是收取之后的结果,即这些收取的能量最终会重新落地,在实体空间铺开一片绿色。而在本文的分析中,通过对经验材料的分析和再整理,笔者认为,蚂蚁森林的绿色实践不仅在其结果,而且在沙漠中种下真实的树也有价值和意义;对其作为算法的特点,即其如何进行自动的数据化并依托数据完成自我更新,如何进入个体的日常生活,与人发生互动,更为重要和根本。换言之,蚂蚁森林作为一种算法,它隐匿于我们全部的日常生活之中,不能脱离自身被激活的场景,仅作为固定概念来理解。相反,我们需要关注的恰恰是它的"动态性",应考察它如何在运作中带来人与人、人与技术之间互动的新的可能性。

---

① DIJCK V, POELL T, DE W M. The platform society: public values in a connective world[M]. Oxford: Oxford University Press, 2018.
② 蔡润芳. "围墙花园"之困:论平台媒介的"二重性"及其范式演进[J]. 新闻大学, 2021(07):76-89+122.
③ GILLESPIE T. The politics of "platforms". New Media & Society, 2010, 12(3).
④ VIKTOR M, KENNETH C. Big data: a revolution that will transform how we live, work, and think[M]. Boston: Houghton Mifflin Harcourt, 2013.
⑤ KITCHIN R. Thinking critically about and researching algorithms[J]. Information, Communication and Society, 2017, 20(1).
⑥ 亚卡托. 数据时代:可编程未来的哲学指南[M]. 何道宽,译. 北京:中国大百科全书出版社, 2021:86, 106.
⑦ 孙玮,李梦颖. 扫码:可编程城市的数字沟通力[J]. 福建师范大学学报(哲学社会科学版), 2021(06):132-143.
⑧ 同⑥141.

在调研的过程中,笔者发现正是在算法运作的过程中,蚂蚁森林通过以"碳减排生活"为核心的算法规则的构建,在无形中对用户感知生活的方式及其行为实践产生了巨大的影响,即便它并不是全社会的"环保实践"发生的唯一推动力。这揭示的是更加本质的问题,即当下这一包含软件代码、传感器网络、数据和算法的新生世界[1]面向人展开的一种可能性。

因此,对作为算法的蚂蚁森林的考察,就是在追随人和数字技术"共舞"过程中所显露出来的痕迹。以这种方式,我们得以一窥在蚂蚁森林算法驱动下的人和算法本身发生的互动所建构起来的一种"综合环境"[2]。在这一新环境中,我们的感官维度进一步扩展,行为方式不断更新,所谓的虚实绝不对立,而是相辅相成。换句话说,我们活在物质现实之中——公交地铁出行、购物消费支付、以双腿行走;同时,通过算法,这重物质现实本身又融合为一种新的"数字现实"——地铁出行是52g的能量,每行走1千米是23.5g的能量……以此,在算法下,生活就是数据,而数据悬浮在手机界面的蓝天之中。绿色能量球日复一日不断更新,新的一天也随着早晨7:06的能量收取闹钟展开——个体如此自如的穿梭和现实的多重交织,似乎也正为我们描绘着"元宇宙"的一个雏形。

我们尚处在"胚胎期",目前只能瞥见未来可能性的端倪。[3] 而蚂蚁森林所展现的,正是在当下的数据时代,在算法深度渗透的世界中,人和技术之间彼此连接互动的积极面向的"端倪",也正是在"原(proto-)"数据时代我们需要不断去探索之物。换言之,当下的我们正处于一个"新的技术——人类时代的起点",这并不是一个明日黄花的阶段,而恰恰是激发最大想象力的,一个"原(proto-)"时代的开端。[4] 我们需要对这样一个潜在的未来和其展开过程中各种可能性的突显持开放态度。也只有在这样的前提下,我们才能作为面向未来的实例化存在,在与技术"共舞"的过程中,探索荧荧星火明灭之间闪现的未来之路。

---

[1] 亚卡托. 数据时代:可编程未来的哲学指南[M]. 何道宽,译. 北京:中国大百科全书出版社,2021:140-141.
[2] SHERMAN W, CRAIG A. The morgan kaufmann series in computer graphics: understanding virtual reality [M]. San Mateo: Morgan Kaufmann, 2019:4-58.
[3] 同[1]141.
[4] 同[1]141-142.

我们何以"想象"算法?——抖音推荐系统的用户理解与互动

◎ 马云逸[①]

摘要:本研究基于头部的内容推荐平台——抖音,从受众侧进行算法研究,探索抖音用户日常实践中对算法的想象与互动。调研发现,抖音用户利用个体经验、身份认知或社会性想象作为材料,通过"推测—试探—确认—习得"的互动循环,构造对抖音算法的多重想象。在多样实践中,人们与算法建立了断裂的或连续的、单向的或双向的、动态的或静态的种种关系的想象。异质化的想象反映了用户在算法主导空间中保持差异化和多元化的能力,也表明算法是一种复合性的、异构的文化存在。人们通过相对稳定的互动模式来协调和实践多重的算法想象。通过聚焦编码,三种典型互动模式应运而生——游玩、培养和抵抗。游玩、培养、抵抗的互动模式都映照了用户对于算法与人关系的不同想象,也产出了不同程度的用户主体性。由此,本研究探讨了算法生产侧与用户侧建立持续的对话和共建关系的潜力。

关键词:抖音推荐系统;算法想象;互动;受众研究

引言

如今,几乎所有的内容平台都建设了依赖算法进行内容分发的推荐系统,国外例如 Netflix 推荐影视剧的个性化机制、Facebook 新闻信息流基于社交线索的算法过滤,国内例如今日头条、抖音等基于数据挖掘实现个性化的推荐引擎。推荐系统(recommendation systems 或 recommender systems)是一种自动化的、以数据驱动的工具,旨在满足系统用户的个性化需求。[②] 内容推荐系统通过以个性化的方式对用户可能感兴趣的内容进行过滤和排名,从而帮助用户更高效地发现内容。[③] 它的主要目的是通过

[①] 马云逸.复旦大学新闻学院 2021 届硕士研究生。
[②] RICCI F, ROKACH L, SHAPIRA B. Recommender systems: introduction and challenges[M]. Boston: Springer, 2015, 1-34.
[③] GEDIKLI F, JANNACH D, GE M. How should I explain? a comparison of different explanation types for recommender systems[J]. International Journal of Human-Computer Studies, 2014, 72(4).

个性化地匹配人和物品,解决信息过载问题。①

作为复杂系统的算法推荐系统,其与受众的关系必定比传统的"媒体—受众"二元关系更加多样。西弗②的"算法作为文化"的思路为本研究提供启发:与其将算法视作一种先验的、有固定属性、需要专业人士去揭秘的技术存在,不如将算法本身视作一种文化性的存在——算法是由人们多样的、集体的、异质化的实践构成的,包括专业人士的协作式的生产实践和普通用户的日常使用经验。这意味着只有将算法置于真实的、交织的语境中去,才能够理解算法意义的生成过程。本研究也承继了布赫③对推荐系统用户的"算法想象"的概念阐释。"算法想象"指的是用户对"算法是什么、应该是什么,以及它们如何发挥作用"的感知和体验。布赫还提出了"算法想象"的两种特性,对本研究有启发意义:首先,这种想象拥有情感性的力量,需要关注用户与算法相遇时的主观的感受、体验和情绪。此外,算法想象是富有成效的,或者说是具有生产性的,它在想象的过程与这一过程的结果间建立起紧密联系。④ 这意味着,关于"算法是什么"和"算法如何发挥作用"的研究需要超越解释或解码的领域,而延伸到用户与算法系统的互动中。布赫的研究止步于对算法想象概念的描述,她没有具体关注用户的多样化想象是如何生成的,也没有进一步探究算法想象与用户行为如何具体地产生关联。本研究将承继这一路径,进一步分析这些问题。

本研究选择国内头部的视频平台抖音作为案例。抖音是国内头部的短视频平台,这款基于音乐与短视频的社交软件拥有超过6亿人的日活用户(2020年9月的官方公布数据),且抖音的推荐系统是国内基于数据挖掘实现大规模个性化推荐的典型案例。笔者对九位长期使用抖音的用户展开了深度访谈,访谈中有一个特别环节——笔者要求用户用纸和笔来描述他们所理解的推荐系统的工作方式,以说明抖音如何为他们提供内容推荐;在受访者完成图示之后,请他们对自己的图做详细的解释。受众的个人化的故事叙述、抖音平台与界面实际互动的观察,以及动笔完成的算法理解的图示构成了三类数据源,使本文的分析能从显性叙事和隐性符号的相互佐证中获得见解。研究从用户与算法的个人故事和个性化的理解切入,希望探索以下三个问题:推荐系统用户如何生成对算法运作方式的想象?用户如何想象算法?凭借算法想象,用

---

① 项亮. 推荐系统实践[M]. 北京:人民邮电出版社,2012.
② SEAVER N. Algorithms as culture:some tactics for the ethnography of algorithmic systems[J]. Big Data & Society, 2017,4(2).
③ BUCHER T. The algorithmic imaginary:exploring the ordinary affects of Facebook algorithms[J]. Information, communication & society,2017,20(1).
④ MAGER A,KATZENBACH C,MARKHAM A. The limits of the imaginary:challenges to intervening in future speculations of memory, data, and algorithms[J]. New Media & Society, 2021,23(2).

户如何参与到算法的互动中？深入到用户多样化的实践中，是希望去理解算法想象形成的过程，也希望探索想象的实践性意义，即特定的想象如何与互动模式关联起来。

一、算法想象的生成

本研究的访谈对象是或曾经是抖音的重度用户。"推荐"标签都是他们最主要使用的视频信息流模块。抖音个性化推荐"Feed 流"的内容是不可穷尽的，以"瀑布流"的形式连续出现。算法系统推荐的短视频直接在主界面上开始播放，伴随着强感官冲击力的音乐，形成沉浸式的内容消费体验。通过深入用户使用抖音的日常实践，本研究重点探索推荐系统用户在日常实践中如何构造对算法的想象。

（一）单一互动框架与最低限度的共识

高效分发是抖音算法系统的重要目标。通过最简化操作，抖音保障了用户达到最低使用门槛。与快手、Bilibili 等视频平台"先选择、后播放"的模式不同，抖音用户对内容选择的决策发生在播放启动后的几秒内，若对播放视频不感兴趣，则用上滑手势，快速切换到下一条，用实际的去留，即所谓的"用脚投票"的方式表明态度。用户只需要进行单一的操作——上滑和下滑。用户的行动和兴趣也被最大限度地简化为两类：看完视频和刷掉视频。

在具体的操作行为层面，多数用户的使用习惯非常一致。在平台设计的单一互动框架下，通过快速的上下滑动来切换视频是受访者提到的最主流的操作习惯。在顺滑的使用过程中，大多数用户不会有意关注内容信息流背后的推荐系统。例如，李哥在访谈中表明在刷抖音时不会考虑算法，"没有想得这么深""随遇而安""放松脑子""想看就看"是受访者提到的较多的心理状态。

操作简化后，用户注意力更加聚焦内容本身。上下滑可以视为与平台具体内容的互动，随着时间流逝，便利与舒适促使用户进一步重复例行的操作，日常使用的框架边界逐渐成为不可见的。肖[1]提出，为了理解技术在设计上的意识形态偏见，需要关注技术鼓励什么类型的交互，或限制什么类型的交互。这种倾向性表现在抖音通过在交互界面上限制用户可感知的可供性。通过构造单一的互动模式和无缝的舒适操作，抖音算法获得一种强大的隐身性。

---

[1] SHAW A. Encoding and decoding affordances: stuart hall and interactive media technologies[J]. Media, Culture & Society, 2017, 39(4).

在用户侧,在抖音基本算法规则的层面上,用户抱持着明确的共识。无论人们在多大程度上意识到算法的作用,几乎所有受访者都形成了对推荐系统基本规则的朴素理解。他们或阐述了在推荐视频内停留的时长对后续推荐结果的影响,或说明了系统精确识别个人兴趣的能力。这一观察与布赫①一致,例如,李哥:刷掉的内容就会少出现,多看的内容就会多出现;小林:看某个视频的时长会影响对同类视频的获取,这一点是肯定的;梅姐:系统会自动默认你看得多的,就是对这类感兴趣。

如果将用户对算法的理解分解为不同层面,它们分别为:(1)理解基本的规则,在此基础上可以发生直觉性的操作;(2)理解规则作用的条件、范围和场景;(3)理解系统的关键输入和对系统输出的影响;(4)整体性地理解自身与算法系统的关系,从而想象算法发生作用的整体图景。在抖音平台的强势引导下,用户对第一层面(基本规则)达成了共识。内容分发的精确性和高效性是抖音安身立命的根本,在最低限度算法的认知之上,抖音的算法系统就能够正常运行起来。这也是抖音实现高渗透率的重要原因,而在这一层之上,并不存在共同理解,人们在各种各样的使用实践中形成了对算法差异化的想象。

(二)与算法相遇后的多样实践

日常使用抖音很少引发人们对算法本身的特别关注或自反性思考。这与上述的单一互动框架构造的"认知关闭"有关,同时也和对推荐内容的基本满意有关:当人们评价抖音推荐系统时,往往用"还行啊""还不错"表达基本的满意态度。人的兴趣往往是广谱化的,多数推荐结果不会超出期望的阈值上下限。人与算法相遇并不必然意味着直接看到算法的规则、文本和代码。尽管在日常使用中,抖音将用户约束在单一交互框架以构建算法的隐身性,本研究发现,在特定时刻人们会打破这种无缝的认知边界,与算法直接相遇。

1. 想象的起点

在用户的个人故事中,他们描述了许多充满震惊、失望、困惑或惊喜情绪的时刻,或是在脑海中产生大大的问号的瞬间,丹丹:"有段时间老是给我推某手游的广告……我都刷过去了,但它还给我反复推,这广告好硬啊……后面几天我就不刷抖音了,好气。"阿平:"留学之后,(抖音)推给我好多中国女生嫁给外国人的视频。视频中的博主的男朋友是外国人,尤其是英语国家的白人男性。我会有很强烈的不适感,因

---

① TAINA B, The algorithmic imaginary: exploring the ordinary affects of Facebook algorithms[J]. Information, Communication & Society, 2017, 20(1): 30-44.

为我觉得这些会让她们会觉得这是一个'特权',并且故意利用这种方式来吸引眼球。"小杨:"前阵子家里装修,我开始在淘宝或者小红书看家装,很快就发现抖音也开始给我推。我以前从来没有关注过装修,也没在抖音搜过……这真的是蛮吓人的,难道这些App的数据都是互通的吗?"

与算法直接相遇意味着人们开始意识到隐匿在交互界面背后的算法,这往往发生在两种场景:一是产生强烈情绪的时刻,刷不掉的广告和让人反感的视频、遇见小众爱好的惊喜、隐私泄露的惊诧,在这些用户对推荐内容产生强烈情绪的瞬间,从内部冲破了推荐系统塑造的舒适的无缝边界;二是出现剧烈的兴趣更迭和身份转变的阶段,例如"成为宝妈""开始留学"这类场景也使日常使用的框架边界从外部被打破,就像是原本引导我们的"眼镜"突然被旋转或倒置,我们才开始注意到"眼镜"本身的存在。

"想象"不仅意味着对常规的打破,还意味着对此时此刻的远离。在这些时刻,人们透过内容与界面,与隐匿在背后的算法正式相遇,发现这可能是庞大系统中可观测的"冰山一角",投身到此时此刻以外,而产生批判性的思考。它们往往成为用户思考和观察推荐系统运行的锚点,也是想象和实践算法的起点。

2. 想象的材料

想象并非随意发生的,任何想象的可用材料都在某种意义上取自先前的想象。[①]用户对算法的想象或与个体先前的记忆或遗迹相呼应,或基于自己的身份认知和群体归属,或取材于某种更宏观的社会性想象或文化迷思。

在发现抖音神奇地捕捉到自己对装修视频的兴趣后,小杨很快想到自己在其他平台的行为:"抖音推荐肯定和淘宝上的数据有关系,这一点是肯定的。"这个推测也和小杨和朋友们曾经关于"手机App会监听人们说话"的经历形成互文。关于平台间"数据交易"和"监听"的迷思成为这一时刻小杨想象抖音算法的原材料,她确信抖音对自己的监视不但存在于应用内,而是渗透到数字生活、线上线下的方方面面。许多其他受访者也借用了"大数据""隐私裸奔"的流行说法来形成对算法的理解。

阿平在看到大量"嫁给外国人"的视频后推测:"我是一个在留学的学生,并且是一个女人,它(抖音)就默认我对恋爱或者一些浪漫化的内容感兴趣。"阿平对个人身份的敏感使她相信算法是基于粗粒度的身份特征信息来实现推荐的。她曾经听到朋友刷抖音的声音,发现彼此的信息流中有很多重叠的推荐内容,但因为对方是广东人,便收到很多粤语视频的推荐,"我明显感觉到算法会找到这种相似的用户群,给人进

[①] MAGER A, KATZENBACH C, MARKHAM A. The limits of the imaginary: challenges to intervening in future speculations of memory, data, and algorithms[J]. New Media & Society, 2021, 23(2).

行划分"。尤其是涉及性别、文化、种族,这些类别的内容本身就具备了政治性,也更容易引起相关群体的敏感。

安德森[1]认为"偏见"是算法理解中的一个关键方面,理解的形成是我们的偏见(权威或传统)和算法的传统之间的一种会面。在这个意义上,这说明个人的算法想象是在个体经验、情感与社会语境的不断相互影响下被建构起来的。

3. 回合制的游戏

"试探"也是常被提到的关键词。丹丹试着快速刷掉广告视频,而广告视频反复出现,在她看来这意味着广告推荐算法比普通内容推荐"算法"要更加"强硬",二者遵循不同的逻辑。阿平也试图通过负面反馈减少同类推荐,发现无果,这让她确信算法系统中身份性标签很难"摆脱"。用户可能通过改变操作习惯去试探和观察系统的反馈,这是一个回合制的博弈。

在"推测—试探—确认—习得"的游戏中,用户通过个性化的实践得以理解自己的参与以何种方式对系统产生意义,并理解自己能对系统输出产生的影响。正如德·赛托关于技术体系的"游戏隐喻":尽管系统的设计者或管理者通过"技术的战略"形成制度化的控制,但是游戏的隐喻暗示了这种自上而下的设计只能创造松散的"活动框架"和"游戏的领域",而不能决定每一个步骤。[2] 算法意义的生成过程,就是在这个游戏领域中用户与算法发生互动的过程。

虽然算法是隐匿在交互界面之后的不可见的存在,但人们通过多样的实践方式,制定了算法的多种变体,亦即,我们在什么场景下遇见算法、从什么角度切入去理解算法、用什么手段去认识算法,这些便塑造了我们对算法的想象,也即时塑造了算法各自不同的意义。

二、多重想象

一旦我们不再假定"算法"是隐藏在内容流与界面之下的单一对象,而是将它置于日常使用中关注用户的具体想象与互动,算法的多重性就很快浮现出来。我们发现,并不存在关于算法的稳定的定义,用户在多样的实践方式中制定了对算法的多重想象。

---

[1] ANDERSON J. Understanding and interpreting algorithms: toward a hermeneutics of algorithms[J]. Media, Culture & Society, 2020, 42(7-8).

[2] 安德鲁·芬伯格. 技术批判理论——北京大学科技哲学丛书[M]. 韩连庆,曹观法,译. 北京:北京大学出版社,2005:103.

笔者主要通过两种方法分析用户的算法想象:第一,通过纸笔绘画,大部分受访者描绘了对抖音推荐系统的理解,我在画面中特别关注"系统"和"自我"的代表元素,因为人们如何理解"推荐系统和自身的关系"以及"自身在算法中的存在"是理解用户想象的关键,通过与算法的相对关系来定位自己,或能帮助形成对算法的自反性想象;第二,在用户描述自己抖音使用的访谈文本中,寻找人们称呼自己、描述抖音系统时刻意或下意识使用的动词和隐喻。附录中展示了部分用户对抖音算法的手绘示意图。

(一) 连续或断裂的关系

一些用户倾向于将自己与算法的关系想象成断裂的或断点式的。例如梅姐,她将抖音比作"在路边兜售商品的小贩",遇到自己喜欢的内容,她就会"驻足观赏"甚至"购买",但系统若是推荐了她不感兴趣的东西,她的第一反应会是"你少来,我才不买账",将内容快速划过去。

小宇没有直接用这类隐喻,但他认为,系统在一天的不同时段会给他推荐不同风格的内容,并且"(系统的)记忆不会很长,一般就是(一次使用中)前前后后的视频中会推荐相似的",当你快速刷过某些内容,在此后的短时间内,会降低该类视频的出现频率。这也是将使用抖音描述为"断裂的体验"的原因。

在这种想象之下,用户自己在算法系统中的存在也是断点式的,算法与自身的关系仅在互动的过程中存续,或是处于很短的周期中。"散人""游客"这一类词语被不自觉地用来描述用户自身。这些称谓暗示着,自己对于系统是许多散落的数据点,推荐系统无法从他们的行为实践中连续地解读出意义。但事实上,这些受访者在使用中一直登录了自己的账号。也有很多用户将自己在推荐系统中的体验描述为连续的。不管是否意识到数据的连续性流动,他们感受到推荐内容处于持续调整的过程中,且所有的推荐都是有迹可循的。无论兴趣如何发生变化,他们认为自己对于算法系统仍然是一个持续地可追踪的个体。在这种想象之下,用户本人可以和算法建立相对长期的联系。

(二) 双向或单向的联系

当用户始终把推荐系统作为主语来描述他们的互动时,倾向于将自己与算法的关系理解为单向的。小杨描述自己被抖音"监视"与"监听"的假想,契合了全景敞视主义的隐喻——推荐系统可以时时处处地观察到她,而她摸不到算法系统的脉络。阿平使用"(抖音)系统会利用人的弱点"这样的描述,在系统为自己贴上种种身份标签时,她为无法得知自己的画像标签而沮丧,只能去猜测自己落入了算法系统的哪些分类中。这反映了"单向关系"的想象：用户是系统单方面进行行为监控和价值攫取的客体，而我们对此无能为力。

而持有"双向联系"观点的用户认为，算法也必定需要来自用户的输入，或者说"给养"。用户有多种渠道和机会向系统提供"正确的"线索，算法也会为了留住用户"迎合"他们的喜好。小林这样描述使用初期自己的心态："（抖音）你尽管给我推荐，我可以挑，我会告诉你我喜欢哪些。"在这种双向的关系想象下，意味着算法系统需要用户的持续输入来提供动力，算法本身来自无数用户的行为与数据的集合，否则它无以存在。用户也可能主动地训练系统更契合自己的心思。

（三）动态的过程或静态的状态

人们倾向于使用动态的过程还是静态的状态来描述二者的关系，也是观察多重算法想象的一个维度。

在动态的算法想象中，用户持续向系统输入行为数据；系统处理源源不断的内容源以跟进用户的兴趣（可参考附录的图 b）。游戏直播爱好者小林在玩厌了"吃鸡"游戏，转向"梦幻西游"游戏之后，发现系统很快地跟进了自己的兴趣更迭，增加了梦幻西游的直播推荐，甚至还会通过"试探"行为来理解他"当下"的兴趣："它不知道你还会不会想起你的旧爱呢，它就偶尔还穿插几个'吃鸡'的，跟你试探还有没有戏……你要是也刷过去了，系统就知道，'吃鸡'已经不吸引你了。"在这种想象之下，"兴趣"是系统理解用户的主要支点，兴趣可以是短期或长期的，可以情境化地被系统感知和预测。系统提供的推荐结果，是基于对用户在当下兴趣的理解。算法在这里是一面"镜子"。

相反，当人们倾向于用静态的状态去理解推荐系统，用户的特征在系统中的意义往往是长期的。阿平倾向于用社会性、身份性的特征来描述推荐发生作用的机制（可参考附录的图 c）——相对同质化的人们被系统分到同一个圈子中，人们处于不同身份圈子的交集点，而这个状态是相对稳定的。阿平回忆到刚注册抖音时就填写了性别和年龄等身份信息，并提供了读取通讯录好友的权限。她推测正是性别信息促使抖音在冷启动阶段给她推送大量变装、化妆和下厨类视频。而在遇到大量"嫁给外国人"的反感视频后，她试图通过向系统的反馈改变推荐，发现不管自己怎么努力"快速刷掉"，始终无法完全屏蔽此类视频。她认为系统中的身份和圈层是相对固定、难以改变的。在这种静态的关系中，人们看到的系统中的自我也是相对固定的。在这里，推荐系统不是一面镜子，而是一台"相机"，生成对人们的固有属性的"快照"。

在人们连续或断裂、单向或双向、动态或静态的多重关系想象中，算法系统获得形形色色的意义。算法由此成为复合性的、异构的、松散的文化存在。这回应了西弗①关于算法文化性的论述——没有既定的、单一的算法理解,算法也不是一个先验的固定对象。在这里,关于文化的理解也适用于对算法的想象:文化(算法)的实践始终围绕着矛盾、误解、误判的问题。文化(算法)与其说是基于静态和同质化的规则、模型、文本,更倾向于策略、兴趣和即兴创作。

值得关注的是,人们对算法的多重想象是遇见算法后当前阶段实践的一种临时结果。这种想象不是关于既定算法对象的固有知识,而是在与算法交涉的种种实践中,不断被重新混合、审视和更新。

算法想象或许围绕着情感、矛盾或误解而构建,其本身是否成立并不重要,因为在被制定时,它们就成为事实的一部分。探索想象的多重性的意义在于,想象的力量超出其本身所在的解释性领域。亦即,在多重想象之下,用户会借此制定自己与算法的多样化的关系,以或接近、或偏离算法设计者预设的多样化方式来实践算法。这是技术系统中始终存在着的,被广泛接受的理性主义的技术代码与人类思想和行为的日常现实之间的张力。②

三、算法想象下的互动模式

布赫③提出,算法想象是富有成效的,可能会影响用户对算法系统的反应和行为方式,但她只是捕获了一些零星的经验,未详细展开研究。查尔斯·泰勒在对想象的论述中提到,想象不仅仅是一系列观念的集合,而是能够通过意义的生成过程来促成实践。④ 算法想象的力量,在想象过程与这一过程的结果间建立了紧密的联系。本文在布赫和泰勒的概念化的基础上,关注用户多重关系想象之下与算法形成了何种互动模式。在对访谈材料进行聚焦编码的基础上,发现三种典型的与算法的互动模式——游玩、培养和抵抗。

(一)游玩

"游玩"的互动模式暗示了用户和算法系统之间流动的关系。一些受访者提到:

---

① SEAVER N. Algorithms as culture:some tactics for the ethnography of algorithmic systems[J]. Big Data & Society, 2017,4(2).
② 芬伯格. 技术批判理论——北京大学科技哲学丛书[M]. 韩连庆,曹观法,译. 北京:北京大学出版社,2005,124.
③ BUCHER T. The algorithmic imaginary:exploring the ordinary affects of Facebook algorithms[J]. Information, communication & society, 2017,20(1).
④ TAYLOR C. Modern social imaginaries[J]. Public culture, 2002,14(1).

"没有(和抖音)成为忠实的关系""和抖音的关系就是很随意,好看的话会多刷一会儿,但没有很固定的习惯"。当受访者提到"散人""游客"的隐喻时,就暗示了这种临时的、流动的联系。

算法与用户的游玩模式可以类比为展览和看展的游客的关系。当抖音用户作为观看展览的游客,用户与算法的关系就是断裂的或断点式的——他们尽管知晓自己看到的内容是经过某种机制筛选的,但是游客与策展人并不会形成连续的联系,这是一次性的而非长期的关系。

此处本文希望引入对用户的意图与投资的考量。"投资"是皮科内等人①在分析社交媒介的参与行为中提出的,"投资"的概念使用户的参与行为变得可扩展和可衡量。

在意图层面,正如李哥提道,"很多时候刷抖音是抱着尝试玩一下的心态,看看会有点什么"。在游玩模式下,用户专注于当下的视频流,也会通过快速上滑的行为来刷掉不喜欢的内容,并期待在短周期内,算法推荐的结果有一定反响。算法与自身的关系仅在互动的过程中存续,或是处于很短的周期中。

游玩模式下,用户可能会在行为层面对算法进行微小的投资。皮科内等人②借用了关于电视观众的观众流的概念,他们认为"投资"成本需要考量与用户使用中的"flow"这种连续顺畅的精神状态的关系。"刷"抖音的状态,与电视受众通过切换频道组成合心意的内容流的状态非常相似。在游玩模式中,用户会为了保持流动的、一贯的观看体验而全神贯注地继续前进,而仅仅在有限的层面上对算法结果有所投资(快速上滑、即兴的转评赞),他们几乎不会为塑造自己的观看流而投入更积极的行为。

游玩的互动模式也实践了用户与算法的"单向"关系的想象,一些用户表示他们对算法的理解总归是"不合格的""幼稚的",黑匣子的运作太过复杂,在这一思维模式下,他们避免了和算法产生长期的、需要固定投入的联系。

(二)培养

"培养"的概念源于农耕领域,是农民通过准备土地来照顾或培育植物的行为。在剑桥词典中,它的一项引申义是表示"发展和改进某件事物的行动"③。西莱斯等

---

① PICONE I, KLEUT J, PAVLÍČKOVÁ T, et al. Small acts of engagement: reconnecting productive audience practices with everyday agency[J]. New Media & Society, 2019, 21(9).
② 同①.
③ Cambridge Dictionary, 详见 https://dictionary.cambridge.org/dictionary/english/cultivation.

人[①]在一项对"Spotify"的研究中对"培养"进行概念化,指出"培养"强调了用户与流媒体音乐互动过程中产生、捕捉和探索自身情绪的过程的动态性和仪式性特征。本文也认为"培养"这一概念可以再现抖音用户在算法系统中建立长期的双向关系的互动过程——他们通过在系统内的仪式性投资,以让算法结果更契合自己的需求,达成舒适的使用状态。

小吴在发现抖音一直给自己推送美女帅哥、变装跳舞类的视频后,对同质化内容的"饱和攻击"感到疲倦,就通过自己在系统中可识别的行为来拓展自己兴趣标签的边界。她这样描述这个过程:"因为它是算法,我会有意识地去训练它。每次大长腿的视频进到我的推荐流,就会迅速把它划过去。如果我在页面停留的时间短一点,它就会给我少推荐一点;有些有意思的、新颖的内容,我就会有意地把它看完,还会去看评论。"

在意图上,用户对自己在系统中的互动可能性与输出效果有相对清晰的预期,这种预期源于长期互动形成的稳定算法想象。"培养"的互动模式基于用户与算法保持"合作关系"的意愿,利用算法系统可识别的行为,使算法适合自己的日常生活。

培养的前提是认识到算法与自身关系的连续性和双向性。连续性意味着所有的推荐都是有迹可循的,可以追溯到用户在平台中的某些行为的"数字痕迹"。这需要相对长期的和持续的"投资",尽管这种投资可能仅仅是微小的、日常的参与行为。在这种互动模式下,它塑造和强化了用户与算法"双向关系"的想象。用户往往用双向的"反馈"这一关键词来描述这一过程。小林针对抖音算法的"茧房"问题表明了自己的态度:"(系统)可以给我更多样的东西,我有能力通过反馈让它知道我喜不喜欢。你只管给我推,我来给你做筛选。"当算法偶尔为丹丹推送了关于摄影技巧的视频时,因为是相对冷门和小众的分类,丹丹感到"超级惊喜,就像是宝藏一样",在每一次遇到都会有意地做完完播、关注和点赞的"套餐",希望感兴趣的内容和自己通过算法的微弱的连接能通过有意的培养行为来强化。在培养模式下,用户与算法形成了双向的反馈循环。

培养模式与对算法的动态性想象密切相关。算法是对个人兴趣的"镜像",而不是对个人既定属性的"快照"。用户因而对算法当前的缺陷表现为更加宽容的态度,例如在冷启动阶段,小雅发现抖音推送的内容局限在播放量高的几个固定类别,但她理解并且有信心通过自己的反馈来调提高算法对自己兴趣的拟合度。

[①] SILES I, ESPINOZA-ROJAS J, Naranjo A, et al. The mutual domestication of users and algorithmic recommendations on Netflix[J]. Communication, Culture & Critique, 2019, 12(4).

此外,培养的概念也捕捉到了此种互动的仪式性。仪式可以表现为一些微观的、平凡的实践,当受访者描述自己在每天的午休、带娃时的碎片时间、通勤的地铁上固定地进入特定的刷抖音的状态,算法就通过重复的练习,被纳入用户日常的时间与空间轨迹中。

辛格尔顿和劳[1]认为,结构化的重复机制制定了现实状况。在培养模式下,用户通常不会打破与内容流形成的舒适状态,依然更多地倾向于使用日常习惯范围内的行为与系统对话。在遇到刷屏的同类"魔法特效"模仿秀时,小林始终会快速滑过,不让它们在屏幕上停留超过一秒,以减少相关推荐;而小杨遇到屏幕底部表示该视频在抖音热榜上的"小黄条"横幅时,总会固定地点进去浏览。同样是双击点赞、反复观看或评论的日常行为,在培养的模式之下,用户是试着使抖音算法以可预期的方式迎合其需求。结构化的重复就是对算法的"投资",这个投资的过程是通过重复的练习将自身喜好和系统输出成为彼此的产品,从而将自己纳入算法中(或是将算法编织到自己生活中)。正如仪式的引申含义——它通过在内部和外部之间划定清晰的界限而发挥作用,受访者小雅提道:"我用久了抖音之后,推荐真是越来越贴合我……真的,你稍等一段时间就会发现(刷抖音)确实是一件蛮让人快乐的事情。"

用户也会平衡自己在该过程中的投资与回报。丹丹曾为了工作需要,希望在抖音算法中把自己打造成"紧随潮流的00后",但这个计划最终没有完成:"我想着把微博上关注的流量明星在抖音里也关注上……后来工作量实在太大,在抖音里也没有去搜索的习惯,就放弃了。"

由此可以看到,在这种培养模式下,用户对算法抱有更强的控制感,也反映了用户在算法系统内有更高程度的主体性。

(三) 抵抗

用户面对算法并非被动和不具抵抗能力的。抵抗的互动模式可能表现为不同形式:

第一个层面的抵抗是用户基于算法想象产生了批判性思考,形成了一定的对立关系。受访者会用不同的表述表达他们与算法的对立关系,例如:"系统很会利用人的弱点""它(系统)是贪婪的"。

在特定的算法想象之下,人们可能对算法转向抵抗态度。在静态的算法想象之

---

[1] SINGLETON V, LAW J. Devices as rituals: notes on enacting resistance [J]. Journal of Cultural Economy, 2013, 6(3).

下,用户很难拥有影响算法结果的控制感,因此会转向它的对立面。阿平相信,算法会根据身份标签将用户分流到一些圈层,圈层内人们的兴趣相对同质化。如果从"归类""分类"的角度来看待推荐系统,分类就有可能是错误的或具有冒犯性的,尤其是基于身份、人口学信息的分类。通过算法或统计得出的分类模式有可能是错误的,即使是正确的,也可能与用户的自我认知不匹配。这种归类的"错位"通过推荐结果呈现给用户后,很可能引发不适和反思。阿尔思和莫伊在研究[①]中也发现,用户常常能够意识到算法是具有"简化性"的,并且可能会反映对特定社会群体的刻板印象。丹丹作为未婚女性,对不断被推荐到"打小三"的视频而感到尴尬和冒犯。推荐结果也有可能只是源自用户的偶发行为,比如出于猎奇心理多看了几遍相关视频,但用户基于一种本质性的理解,完成了对算法规则的重新解释——推荐结果直接指向了她的"社会圈层"或"个人品质"。当用户的自身认知与算法结果冲突时,甚至担心影响他人对自己的评价,担心其他人看到自己的抖音推荐会觉得很奇怪,一些受访者将"污染"这样的意象用于自己的推荐列表。

同时,在对算法权力的单向度的想象之下,用户更可能以对抗的视角看待二者的关系。小杨提到,算法对用户数据的监视是"贪婪"的,自己无时无刻不处于各大平台算法的监视之下。在一切被数据化的时代,无处不在的获取数据形成了各大平台对用户的新的权力关系。感知到的监视越强,就越可能激发潜在的抵抗。小杨认为,自己一旦在使用App的开始选择了"知情同意",就走上了一切数据被攫取的无法回头的路。

尽管单向度的算法想象依然很受欢迎,大多数对立和抵抗却没有直接导致用户与平台的"决裂",即放弃使用。部分用户的抵抗态度转化成一种零星的、策略性的行为。德·赛托用被统治者的抵抗"策略"来描述技术系统控制下的另类的自主性。抵抗的策略性行为遵循了系统的逻辑,但却利用其替代性[②],从而有可能隐秘地削弱控制,或是影响游戏的作用形式,或是在更高水平上重新构造统治。[③]

这是一种更加复杂的抵抗形式,它不否认算法的强大功能,而是在其框架内运行,并将其用于各自的目的。丹丹在反复遇到"灵猫传"手游的广告视频后,意识到这类原生广告以"伪装"成普通视频的方式出现在信息流中,而出于平台的商业目标,广告

---

① YTRE-ARNE B,MOE H. Folk theories of algorithms:understanding digital irritation[J]. Media,Culture & Society,2020.
② CERTEAU M D. The practice of everyday life[M]. Berkeley:University of California Press,1984,31.
③ 芬伯格. 技术批判理论——北京大学科技哲学丛书[M]. 韩连庆,曹观法,译. 北京:北京大学出版社,2005:102-103.

的曝光规则会"更硬"。她猜测点击后未完成转化的广告会引发同系列广告视频的反复推送。尽管出于好奇心,丹丹还是会看完一些富有趣味的广告视频,但她会有意识地避开对广告视频的点击和跳转,以"骗过"系统。抵抗之所以起作用,是因为用户在算法框架中发现了以替代的方式进行实践的可能性。

小雅则采取了更激烈的方式:她发现很多"无意义的视频"利用表意的模糊吸引她妈妈一遍遍观看。反复播放的视频在现有算法规则中反而可能获得更多的流量。她担心妈妈会慢慢被不喜欢的内容裹挟,就在母亲抖音账号的点赞流中以低俗的名义举报这类视频,试图防止这类视频在母亲或其他人的信息流中继续曝光。

这类抵抗行为往往是精确的、临时的、零星的[1]。它们可能利用了算法系统某种隐藏的可供性,或者想象到了与设计者的初衷不同的算法可供性[2]。在抵抗的互动模式下,用户实际上是制定了不同于系统预设的另一种(或多种)算法现实。

在抖音的案例中,流量分发中公域流量和算法始终占据主导地位,用户的内容消费被算法隔离到无数小的隔间内,成为近乎完全私人领域中的互动。抵抗尽管细小或零散,但在批判思考算法规则中能彰显用户主体性的潜力。

这些互动模式本质上是对差异化想象的践行。由此,我们也得以理解算法的多重性的含义:算法不是单一的存在,但也不是复数的存在,它是多重的、复合的。通过人们形成的某种相对稳定的互动模式,多维度的算法想象在实践层面并不会走向分崩离析,而是被竞争或协调起来,从而得以共存。

四、讨论与反思

(一)算法想象与互动的交织关系

布赫提出了算法想象的生产力的观点,认为用户对"什么是算法,算法应该是什么以及它们如何起作用"的思考方式会超出解释性领域。本研究呼应了这一点,但认为并不只有"算法想象塑造互动"这一单向的关系。

算法想象与互动不是两个独立的过程。在深入受访者的个人故事与使用习惯之后,研究聚焦了人们如何在形形色色的互动中生成算法想象,同时又以特定的互动模式来实践多样想象的过程。由此,本文已经表明,在用户实践中,算法"是什么"和"怎

---

[1] CERTEAU M D. The practice of everyday life[M]. Berkeley: University of California Press, 1984, 32.
[2] SHAW A. Encoding and decoding affordances: stuart hall and interactive media technologies[J]. Media, Culture & Society, 2017, 39(4).

么做"的问题是相互交织的。算法想象与互动都是从受众端出发的算法制定过程中两个相互交织的方面。离开互动讨论想象是没有意义的,反之亦然。或可以借用马杰等人[1]的"混音"概念:"想象"的过程与"想象"的产物被混合起来了。

在相互交织的关系之上,二者可能处于循环的、递归的关系中:我们知道,算法想象不是关于既定算法对象的固有知识,而是基于当前阶段实践的临时结果。在与算法交涉的种种实践中,算法想象不断被强化,或是重新混合与更新。例如,本研究已经观察到,在游玩模式下,用户抱持着临时的、单向关系的想象,产生进一步对算法的认知关闭的倾向;在培养模式下,用户通过观察系统反馈而不断习得新的理解……由此,算法想象与互动更可能形成一种递归的关系。关于这一点的研究,需要进一步获取纵向的经验数据或采用民族志的观察。

(二)用户实践与算法生产侧的关系

回到"算法作为文化"的理念,它实际上引入了一种双向的建构主义。本文已经论证,用户通过多样化的实践形成对算法系统的理解;另一方面,算法本身也是被制定出来的。用户的各种清晰或暧昧、可理解的或干扰性的用户实践,都会影响算法系统发挥作用的具体方式。例如,当用户建立了与算法系统的断点式的联系,就很难预设算法系统能从用户行为中提取连续的、稳定的意义,并发挥预测作用,即通过用户过去的偏好来预测未来的行为。

相较于传统媒介文本的受众与接受研究,算法研究中的"生产—消费"关系更具有周期性、互动性的特点。不仅平台能将含义编码到用户可解码的算法中,用户实践也会再被反馈到编码过程中,因此,消费侧也是算法生产的一部分。借用摩尔[2]著作中的"本体论政治"观点:算法现实从来不是被提前赋予的,而是在不同的互动中形成和浮现的,对象的本体由此被下放到多种实践上。

本研究已经表明,算法在受众侧以许多非常不同的方式被制定出来。在算法系统的数据处理中完全"相同"的"点赞"行为数据,其背后可能包含截然不同的动机,可能是受众即兴的、自我展演的,或是为了壮大小众的兴趣而刻意为之的。这些用户想象与互动永远有其开放性与不确定性,在这些实践中制定出来的多重算法实体,则可能具有无法收束的张力。

因此,在当前工业界系统化、面向效率的算法设计的背景下,本研究提出了另一个

---

[1] MAGER A, KATZENBACH C, MARKHAM A. The limits of the imaginary: challenges to intervening in future speculations of memory, data, and algorithms[J]. New Media & Society, 2021, 23(2).
[2] MOL A. The body multiple[M]. Durham: Duke University Press, 2003.

重要的问题,即算法生产端的设计者应如何回应这种多重性。在算法生产的领域中,他们如何对多样化的用户实践进行平衡、收束或取舍?他们采用哪些行动让不同的用户互动不至于走向碎片化和不可识别?不同的用户互动模式在什么情况下会与既有目标对立,在什么情况下可以协调,哪些可以被划到算法模型的未来目标中去?由于这部分田野调查法的进入难度较高,难以完成本研究,未来研究可以进一步从算法生产端的行动者出发,研究他们如何应对差异化的用户实践。

(三)对算法系统设计的启示

对抖音来说,最简化的设计和单一的互动框架保障了最低限度的互动。但为了让用户与系统的互动是可持续的,需要用户与系统形成进一步的良性合作关系。不是所有的推荐系统越"透明"就一定越好,但所有平台都希望来自用户的合作,至少,系统需要用户以可预测、可识别的方式参与互动和生成数据。例如,受访者大多没有发现平台设置了"不感兴趣"的负面反馈渠道。系统可以更多地在可见界面上提供有效的引导,帮助人们知晓与算法互动的可能路径。一定程度的透明度是用户与算法持续互动所必需的,当透明度较低时,用户更可能以偏离系统设计者预期的方式与算法互动。因而,未来推荐系统设计的一项重要议题是帮助用户更好地了解算法如何做出决策,推荐系统潜能的发挥依赖于对系统本身的充分理解。[1]

系统设计的"重新情境化"也是本研究指向的一项重要建议。出于高效分发的目的,采用流动的数据和系统性的画像技术,算法技术系统将人们的行为去情境化了。在对高效的追求下,抹杀了对用户的诸多心理、动机、文化的关怀。这种理性技术代码和复杂的日常生活的张力始终存在。我们知道,将人的生动行为抽象成特征意图的过程,或多或少会产生偏差;所有算法逻辑都可能以设计者难以预料的方式被用户重释或挪用。这并非就意味着"滥用"和"误读",反而是算法设计在"消除熵"和"重新组织社会"时需要考虑并纳入技术体系的因素。这也是技术的民主化设计中"重新情境化"的含义。[2]

按照芬伯格的观点,算法并不是外在于我们的某种技术存在,社会要素需要参与到其技术设计中。举例来看,用户的媒介素养、对算法的认识能力、文化习惯都不应该是脱离算法系统的外部事务,而应是一个跨文化、跨年龄段的平台在算法设计中应该划入考量的。此外,抖音内容分发的"过滤泡泡"也不是一个外部问题,但是仅仅凭借

---

[1] 安德鲁·芬伯格.技术批判理论——北京大学科技哲学丛书[M].韩连庆,曹观法,译.北京:北京大学出版社,2005,118.
[2] 同[1]230.

系统内的数据分析可能很难准确定位和处理。新内容的发现、对小众内容的期待心理如何被抽象并内化为算法系统价值模型的目标？如何将更多细化的、有价值的用户或内容特征纳入算法系统？这些问题的发现和治理方案，都依赖于用户侧和生产侧持续的对话和共建关系。亦即，算法的生产机构需要开放更多在系统内或系统外与用户对话的可能性。

算法与人的互动，最终还是用户与算法设计者的互动，即以算法媒介为中介的人与人的对话。理想情况下，算法技术系统是作为"动态的交往媒介"，生产侧和用户侧在理解彼此不足的基础上，建立起相互信任、协同进化的关系。

附录 受访者对算法想象的手绘示意图

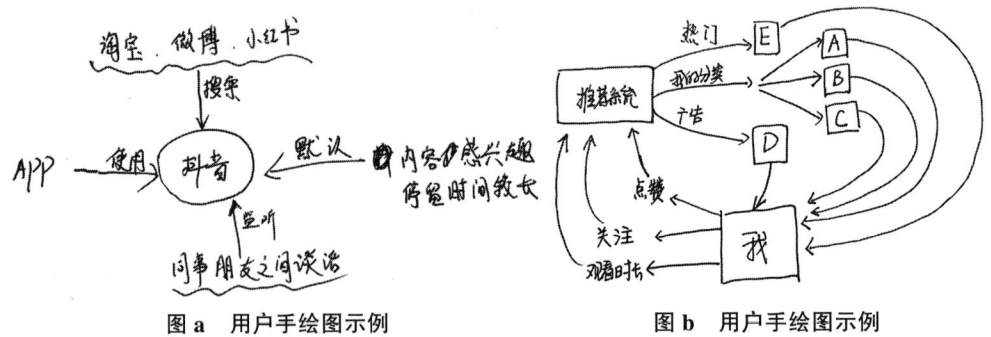

图 a 用户手绘图示例

图 b 用户手绘图示例

图 c 用户手绘图示例

图 d 用户手绘图示例

外卖员的算法实践与城市生活

◎ 赵 迪[①]

摘要：外卖员的传播实践离不开算法平台的运作。成为外卖员,首先意味着受到算法规则制约,并被其赋予一定的能动性。外卖员创造了新的算法时空,影响着我们的时空感知,外卖员在日复一日的移动中所派生的诸如"30分钟达,最后一千米"等概念,改变了我们认识世界的时空尺度,同时,我们也依据这一新的尺度来安排自己的生活。依托算法平台,外卖员建立起与商家、顾客和其他外卖员的关系,并在智能终端的召唤下创造算法生活。外卖员作为算法产业等互联网新兴产业融入城市的新现象,对城市生活产生了深远的影响。

关键词：外卖员；算法实践；城市生活

在城市化和全球化的浪潮下,中国人的日常生活正经历着急剧的变革,"叫个外卖"已经成为中国人习以为常的生活方式,而这种生活方式的维系,离不开中国700多万(2019年)外卖员日复一日的移动奔波。这些外卖员有两大显著特征：第一,多从乡村移动到城市,日常生活也包括身体、空间和社会关系的频繁移动；第二,日常工作生活高度依赖互联网算法和手机。外卖员和算法及手机的关系是什么？他们如何开展身体和空间的实践？他们如何影响人与城市之间的关系？本文基于此进行了调研,一方面,笔者下载了"美团众包"App,亲自体验了成为一名美团骑手的流程,试图理解其背后的算法逻辑；另一方面,笔者对10名外卖员进行了深入访谈,并随其他外卖员一起在不同时间段体验其送餐、取餐、休息等,从而进行参与式观察。

一、成为外卖员：算法规则与能动性

在用手机号注册了"美团众包"App的账号后,骑手需要进行一系列简单的线上培训,并参加考试。经过耗时不超过30分钟的培训,外行人就可以转变为一名"准骑手",获得自己的编号(外卖员戏称为"马甲")。那迅速"入行上道"是如何实现的？

[①] 赵迪,复旦大学新闻学院2020届硕士研究生。

答案是通过一系列来自实体空间和虚拟空间的规则。

在虚拟空间,技术对外卖员的"规训"体现在时间的限制和空间的追踪。时间上,外卖员需要遵循"大流程、小误差"的原则。所谓"大流程",指的是外卖配送基本的四大环节:接单、到店、取餐和送达。每一步都需要在限定时间内完成特定的人机操作:例如系统派单后,骑手需要在45s内选择接单或者拒绝;到达商户后,需要在App上点击"上报到店";取货后需要点击"我已取货";送达后需要点击"我已送达"……所谓"小误差",是对每一个环节的完成时间进行了严格的限制。通过"大流程、小误差"的人机互动,外卖员的移动与商户和顾客的互动得以被追踪,外卖员的行为也得到规范,由此外卖员被纳入效率优先,全程可追溯的城市外卖体系。

空间上,一方面,城市交通规则被内化为外卖体系中的评分机制;另一方面,外卖员也要在运力优化的准则下,遵循系统默认的派单限制和路线规划。

外卖系统拥有一套类似于机动车驾驶员的计分机制,每个骑手每个季度有36分的初始分,任何违法交通规则的行为都会扣分并且处以罚款。外卖员常见的违法行为包含在路口等候时超越停车线、闯红灯、逆向行驶、不在非机动车道内行驶、上桥入隧、乱停放等。上海单王赵彩存就在笔者访问当天,因为"违停",被扣了3分和30元。

与此同时,被实时追踪位置的外卖员也需要遵循运力调配的规则。外卖一般分为两种模式:派单和抢单,前者基于大数据和算法组成的运力调配系统,为外卖员分配订单。派单模式依赖于平台算法,针对骑手活动范围、配送订单时间、接单量等精确画像,并且结合不可控因素(如天气、路况、是否有顺路单等),匹配最适合的骑手。但派单模式也存在一定的局限性,如果派单后骑手不熟悉路况、距离太远不想送或者配送过程中的各种突发状况都有可能导致订单无法完成。2018年5—6月,美团外卖在重庆、上海、烟台、临沂等十几个城市发生了多起骑手集体抗议活动,原因就是平台派单制度的不合理。

对于那些不熟悉路线的骑手来说,手机上的路线指引也是一种规则。但地图上的信息错误或者颗粒度不够,也给外卖员带来了不少的麻烦,最常见的是地图导航无法指引到精确的楼栋。一位曾经跑过浙江省的美团骑手张语向笔者分享了他的故事:"有一次我接了一单要送给'浙江金华永康市高山头小区40幢一单元4号',我跟着导航走到39幢之后,想着下一幢肯定是40了吧,结果一抬头,41幢了,单子时间快到了,然后我就在附近跟着了魔一样找了一大圈没找到,最后问到一位老大爷,他告诉我40楼在马路对面。那时候我才知道这个小区的楼是按照单双号排的。"类似于楼栋按照单双号排列,还有一些无法显示在地图上的微妙的空间经验:复旦大学附属肿瘤医院1、2、3、5号楼之间有空中走廊连接,但是没有4号楼,有经验的骑手会选择从这个空中走廊穿过去(外卖员王洪兴)。

在实际物理空间中,也存在一些特殊"关卡",最普遍的有两种:一是限制外卖车、外卖员进入小区或客梯。二是老旧小区中错综复杂的栅栏、围墙、地下通道和暗道。

外卖员公认的三大最难送外卖区域:医院、学校和高档住宅小区,就是因为这三个地方不仅门牌复杂,并且有着严格的准入规定。外卖员赵彩存曾经接过几单来自"汤臣一品"①的单子,他回忆道,"不仅不能骑车进去,还要在前台登记姓名和身份证,而且全程有保安跟着你,直到送到顾客门口去"。此外,一些大学也不允许外卖员进入寝室楼,甚至有些大学不允许外卖车进入校园。以笔者所在的复旦大学北区为例,学生宿舍楼有严格的门禁,外卖员无法进入。

根据腾讯谷雨②记录的两名活跃在北京潘家园地区外卖单王的"闯关秘籍",在这片区域里,有数不清的围墙、栅栏和小门。配送员潘为磊被导航带到碰壁之处,他的目标是磨坊南里 25 号楼,但当他来到 28 号楼,却发现无法穿越,两栋楼之间隔着一堵墙。小潘后来才知道,这两栋楼分属于不同单位管辖。

在外卖系统的规则下,外卖员也具备一定的能动性,尤其是针对众包类型的骑手,如果说签约骑手是配送的正规军,那么众包骑手就是游击队。不同于签约骑手的派单模式,众包骑手采用抢单制度,即骑手自主评估订单情况、路况及个人运力,以决定要不要接单。此外,众包骑手还可以选择"近单模式"和"同城模式",前者划定 3 千米配送范围,优先显示近单;后者划定 5 千米配送范围,优先显示远单。由此,外卖员可以切换不同的工作模式,进而基于位置信息开展本地生活服务。

二、算法时空:新的感官尺度和时空节奏

外卖员在日复一日的移动和传播实践中,不仅主动或被动地融入了城市的生活节奏,也创造了新的算法时空,即新的感官尺度和时空节奏。

正如麦夸尔所言③,携带移动设备的人成了活的光标,城市空间成为交互界面。外卖员携带着智能手机移动,能够在虚拟空间通过"再现的身体"得以追踪,具体表现为:第一,顾客和外卖员本身都能在手机界面上看到外卖员的行走路径;第二,大数据集中收集位置数据之后,表现外卖员不同的移动风格。

---

① 由汤臣集团有限公司开发的楼盘,位于上海市陆家嘴滨江大道旁,占地 2 万多平方米。
② 谷雨影像-腾讯新闻. 我拜外卖小哥为师探秘城市,小区抄近道指南拿走不谢|快递故事[EB/OL]. (2017-01-01)[2018-11-14]. https://mp.weixin.qq.com/s/109KUXyVE7IIK1ALaQA-fg.
③ 麦夸尔. 网络化城市与公共空间的未来[M]. 潘霁,译. 上海:复旦大学出版社,2019.

顾客点餐后,能够在 App 上实时追踪外卖员的位置,这一位置将城市地图、外卖员的位置以及天气环境等叠加。三者叠加创造了"身临其境"之感,天气恶劣时,饿了么外卖的订单追踪页面甚至会显示风雨交加的效果,"我看到手机上有电闪雷鸣的效果,然后外面天气也是风雨交加的,当时就觉得外卖员挺不容易的,后来看到外卖员的图标卡在路口不动了,配送时间也快到了,我就打电话联系让他不要着急"(受访者 1 号)。不仅是顾客,外卖员自身也能对自己的行走路径进行追踪。一般情况下,骑手为了能够提高效率,会同时接多个单(例如,骑手经常说的"六胞胎""四胞胎"分别指的是同时接六个单和同时接四个单)。同时接单后的路径规划也显示在 App 中,成为骑手每天可视化的个人成就。

不同城市的每一位外卖员都在移动中形成自己的独门秘籍。很多人的经验内化在头脑和记忆中,"现在只要来单子,我不用导航就知道怎么走,哪家出餐快,哪家出餐慢,什么时候交警在,什么时候交警睁一只眼闭一只眼"(外卖员赵海)。而有些外卖员会更进一步,把在地经验转化为个人实用版本的手绘地图。外卖员孙凡凯就手绘了 125 张威海市的"送餐地图",涵盖 200 余个小区、3000 余幢楼房。

城市数据团在一项针对上海的饿了么骑手的研究中发现了一个有意思的现象:虽然骑手们的目标都是"以最快的速度接单,再以最快的速度送单",但他们却通过实践得到不同的策略,并通过新媒介技术得以再现。例如,同样是每天骑行 150 千米,不同骑手的活动范围却有着接近 2 倍的差距,这是因为不同的骑手有着不一样的抢单和配送风格。城市数据团总结了四种最具特色的风格,分别是"速度流"风格、"顺路流"风格、"抢饭点"风格和"拼命郎"风格。

其中,"顺路流"风格是外卖员对抗技术逻辑的很有趣的案例。所谓"顺路流",指的是顺路单比例高,而顺路单指的是"骑手在某一订单从取餐到送餐的过程中,还处理过其他订单"。按照平台的技术逻辑,应该是一单一单送。但是,技术的逻辑无法帮助骑手实现经济效益的最大化,"如果按照系统一单一单送肯定不会超时,但是也赚不到钱"(外卖员刘平原)。于是,出现了一群斗智斗勇的顺路流骑手。"顺路流的骑手平均活动范围达 30 平方千米,但高达 80% 的顺路单比例保证了他们不需要跑很多路。采取这种工作风格不仅考验骑手对区域内道路楼宇的熟悉程度、考验他们的路线规划和时间掌控能力,更是对随机应变能力的极大考验""你需要计算每一单的时间,去这个地点和下一个甚至下几个地点的时间都要提前计算好,路上稍微有一点情况,就会导致单子超时"(外卖员刘平原),有经验的骑手往往对城市的生活节奏了然于胸,他们知道如何匹配点外卖的顾客的时间表,并以此来规划自己的时间,以达到收入最大化。吕道俊是上海杨浦区有名的单王,他平均每天在线跑单时间长达 14 小时,日收入最高可以达到 800 元。他分享了自己的跑单经验,就是"顺时而为",点外卖的人中白领居多,那吕道俊就跟着白领的生活节奏跑单:"我每天早上 9 点到 10 点跑'顺丰',送瑞幸咖啡;中午 11 点到 13 点的高峰期跑'美团乐跑'跑两个小时,下午 15 点到 17 点的时候干跑腿,送星巴克和水果,晚高峰的两三个小时再继续跑'美团乐跑'。"吕道俊在跑外卖的过程中逐渐摸清了那些写字楼的白领们"早上一杯咖啡,下午再来点下午茶"的生活方式。也有一些骑手偏爱在晚上跑单,夜晚的城市有着不同于白天的节奏。马小东经常跑夜场,他说:"晚上的单子大多是酒店单或者急单,客单价高,而且配送比较容易,酒店送到门牌号那里就行了。"

与此同时,新的时空尺度也因外卖员持续性地渗透在日常生活中的、碎片化地融入日常生活的移动而产生。以往人们提出的"5 千米城市生活圈"更多指向"成本"的概念:即将生活所需的配套设施控制在 5 千米范围内能有效降低生活成本,而以外卖员为媒介的外卖产业的出现,将 5 千米缩小至 3 千米,甚至最后 1 千米,"30 分钟,最后一千米"即将成为城市生活的标配,"闪送"更是提出了"平均 1 分钟下单响应,10 分钟上门取件,60 分钟送达全城"的口号。"效率"和生活质量成为城市生活新的尺度。外卖员作为媒介,不仅更新了感官尺度,也反过来作用于城市人的生活节奏。受访的白领和大学生都表示外卖的出现调整了自己的生活节奏,他们一般会在就餐时间前 1 小时左右点外卖,在暴雨等恶劣天气下会相应地提前点餐。

三、算法关系:外卖员与商家、顾客、其他外卖员

外卖体系得以运行,得益于算法平台将外卖员与商家、顾客等不同主体联系在一起。外卖员涉及的算法关系包括(1)其绩效受制于商家和顾客的评价;(2)外卖员的具身实践也能够对商家形成隐形约束;(3)外卖员以不同身份与商家、顾客和其他外卖员开展多种多样的传播实践。

第一,外卖员的绩效受制于商家和顾客的评价。曾经有骑手这样形容外卖的四个参与主体:平台、商家、顾客和骑手的关系,"顾客是爷爷,商家是爸爸,骑手是孩子",以展现骑手在外卖产业链条中的弱势地位。悬在外卖员头上两个指标"商家满意率"和"顾客满意率",其中,又以"顾客满意率"最为重要,"因为如果商家不满意,一般站长出面协调一下就可以了,但是顾客不满意去投诉产品,一次就要罚 100 元以上,一天就白干了"(外卖员赵彩存)。

第二,外卖员能够对商家形成隐形的约束。外卖员作为与外卖商家的直接接触者,并且深入城市肌理、监管盲区,其参与监督的作用尤为明显。汕头的一名外卖小哥

曾经举报一家麻辣烫店铺,原因是他看到店主的孩子赤脚踩在作为食材的肉丸子上面。

其三,算法平台展现了外卖员与商家、顾客和其他外卖员开展的多重多样的传播实践。有人曾说美团是一个"神秘"的组织,因为骑手小哥几乎无所不能,他们能抓小偷,能救助昏迷老人,能在当街表演唱歌、打鼓甚至"打碟DJ",也能按照顾客订单上的要求画一个漂亮的"小猪佩奇",甚至能够在饭店爆单的时候自己跑到后厨炒菜。最有意思的是,外卖员与其他外卖员是通过算法平台实现的"师徒传帮带"关系。外卖员对跑单经验有天然的倚重性,当前国内外卖员处于供小于求的状态,算法平台通过一定的金钱鼓励老手带新手入行,要求新手进站跑单前要在老手的带领下熟悉三天。这种类师徒关系的形成,往往依仗新媒介平台如快手和微信的赋能。32岁的外卖骑手赵彩存是山东济宁人,目前是美团外卖上海陆家嘴站点的一名骑手,曾多次登顶该站点的单王。赵彩存业余时间喜欢在快手上分享自己的跑单心得和趣事,也是通过这个算法平台的推荐,大约有十名山东老乡找到了他,希望能够到上海跑外卖。"我在陆家嘴这边好几次都是单王,他们也想过来赚钱,我就给站点介绍了几个人,他们现在跑得还不错"。在访谈的过程中,赵彩存还拿起手机查看了一下自己徒弟今天的表现,十分上心。除了带入行之外,"师徒"之间还会分享行业内幕和跑单技巧。外卖员吴胜在快手上小有名气,经验丰富的他经常在快手上开直播,分享对比不同平台送外卖的技巧。他在微信朋友圈上分享了自己使用快手的初衷:"我作为一个跑外卖的,我玩快手还真不是为了挣钱,我说话很呆,作品很差,但我是真心交友,我觉得学会交朋友很重要,选择留在上海这个决定需要很大的勇气,不仅仅是金钱的匮乏,随之而来的是心里的那种空虚。我看过一本书,人的价值就是解决问题的能力,我想感谢快手,我想通过快手跟人互动,了解更多知识,利用空闲时间提升自己。"在开放心态下,吴胜通过快手平台,带了二十多个人入行:"每一个人我都有用心带,帮他们找中介、买电瓶车、租房子,这里面坑很多的。"

四、算法生活:智能手机在召唤

外卖员是新时代中国人口流动动力变迁的缩影,暗合着中国现代化和产业升级的历史进程,如果以往人口涌向城市的动力是地产、水利、纺织等实体产业,那么如今就是智能手机在召唤,它牵引着小镇青年投入劳动密集型的算法产业等互联网新兴产业。

相比于传统的地产、水利、电子、纺织等实体产业,依托于手机的算法产业等互联网新兴产业的提供了优厚的薪资、自由的工作时间以及"多劳多得"的公平机制。"我之前在家里做生意亏钱,在家里打工赚得太少了,跑外卖来钱快也比较自由"(外卖员刘平原)、"外卖确实能赚钱,有时候单王一个月可以赚一两万,好多白领还没我们赚得多"(外卖员赵彩存)、"我是给我自己打工的,我每天都不面对老板,每天我面对的就是商家和客人,我完全觉得我是在做自己的生意"(外卖员王炳智)、"我之前在富士康打工,没什么前途,钱给得少还不是人干的活"、"送单争分夺秒的时候,每位骑手都是平等的,不论性别,不论出身"(外卖员张宁)。

外卖员在算法平台和更广泛的人群中产生了实质上或者想象上的连接。算法平台等新媒体的出现被认为对农民工的人际交往、信息获取和归属感的形成有积极作用,"新媒体是获取社会资本的重要方式;新媒体嵌入日常生活,促进其经济融入、社会融入和文化心理融入;新媒体增进其他市民对农民工的了解、提升其自身的媒介素养、提升社会参与的积极性、在一定程度上隐藏了知识和社会差距……新的技术手段被认为可以给流动工人赋权、让他们更好地适应和参与社会变迁"。[①] 外卖员在日常工作生活中频繁使用算法平台等新媒体,手机既是他们的谋生方式也是生活方式。快手上存在着数量庞大的外卖骑手,他们乐于通过视频甚至直播的形式分享自己的生活和跑单经验,快手的直播间获得了电视的职能,成为他们在异乡少有的消遣。"之前一直做吃播,来上海闲着没事记录一下生活,玩了有两三年了,现在有小几万粉丝"(外卖员刘平原)。有些外卖员甚至因为在快手上呈现的鲜明的个人特点而被大众熟知,例如曾获得中国诗词大会总冠军的雷海为、获得星光大道总决赛季军的周磊、因外形突出而备受关注的22岁女外卖员@灵芝小小……

而正是这些实质和想象上的连接,使前往城市的外卖员获得了比农村人更宽广的视野。根据美团的骑手报告,有将近一半的人认为骑手工作带来的最大的成长是"对人对事的看法有很大改观"。"上海比我老家强太多太多太多了,能长好多见识,毕竟'魔都'"(外卖员刘平原)。外卖员吴胜来上海三年,经常在朋友圈和快手上分享自己在上海的生活经验,他看到了上海的包容性,也看到了不同人的生活方式。他告诉笔者一线城市的生活标准根本没有想象的那么高:"租房最低能找到230元的床位包水电费,正常都是600—700元,早餐5元煎饼加你一个油条。午餐湘滋味炒菜10元,晚餐9元钱羊肉粉,其实压根就没你想象的压力那么大。"他告诉那些想来上海跑外卖的同行们,上海的生活也没那么好:"上海人大部分又吃不了苦,专门想找穷送的活干,部分人好吃懒做,满脑子算计,而且很多普遍赖皮,所以

[①] 邱林川.信息时代的世界工厂——新工人阶级的网络社会[M].广西:广西师范大学出版社,2013.

啊有什么好羡慕的,哪里不都一样,上海待了这几年,我就觉得我老家挺好的,就是挣不到钱。"

算法平台与外卖员的存在,使多样化、个性化的城市生活得以产生并存续。"城市是现代性的重要表征。城市不再被单纯看作人口聚集地,而是作为一种人类文明和人类总体生活方式的承载"[①]。多亏了算法平台与虚实穿梭的外卖员,多样且个性的城市生活才能得以存续。我们往往能从算法平台公布的点餐报告中,发现城市生活的包容性和异质性。算法平台与外卖员助力了夜经济的火爆:你或许很难想象,有人会半年点451单夜宵,平均每晚吃三次,甚至有人在半年之内为夜宵花费超六万[②];上海作为人口庞杂的国际化都市,夜宵外卖最热销的食品竟然是葱油饼。算法平台与外卖员使得白领多样化的生活方式成为可能,低GI、生酮饮食、"brunch"和下午茶等生活方式的维系,全部可以依赖外卖搞定。算法平台与外卖员也给了城市人"宅"的理由,靠外卖生活从理论上也不是不可能的。

算法平台与外卖员的存在,也为城市生活带来了新的困境。其中,交通安全首当其冲。外卖员的收入与其能否准时送达息息相关,为了抢时间而违法交通规则是家常便饭。"干我们这一行的,没有任何一个人是不闯红灯的,你要是遵守交通规则,就赚不到钱,说不定还要赔钱,没办法,只能闯红灯的时候稍微小心点"(外卖员赵彩存)。上海发布文章《2019年上半年全市快递外卖行业交通事故情况公布》[③]数据显示,仅在2019年上半年,上海市共发生涉及快递、外卖行业各类道路交通事故325起,造成5人死亡、324人受伤。外卖员的"速度与激情"也影响了其他市民的生活经验,"我在路上开车看到外卖员就很害怕,不知道他们从哪里窜出来,朝哪个方向走,我一般都让着他们"(受访者11号)。便利与隐患并存的新型城市生活也在大众媒体的报道中得到印证。一方面,大众媒介将外卖员描述为城市不可或缺的组成部分,另一方面,外卖员又被建构为城市的一种不安定因素或"隐患"。但是这样的矛盾建构也说明,外卖员作为算法产业等互联网新兴产业融入城市的新现象,对城市生活产生了深远的影响。

---

① 谢静.中国传播学评论(第六辑)新传播与新关系:中国城乡变迁[M].上海:复旦大学出版社,2016,32.
② 李佳琪.哈尔滨外卖夜宵"单王"出炉,半年点451单夜宵平均每晚吃三次[EB/OL].(2018-02-02)[2019-08-01]. https://k.sina.com.cn/article_6732075546_19143521a00100ifyl.html?from=food&sudaref=www.google.com&display=0&retcode=6102.
③ 上海发布.2019年上半年全市快递外卖行业交通事故情况公布[EB/OL].(2018-04-12)[2019-07-06]. https://mp.weixin.qq.com/s/4TcJdPV9YywfHCoegxySxA.

算法短视频平台的城市意象:抖音重庆的构建

◎ 蔡世骄[①]

摘要:城市形象的构建与传播体现了媒介技术运作的特性。抖音等分配算法驱动的短视频社交平台深刻地改变了城市形象的显现方式,转变了城市与平台用户作为认知、情感和行为主体之间发生关联的方式。本研究结合大数据量化内容分析方法,以属性议程设置为概念框架,探究抖音这样的算法短视频平台如何通过选择性突出都市属性来塑造重庆的城市意象,以及城市意象是如何与用户对城市属性的认知关联的。进而,本研究采取焦点小组访谈法更深入地考察其在重庆本地居民与非本地居民之间形成的质性差异。研究发现通过情感和内容的不同组合,算法驱动的城市意象生成可改变用户对城市意象的感知角度和思考方式。这种改变被非本地居民感知为城市的"现代奇观",而本地居民对此认同度不高。

关键词:抖音;城市形象;重庆;议程设置,算法平台

城市形象是推动城市发展的力量。城市形象的构建与传播离不开媒介。新媒体环境下构建城市形象的手段主要包括设立城市门户网站,在搜索引擎中添加城市形象相关网页,创建地方政府及其他非政府组织官方微博账号、微信公众号以及抖音账号、快手账号等。短视频已被视为互联网成熟期的文化图腾,如快手、秒拍等一批短视频平台在 2013 年初露锋芒,在 2016 年进入爆发式增长期。抖音等短视频平台已成为城市形象建构与传播中越来越重要的领域。

笔者之所以选择抖音平台,主要是因为考虑到其巨大的影响力和代表性。抖音自 2016 年 9 月上线以来,用户数量持续攀升,截至 2019 年 7 月,国内日活跃用户数(Daily Active User,DAU)超过 3.2 亿人[②],成为国内名副其实的最受欢迎的短视频生产与传播平台,尤其是抖音独特的传播模式成功地建构、传播了多个抖音"网红"城市形象。其中重庆成功跃居其播放量榜首,成为唯一城市形象的相关视频的播放量超百亿的城市。重庆成为名副其实的"抖音之城",在全社会形成一定的轰动效应。经由抖

[①] 蔡世骄.复旦大学新闻学院 2020 届级硕士研究生。
[②] 搜狐网:《凶猛的抖音:抖音宣布日活跃人数超 3.2 亿》[EB/OL].(2018-06-30)[2019-07-22]. http://www.sohu.com/a/325929415_100272654.

音平台"独特"的传播形态,重庆的城市意象也从原本在大众媒体中的模糊状态变得更具辨识度,产生了巨大的经济、社会和文化效益。

然而,在现有文献中城市形象传播研究的主题大多分布在传播的内容(23.03%)、传播的渠道及方式(53.35%)、传播的对象(8.73%)、传播的效果(18.91%)四个方面①,多聚焦于政府和传统大众媒介组织。而在以短视频为主的环境中,算法驱动的影像传播如何产生传播效果,以及这种效果在城市居民与非城市居民之间是否存在差别,仍有待进一步探讨。

文献回顾

一、城市形象的概念化

所谓形象多被界定为个人对事物的主观感知,由印象、信仰和理念等主观性评判组成②。形象之构成涉及主客体之间的交互感知,而交互感知的外化和存续更是与媒介技术的特性紧密相关。

城市形象的概念经由林奇的研究流传开来,广为人知。概念意指多数人共同拥有的一系列公众印象,这种由多数人的印象叠合起来的心理图景通常由道路、边沿、区域、节点和标志等五类要素构成。他从城市设计、规划角度归纳概念,侧重于对城市形象的物质性总结③。在1988年,林奇在《Good City Form》一书中将城市形象的研究视角扩展到营销学与管理学,提出"管理、效率和公平"是一个具有良好形态的城市的必要因素④,城市形象的构建与传播理论开始变得更为系统化。

自20世纪90年代以来,城市形象的创造与提升逐渐成为我国各城市政府吸引资金、游客和各类人才的重要因素。居易从美学视角解释城市形象的内涵,认为"感受性"是城市形象的重要标准。基于此,他把受众对城市形象的感受系统分解为精神、视觉、消费、风情等四个层面。这种分解的意义在于,舒适的人居环境成为研究"城市形象"的内涵,人本精神被放置于"城市形象"研究中的重要地位。同时,他还提出城市形象的塑造者往往也是形象的感受者⑤。郭旭等人进一步延括了评价标准体系,提

---

① 梅潇.我国城市形象传播研究综述(1997—2013)[J].南京晓庄学院学报,2015,31(01):100-104.
② 科特勒,阿姆斯特朗.市场营销[M].俞利军,译.北京:华夏出版社,2003:231-232.
③ 林奇.城市的印象[M].项秉仁,译.北京:中国建筑工业出版社,1990.
④ LYNCH,KEVEN. Good city form[M]. Cambridge:The MIT Press,1984:102-105.
⑤ 居易.城市形象的基本概念及其感受[J].公关世界,1997(01):16-17.

出城市形象是城市内部和外部公众对城市的内在综合实力、外显表象活力和未来发展前景的具体感知、总体看法和综合评价①。李兴国同样认为城市形象是公民对城市的共性评价，因为这种意识建立在其物质基础之上，从外界的反馈互动中得来。因而城市形象并非是单纯城市现实的呈现，而是形象塑造者经过个人编码后通过意象化的符号运作表述出来的结果②。陈映依据指涉视角的差异，认为城市形象可以分为"实体形象"和"虚拟形象"。其中，"实体形象"包括城市建筑、绿化等硬件系统和政府行为、市民素质、城市文化等软件系统，而"虚拟形象"则从认知心理学视角出发，将城市形象理解为内部和外部公众对城市的总体信念与印象，信息的中介过程在其中起重要作用③。叶晓滨认为，城市形象是在物质本源基础上，经由媒介对城市所产生的兼具客观性和主观性的再现和投射。在时间和空间被不断延展的现代社会，媒介成了构建城市形象的必要中介④。

二、媒介技术与城市形象的建构

从概念化的城市形象可以看出，形象的生成和效果皆涉及媒介的中介化过程。经过媒介操作"召唤"生成的城市形象是对一个城市的脾性、风貌、特征、价值等要素的创造性的"重组拼装"，并可以将肉身"不在场"的人们以各种方式卷入其中。因此，随着媒介本身的变化和发展，城市的媒介形象也成为一种动态的文化和技术建构。⑤

在中国知网上，以"城市形象""媒体传播"为关键词，从"主题"维度搜索篇名中含有"城市形象"或"媒体传播"的文献，共计804篇。从趋势看，如图1所示，媒介化城市形象的研究在2008年后快速增长。在2018年后，城市形象的媒介化研究焦点逐渐从传统新闻报道（3篇）、城市形象宣传片（3篇）、微电影（4篇）转移到新媒体（23篇）上，如图2所示。

---

① 郭旭,陈光,杨小薇.构塑21世纪城市想象的灵魂[J].哈尔滨建筑大学学报,2001(04):95.
② 李兴国.北京形象—北京市城市识别系统(CIS)及舆论导向[M].北京:中国国际广播出版社,2008:2-3.
③ 陈映.城市形象的媒体建构——概念分析与理论框架[J].新闻界,2009,05(030):103.
④ 叶晓滨.大众传媒与城市形象传播研究[D].武汉:武汉大学,2010:57-59.
⑤ 薛敏芝.论现代城市的形象构建与传播设计[J].上海大学学报,2002(7):106-112.

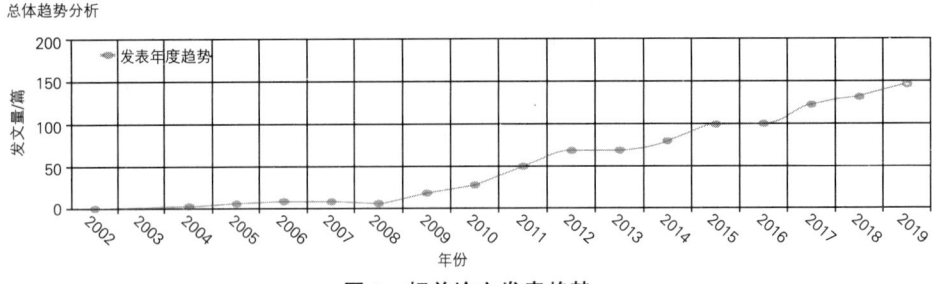

图 1　相关论文发表趋势

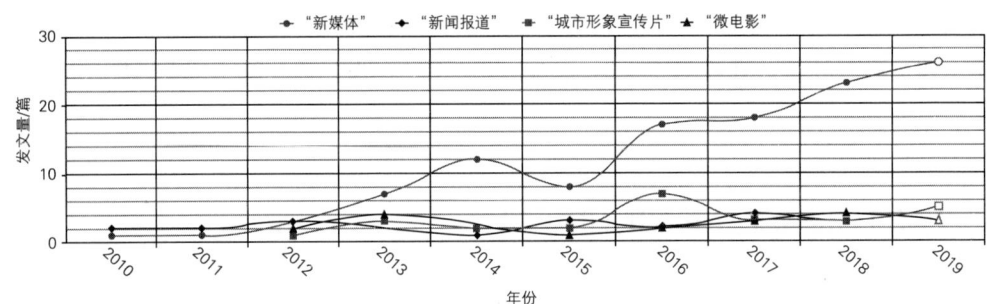

图 2　相关论文发表趋势

在大众媒介的技术环境下,围绕城市形象的探讨多指向城市文化身份的建构和正面城市形象对社会、经济和文化发展的促进作用。例如,黄俊以1946年以来《人民日报》头版涉及重庆的报道为例,描述中国主流媒体如何在不同历史阶段建构三个不同维度的重庆城市媒介形象,新中国成立前的革命激情之城、百业待兴时期的工业建设之城、直辖后的新兴腾飞之城。[①] 这样中心化的形象建构不仅为受众想象重庆提供了记忆的"脚本",也将主流大众媒体对城市想象的历史痕迹与城市本身的经济文化发展契合起来。同时,也有学者或多或少地认为在大众媒介的建构和传播逻辑下,城市形象是系统的、可设计的、可操纵的,具有自上而下的宣传劝服特点。这种生产机制也许能在大众媒介上呈现一个完美的城市形象。曾一果在2011年出版的《想象城市:改革开放30年来大众媒介的"城市叙事"》中,探讨了报纸、杂志等传统媒介对城市的建构。不同的媒介形式会引起人们对城市的不同的"想象"。由此可见,媒介本身的特点对城市形象的建构确实具有一定影响。他认为"想象"城市的过程始终伴随着建构的过程[②],并解释"想象"二字的内涵不仅仅是指思维的自由发散,更是一种对事物的

---

① 黄俊.重庆城市媒介形象的追溯与流变——基于70年来《人民日报》头版涉渝报道的分析[J].重庆交通大学学报(社会科学版),2018,18(03):128-135.
② 曾一果.想象城市:改革开放30年来大众媒介的"城市叙事"[M].北京:中国书籍出版社,2011.

认识、叙述和建构。大众媒介构建的城市意象能够直接形塑人们对于城市的认识和体验。

在数字网络媒介技术环境中,传统地由编辑、记者等"精英阶层"作为文化中介体组织选择、把关形成的"拟态环境"在媒介技术的冲击下,正呈现新的状态。麦夸尔指出数字媒介重构了市民与城市的互动、感知体验城市空间的方式。杜丹等人解释说数字技术赋予个体参与式实践更多的可能性,并能在新媒介空间建造一个可以与官方和商业资本互动、冲突与协商的话语空间。个体对官方和媒体组织构建与塑造的城市形象的反应,包括了认同、补充与解构、对抗的正反两面①。作为应对,刘丹等人提出在互联网思维下的城市形象最好的传播方式是提取城市文化符号,构筑其空间价值,将城市文化资源转化为"文化资本"。但是他同样认为大众传媒对城市形象的符号提取和解读过程,在无形中构成了人们的精神环境,人们相信媒介真实,相信通过媒介呈现的城市形象是对城市最为逼真的还原②。

三、抖音算法平台的城市形象建构

抖音平台的城市形象呈现方式有去中心化、多元立体、互通互联等特点。

首先,抖音平台制播一体化、低成本生产的模式为更多个体赋予了将自身个性化城市体验渗透到城市形象建构中的能力和传播渠道,随之形成对传统传播权力中心结构的消解。因此,在抖音平台上,城市形象传播主体的影响力不再完全由政治属性或社会资源拥有的程度而决定,优质内容生产才能标榜影响力的大小。例如,2018年抖音热门视频前100位中(按播放量高低排序),超过80%的视频是由个人用户创作的③。普通个体成了抖音平台上创作关于城市形象的视频的主力和最主要的传播者,这让影响力格局发生了新变化。

其次,随着抖音平台赋权于个人,大量新的个体传播单位被激活④。每个人都可以从自身视角出发去创作和讲述城市故事,自己生产和传播关于城市形象的短视频。传播主体逐渐从政府机构转变为普通个体,生产视角也从由上至下逐渐转变为由下至

---

① 杜丹.镜像苏州:市民参与和话语重构——对UGC视频和网友评论的文本分析[J].新闻与传播研究,2016,23(08):88-108+128.
② 刘丹,李杰.文化符号与空间价值:互联网思维下的城市形象传播与塑造[J].西南民族大学学报(人文社科版),2016,37(06):154-158.
③ 清华大学城市品牌研究室,抖音,头条指数.视频与城市形象研究白皮书[R/OL].(2017-09-08)[2018-09-11].http://www.199it.com/archives/771662.html?from=singlemessage&isappinstalled=0.
④ 鞠维伦,刘小三.抖音中的"西安热":短视频中的城市形象建构——基于媒介环境学视角[J].新闻研究导刊,2019,10(06):45-47.

上,内容叙事风格也从宏大变为日常。城市形象的主体符号不再是宣传片中林立的高楼大厦和气势恢宏的解说词,而是普通百姓的衣食住行。抖音平台切换城市形象建构视角的同时,也让城市更有烟火气息与人情趣味,拉近城市与大众的距离。与此相应,人们与城市的关系从单向欣赏走向交互式沟通,又因抖音呈现的城市形象往往融合了多重的感官体验,所以这一效果尤其明显。有学者认为抖音智能算法终端和社交媒体平台的特性将充分发挥影像视听元素特点,短视频与移动社交媒体结合,形成独特的城市景观和文化,有力塑造和推广城市形象。[①] 在抖音平台上的城市形象传播中,带有地方特色的民谣、方言歌曲、戏剧等都是城市形象传达的载体。例如,伴随着抖音上的热门歌曲《重庆的味道》,"这座城市,吃货的天堂,美食的诱惑已经势不可挡,到底要吃什么,有麻辣就不错,火锅店是永恒不变的战场,重庆的味道,辣得不得了,佐料里的乾坤还有多少你不知道……"受众在听觉的刺激和味觉的想象中接受了对城市形象内容的传播。截至2020年1月,《重庆的味道》这首"爆款"歌曲已经在抖音平台上被17.4万人使用过。

再次,抖音还连通了线上和线下、符号和实物。其中,"抖音挑战赛"就是非常独特的传播形态。挑战赛的发起主体会通过有趣的话题设置、新奇的玩法互动、KOL(Key Opinion Leader,简称KOL)和明星前期曝光来提升话题热度,配以优渥的奖励、简单易模仿的视频制作模版来吸引用户,让他们自发进行与城市地理位置有关或者与城市形象相关的内容的生产。抖音运营方也会为挑战赛及其参赛作品提供开屏广告、信息流广告、发现页、热搜页、消息页(抖音小助手)等全流量入口,进行内容推广的流量扶持。整个挑战赛往往将实体空间、社会组织、数字符号、网民流量、其他数字平台(如QQ、微博、多闪、今日头条等)和实物商品融合一体。据卡思的研究报告[②],在挑战赛发起的前7日,官方流量和KOL的影响会吸引用户进行内容创作,而后基于其话题的趣味性和可参与性,在长时间里吸引更多用户参加。也就是说,城市挑战赛会对受众产生一段持续性的影响,加深其对城市形象的印象。抖音城市形象的互联性使其产物具有"媒体奇观"的特质,抖音城市形象得以在"奇观化的反复表演"中不断得到确认和强化[③]。

最后,抖音是算法驱动的智能平台。算法改变了信息生产、发布和传播的基础规

[①] 陈媛媛.短视频助力城市形象传播[N].中国社会科学报,2018-10-18(003).
[②] 火星文化,卡思数据.2019抖音挑战赛研究报告[R/OL].(2018-03-20)[2019-04-10]. http://www.199it.com/archives/859370.html.
[③] 徐景毅.抖音短视频与西安旅游奇观[J].新闻传播,2018(23):72-73.

则。① 抖音算法最简单的原形可以被理解为平台对用户和内容进行的"标签化"处理，如图3所示：即通过给内容贴标签、给用户贴标签，再按照标签进行千人千面的个性化智能推送的过程。算法还具有自主学习能力：随着用户使用程度的深入和行为信息的增多，抖音会相应地对采集到的用户数据进行不断的学习与分析，以实时调整和组合不同的算法推荐路径。

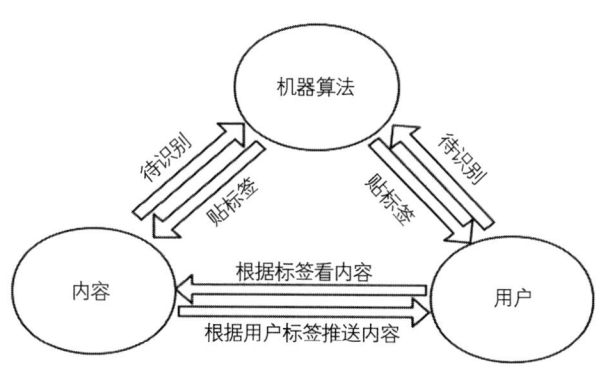

图3 抖音算法原型

目前抖音最基本的"标签化"过程是通过以下四类不同的推荐路径达成②：第一，基于用户基本信息的协同过滤。抖音会对用户性别、年龄、职业、学历、兴趣、注册地等基本信息进行汇总分类，再按照用户基本信息的拟合程度（相似性）智能推送平台内容。第二，基于用户社交关系的精准推荐。通过对用户手机通讯录、用户绑定的社交平台、站内注册用户社交关系的三维信息进行分类加权，抖音可以有效地绘制用户社交图谱，以实现更精准的内容推荐。第三，基于内容流量池的叠加推荐。在叠加推荐和热度加权的逻辑下，抖音以浏览量、完播率、点赞量、评论量、转发量的综合权重作为基础以评估视频热度，达到一定热度量级的视频会自动进入下一梯级的推荐指标体系中。随后再在更大的流量池中被评估并继续叠加流量，以此实现平台内的优质内容挖掘和露出。第四，基于平台管理者的分发推荐。抖音平台运营方可以对特定视频内容进行赋权，通过机器智能算法进行二次或多次分发。在这种推荐机制下，用户可以通过商业合作、个人付费（Dou+）等方式获取更大的权限与更高的内容曝光率，这也是抖音平台运营方实现流量变现的主要途径。

---

① 周葆华.算法推荐类App的使用及其影响——基于全国受众调查的实证分析[J].新闻记者，2019(12)：27-37.
② 莫少卿.抖音城市形象传播研究[D].河南：河南大学，2019.

四、重庆的抖音形象传播

重庆是一座年轻的直辖市。自 1997 年以来,其媒体形象已然是车水马龙的现代化大都市图景。从改革开放至今,随着城市的变迁和功能的发展,以及官方机构出于招商引资和吸引游客的目的,重庆城市形象的生成与传播也经历了多次更迭转换。传播方式主要由人际传播、大众传播、组织传播向新媒体平台上几种传播方式发生融合衍变。

1997 年—2017 年,重庆的媒介形象偏向城市经济发展,多少忽视了城市人文精神、科技创新和品牌身份等面向[①]。贺艳以重庆本土影响力最强的都市报《重庆晚报》为研究对象,发现其文本建构以重视民俗文化、发掘历史传统、回避"现代性"三种叙事策略来构建重庆耿直的民风粗犷的民间文化和艰险的自然景象。本土媒体对"现代性"的刻意回避,使城市自上而下推动现代化改造,而民众缺乏对现代化城市形象的认同。[②] 温洪泉提出重庆本地公交移动电视的时时移动、内外交融等特点可以促进市民对城市文化的认同。数字媒体催生的重庆城市形象新的建构方式引起了学者的广泛关注。[③]

就新媒体城市形象的传播效果而言,王勇安认为抖音构建城市形象过程中生产传播一体化、竖屏设计、盲选推送、强音乐属性、品牌影响力大、个人价值关照强等特点影响了传播效果[④]。鞠维伦等人认为基于媒介环境学视角短视频凭借短时快捷的传播特征改变了媒介环境,使受众的心目中快速建立了城市的形象[⑤]。鲍立泉等人基于二元视角对抖音上的官方和民间话语体系进行了讨论,他们认为在新媒体平台上,官方和民间开展有效对话才能互相补充,才能构建更好的城市品牌形象[⑥]。然而对于构建重庆城市形象多元化面向的方式,尤其是数字化的媒介建构形象具体如何重塑本地或外来公众对重庆城市的认知"形象",尚有待于进一步细化。

---

① 郑莎.文献计量学视角下重庆城市形象传播研究[J].传播力研究,2017,1(12):15-16.
② 贺艳,贺建平.媒体叙事策略与城市形象的建构——基于《重庆晚报》的媒体叙事研究[J].新闻知识,2009(12):56-57.
③ 温洪泉.重庆公交移动电视的城市形象建构与传播研究[J].电视研究,2018(09):67-69.
④ 王勇安,杨忠杨.移动短视频和城市形象建构传播的关系——以抖音 App 宣传西安为例[J].长安大学学报(社会科学版),2019,21(01):42-50.
⑤ 鞠维伦,刘小三.抖音中的"西安热":短视频中的城市形象建构——基于媒介环境学视角[J].新闻研究导刊,2019,10(06):45-47.
⑥ 鲍立泉,于文頔.基于二元视角的短视频城市形象建构策略——以抖音上的武汉城市传播为例[J].视听,2019(04):200-201.

五、重庆抖音形象的议题设置

本研究借助属性议题设置理论,利用大数据对以上问题进行了探索。属性议程设置理论主要探究媒介对议题属性突出是否影响公众对该议题的关注侧面。如果这种方式影响到公众对城市形象的认识方式,那么可能影响公众对城市议题的态度。[1] 属性议程设置通常包含四个维度[2]:次级议题、构架机制、情感要素和认知要素。本研究着重在重庆城市形象议题下探讨其认知属性、构架机制和情感属性三个议题。

(一)认知属性

重庆城市形象这一议题由诸多侧面构成,主要涉及都市旅游景观、自然景观、地方美食、地方方言、城市人文等。上述侧面可以被视为重庆城市形象的认知属性。通过分析抖音媒体平台和受众对这些属性的强调侧重,可以了解抖音属性议程如何改变受众对重庆城市形象的认知"地图",并可以进一步比较二者在该议题上的认知方式及态度上的异同。根据抖音上重庆城市形象传播的内容分布,本研究采用清华大学与抖音合作发布的《短视频与城市形象研究白皮书》一文中的抖音平台播放量TOP100的城市形象视频内容分布分析结果,将该议题所包含的认知属性界定为以下八个属性:地方文化、地方饮食、商业景观、历史景观、自然景观、市政设施、政府形象、市政服务。认知属性分类及样本视频典型内容如表1所示。

表1 认知属性分类及样本视频典型内容

认知属性分类	含义	样本视频典型内容
地方文化	在一定的地域环境中,与环境相融合打上的地域烙印的一种独特的文化	方言、民间艺术、民俗、地方历史名人及市民价值观、精神面貌等
地方饮食	地方特色饮食种类、生产工艺、饮食风俗及其他饮食文化	火锅、酸辣粉、山城小汤圆、红糖糍粑等
商业景观	以营利为目的的商业街景观或其他非自然景观	解放碑、磁器口、IFS、观音桥等
历史景观	具有历史内涵的人文景观	白公馆、渣滓洞、红岩村等

---

[1] 麦库姆斯.议程设置:大众传媒与舆论[M].郭镇之,译.北京:北京大学,2008.
[2] 蒋忠波.网络议程设置的实证研究[M].北京:中国社会科学出版社,2015.

续表

认知属性分类	含义	样本视频典型内容
自然景观	自然风景区及与自然现象相关景观	大足石刻、巫山小山峡等
市政设施	政府、法人或公民出资建造的公共设施	城市公共区域内的各种建筑物、城市轨道交通、园林绿化及城市景观等
政府形象	公众对政府行为及政府人员的总体评价	城市大型商业文艺活动、国际会议及论坛等公共事务及政府公务人员精神面貌等
市政服务	政府及相关事业单位为社会团体、企事业单位和个人提供的各项行政服务	便民服务、法制教育、安全及治安维护等公共服务

(二) 构架机制

根据盖纳姆对属性议程设置中构架机制的定义,构架机制是指媒介对这些议题认知属性的强调程度和展现方式。比如,报纸报道所占的位置、版面大小、新闻标题、新闻图片等能表现媒介对信息的重视度,说明新闻显要性的因素。技术平台的变化直接改变城市形象的构架机制。由于抖音媒介平台上的视频呈现主要由时长、声音和画面组成。其中,声音包括抖音平台配乐和具有地方特色的原创音乐(在统计表中被描述为重庆特色音乐);画面分为文字、特效与道具,其中"特效"和"道具"是抖音媒介特有的视频拍摄和表现功能,"特效"包括快慢速拍摄、美化等属性;而道具指抖音平台上编辑视频的模板。

(三) 情感属性

按照盖纳姆在1997年对议题属性的区分,如果认知属性强调了议题的侧面特征,那么情感属性则强调了议题中包含的情感属性。当各种认知属性被媒介或受众认识和传播时,媒介或受众也会在此过程中对认知属性赋予情感属性。对各认知属性的情感属性的综合分析可以较准确地获知受众对该议题的情感评价。

本研究将媒体和受众对重庆城市形象议题的情感属性界定为三种:正向、中性和负向。"正向"的情感属性指的是对该认知属性表现为肯定、鼓励或赞美的态度。比如在市政设施属性中,抖音媒介上的热门视频呈现的内容是李子坝穿楼而过的轻轨"奇观",即可以归纳为正向情感属性。"负向"的情感属性则是对该认知属性体现出质疑、否定或诘问的情感反应。比如在古镇景点中,抖音媒介上的热门视频呈现的内容是磁器口旅游饮食避坑指南、磁器口交通拥挤、过于商业化等,都属于对该认知属性的负向的情感属性。"中性"的情感属性则是指在该信息表达中没有明确的情感偏向、视频文案也无明显的语义色彩,只是客观地描述城市形象,这些即可以被定义为中性的情感属性。

研究方法

一、研究对象选择

(一)抖音议程的选择

在确定抖音媒介议程时,考虑到抖音平台用户生产内容的属性,与"重庆"相关的视频众多。在抖音算法推荐的逻辑下,优质视频的内容生产者会在平台叠加推荐与热度加权的机制中获得更多流量,有更多的曝光机会,一定程度上对受众有更强的影响力。因此,以"重庆城市形象"为议题,本研究按如下步骤选择抖音视频创作者(媒介议程样本):(1)借助飞瓜数据平台的抖音账号排行榜,获取与"重庆"相关的排名前50位的账号;(2)通过分析前50位的账号的首页内容,删除创作内容对重庆城市形象议题描述不明确的账号;(3)删除本研究时间段内没有发表与重庆城市形象议题相关内容的账号;(4)按上述步骤筛选后进行排序和筛选。删除的账号有重庆电视台科教频道官方认证的抖音账号"重庆科教频道",虽然其粉丝数量达到121.2万人,作品获赞数达到1819万个,但由于其传播内容多为科普性质的内容,与重庆城市形象议题关联不明显,故将其排除在样本选择范围之外。

根据以上标准,本研究筛选出截至2020年1月31日的24个样本ID如表2所示。

表2 24个账号的具体情况

排序	抖音ID名称	账号属性	粉丝数量/万人	作品获赞/万个	作品数量/个
1	平安重庆	重庆市公安局官方号	471.9	17000	1709
2	张辉映	优质视频创作者	423.8	3354	146
3	重庆言子	优质视频创作者	368	2368.2	429
4	重庆美食圈	——	206	1532.9	364
5	吃喝重庆	——	143.6	870.8	265
6	重庆卫视	重庆卫视官方账号	131.2	1844.9	495

续表

排序	抖音 ID 名称	账号属性	粉丝数量/万人	作品获赞/万个	作品数量/个
7	青青吃重庆	——	111.2	710.9	294
8	重庆狗哥	——	98.2	1692.8	149
9	渝城馔客	——	73.4	811.8	341
10	发现重庆美食	——	65.6	227.6	526
11	重庆吃喝玩乐排行榜	——	52	282.4	224
12	雾都重庆	——	46.8	353.3	577
13	重庆消防	重庆市消防救援总队官方抖音号	43.7	879.6	323
14	山城重庆	——	41.3	434.1	302
15	重庆原声社	——	39.6	413.4	101
16	新重庆客户端	重庆华龙网集团股份有限公司官方账号	38.5	62	429
17	重庆指南	——	32.7	251.1	73
18	第一眼 CBG	重庆广电融媒体新闻中心官方账号	21.8	566.8	837
19	鬼迹	——	18.3	418.1	288
20	打卡呀重庆	——	15.7	83	100
21	重庆武警	中国人民武装警察部队重庆市总队政治工作部官方抖音号	12.4	70.9	29
22	向奎	——	9.5	34.9	93
23	抖 IN 重庆	抖 IN 重庆官方账号	2.9	38.5	60
24	重庆文旅	重庆市旅游信息中心官方账号	2.4	10.7	87

其中,有8个官方认证的抖音账户,有5个政府机构类账号,有3个媒体类账号,有16个非官方认证的自媒体抖音账号,24个账号的分类如表3所示。

表3 24个账号的分类

	自媒体账号		政府账号	媒体账号
	个人账号	抖音达人账号		
数量	14	2	5	3
占比	58%	8%	21%	13%

(二)受众议程的选择

我们仍以样本视频为内容分析的对象,在议题分类上采取和媒介议题一致的分类标准。根据以上八种内容类型,将每条视频受众的反馈划入相应的类目之中,以样本视频的转发数、评论数和点赞数为衡量指标得出视频综合热度指数排序,来确定受众关心和讨论的话题,并据此得到抖音的受众议程。算法数字平台上点赞、评论和转发等指标引导了受众对媒介城市形象的注意力的分配。这样的操作避免了结论误差过大的问题。

(三)研究时间框的选择

麦克米兰对网络内容分析的研究结果表明:"研究者在对网络页面资料搜集保存时大多数把时间段定为 1 到 2 个月。"[①]基于此,本研究将样本采集的时间设定为 2 个月。样本选择时间段范围定在 2019 年随意抽取的月份。首先,笔者在随机数码表中抽出两个数据,分别作为月和日的起始数据。然后从这一时间点开始,连续采集两个月的视频资料。按此规则,笔者所抽取的时间段为 2019 年 10 月 25 日到 2019 年 12 月 24 日。

二、样本数据获取与描述

根据上述标准制定,本文在研究时间段内获取的 1137 条样本视频数据如表 4 所示:

表 4 抖音样本视频属性统计   单位:个

认知属性	视频总数	正向	负向	中性	使用重庆特色音乐	使用抖音特效	使用抖音道具	使用抖音平台音乐	点赞数	评论数	转发数
地方文化	221	176	20	25	15	50	10	40	3024269	88554	75676
地方饮食	215	185	7	23	9	90	18	78	3349356	82000	48154
商业景观	186	158	17	11	8	30	39	55	3202720	109104	26110
历史景观	47	42	1	4	2	15	0	8	99064	5500	4360
自然景观	80	73	1	6	5	35	1	20	130962	8052	9706
市政设施	199	151	8	40	16	62	12	74	1410440	66028	65604
政府形象	81	78	3	0	12	30	16	35	1178365	19136	3954
市政服务	108	94	2	12	6	44	6	42	428260	14830	13842
合计	1137	958	58	121	73	356	102	352	12823436	393204	247406

---

① MCMILLAN S J. The microscope and the moving target: the challenge of applying content analysis to the world wide web[J]. Journalism and Mass Communication Quarterly, 2000, 77(1): 80-98.

其中,转发数、评论数和点赞数作为受众对视频的反馈结果的表现形式,是衡量视频热度的重要指标,同时也是确定受众所关心的话题的标准,但是三个指标的权重不同,为了避免简单累加造成的结果误差,本文采用了统计学常用的归一法对上述指标进行归一处理,该方法的基本公式如下:

$$Y_i = \frac{X_i}{\sum_{i=1}^{n} X_i} \quad (1)$$

X_i 表示第 i 项原始数据, $\sum_{i=1}^{n} X_i$ 表示原始数据加总, Y_i 即为 X_i 的归一化结果。

引入上述公式对点赞数、评论数和转发数三项数据进行处理,其结果如表 5 所示:

表 5 样本视频各认知属性综合热度指数归一法处理表

认知属性	原始数据			归一法处理后数据			综合热度指数
	点赞数	评论数	转发数	点赞指数	评论指数	转发指数	
地方文化	3024269	88554	75676	0.24	0.23	0.31	0.77
地方饮食	3349356	82000	48154	0.26	0.21	0.19	0.66
商业景观	428260	14830	13842	0.03	0.04	0.06	0.63
历史景观	99064	5500	4360	0.01	0.01	0.02	0.04
自然景观	130962	8052	9706	0.01	0.02	0.04	0.07
市政设施	1410440	66028	65604	0.11	0.17	0.27	0.54
政府形象	1178365	19136	3954	0.09	0.05	0.02	0.16
市政服务	3202720	109104	26110	0.25	0.28	0.11	0.13
合计	12823436	393204	247406	1	1	1	—

如表 5 所示,处理后的点赞指数、评论指数、转发指数的各项属性指标值和为 1。其中,综合热度指数=点赞指数+评论指数+转发指数,例如,地方饮食的综合热度指数=0.26+0.21+0.19,即 0.66。

在对媒介议程与受众议程在各属性的相关性分析上,本文借助 Eviews6.0 软件对样本数据中各解释变量的相关系数作统计检验,综合表 4、表 5,按照议题认知属性分类形成数据处理总表,如表 6 所示,并在 Eviews6.0 软件中做出各解释变量的相关系数矩阵,如表 7 所示。在下述举例提及的认知属性的相关性解释中,按同样的统计方法对每个样本账号的具体数据进行相关性分析。具体操作方法及编码手册如文后附录所示。

表6 各认知属性数据处理总表

认知属性	视频总数	正向	负向	中性	使用重庆特色音乐	使用抖音特效	使用抖音道具	使用抖音平台音乐	综合热度指数
地方饮食	215	185	7	23	9	90	18	78	0.66
地方文化	221	176	20	25	15	50	10	40	0.77
市政服务	108	94	2	12	6	44	6	42	0.63
市政设施	199	151	8	40	16	62	12	74	0.54
历史景观	47	42	1	4	2	15	0	8	0.04
自然景观	80	73	1	6	5	35	1	20	0.07
政府形象	81	78	3	0	12	30	16	35	0.16
商业景观	186	158	17	11	8	30	39	55	0.13
合计	1137	958	58	121	73	356	102	352	—

表7 各变量之间的相关性

变量	视频总数	正向	负向	中性	使用重庆特色音乐	使用抖音特效	使用抖音道具	使用抖音平台音乐	综合热度指数
视频总数	1.00	—	—	—	—	—	—	—	—
正向	0.98	1.00	—	—	—	—	—	—	—
负向	0.63	0.48	1.00	—	—	—	—	—	—
中性	0.26	0.11	0.45	1.00	—	—	—	—	—
使用重庆特色音乐	0.60	0.62	0.30	-0.03	1.00	—	—	—	—
使用抖音特效	0.49	0.35	0.92	0.48	0.11	1.00	—	—	—
使用抖音道具	0.32	0.19	0.82	0.23	-0.01	0.90	1.00	—	—
使用抖音平台音乐	0.64	0.53	0.86	0.32	0.47	0.85	0.78	1.00	—
综合热度指数	0.97	0.73	0.42	0.19	0.09	0.87	0.88	0.72	1.00

三、抖音平台属性议程设置效果

（一）认知属性议题设置

按照上文所界定的认知属性分类，对1137条样本视频进行内容分析：对视频创作者关心的议题属性以视频总数为标准进行排序，对受众关心的议题属性以综合热度指数为标准进行排序。排序结果如表8所示。

表8 抖音视频创作者与受众关于重庆城市议题各认知属性的排序

认知属性	视频创作者		受众	
	视频总数(个)	排名	综合热度指数	排名
地方文化	221	1	0.77	1
地方饮食	215	2	0.66	2
商业景观	186	4	0.63	3
历史景观	47	8	0.04	8
自然景观	80	7	0.07	7
市政设施	199	3	0.54	4
政府形象	81	6	0.16	5
市政服务	108	5	0.13	6

抖音媒介议程中排在前四位的议题认知属性分别是地方文化、地方饮食、商业景观、市政设施；抖音受众议程中排在前四位的议题认知属性分别是地方文化、地方饮食、商业景观、市政设施。以抖音视频创作者所关心的认知属性和受众关心的认知属性排序之间做相关性分析，相关系数为0.97，如表9所示，表明排序之间成高度相关关系。

表9 抖音视频总数和视频综合热度指数之间的相关性

	视频总数	综合热度指数
视频总数	1	—
综合热度指数	0.97	1

由此可见，样本视频创作者在认知架构上和受众具有基本一致的框架。重庆独特的地方文化、地方饮食、市政设施、商业景观构成了重庆城市形象议题中最为重要的认知属性。抖音在属性议程设置过程中，通过强化这四个认知属性而弱化其他认知属性的方式，实际上塑造了受众了解和认识重庆城市形象时偏向激活地方文化、地方饮食等特定角度。

(二) 构架机制属性议题

抖音平台对视频创作的构架机制包括声音和画面两部分：声音包括抖音平台配乐和具有地方特色的原创音乐（在统计表中被描述为重庆特色音乐）；画面分为文字、特效与道具。其中"特效"和"道具"是抖音媒介特有的视频拍摄和编辑功能，"特效"包括快慢速拍摄、美化、贴纸等属性。道具指抖音平台上编辑视频的模板，为方便统计，将使用过特效和道具的统称为"使用抖音画面处理"。样本视频构架机制使用频数如表 10 所示。

表 10 样本视频构架机制使用频数　　　　　　　　　单位：个

认知属性	使用抖音 构架机制	使用重庆 特色音乐	使用抖音 画面处理	使用抖音 背景音乐	视频综合 热度指数
地方文化	115	15	60	40	0.77
地方饮食	195	9	108	78	0.66
商业景观	132	8	69	55	0.63
自然景观	61	5	36	20	0.07
市政设施	164	16	74	74	0.54
历史景观	25	2	15	8	0.04
政府形象	93	12	46	35	0.16
市政服务	98	6	50	42	0.13
合计	883	73	458	352	—

经过对 1137 个样本视频的统计,共有 883 个使用了抖音特有的构架机制(样本视频中使用构架机制中任一元素均被纳入统计范围)。其中 52% 的短视频使用了抖音画面技术手段,40% 使用了抖音背景音乐,还有 22% 的样本视频未使用任何抖音专属的构架机制,这类视频或在画面处理方面使用其他剪辑软件进行视频编辑,或在声音上采用原创配音、视频内容原音、街头采访录音等形式。借助 Eviews6.0 软件对上述变量进行分析,使用抖音构架机制与视频综合热度的相关性较显著(相关系数为 0.79)。这表明抖音的画面及声音处理技术手段帮助样本视频作者创作,且在受众中接受程度较高。抖音特有的画面和声音处理功能构成了重庆城市形象构架机制的核心组成部分,能切实改变网民对城市形象的认知。

深入考察各认知属性范畴内音画构架机制发挥作用的差异,研究发现地方文化属性类视频样本量为 115,在 Eviews6.0 软件里对其构架机制各维度与综合热度指数进行相关分析,汇总得到相关系数分布如表 11 所示：

表 11　地方文化与使用抖音架构机制的相关性

	使用抖音构架机制	使用重庆特色音乐	使用抖音画面处理	使用抖音背景音乐
数值	0.83	0.09	0.88	0.72

上表显示在地方文化认知属性上视频创作者使用抖音构架机制与视频综合热度指数相关显著。但主要影响因素为使用抖音画面处理手段和使用平台背景音乐,而使

用重庆特色的音乐与综合热度指数相关性较低。进而,使用重庆特色音乐与其他认知属性的综合热度指数相关性也不明显,分别为地方饮食、商业景观、市政设施、历史景观、政府形象、市政服务。这表明视频创作者是否使用具有重庆地方特色的音乐构建传播地方文化对受众认知属性议题设置的影响力比较有限。相关系数分布如表12所示。

表12 综合热度指数与使用抖音架构机制的相关性

	使用抖音构架机制	使用重庆特色音乐	使用抖音画面处理	使用抖音背景音乐	综合热度指数
数值	0.52	0.36	0.22	0.64	1.00

此外,在市政设施认知属性上,视频创作者使用抖音构架机制与视频综合热度指数相关性较为显著,但该属性主要的影响因素为使用抖音平台背景音乐。是否使用抖音特有画面处理与视频综合热度指数相关性较低。事实上,重庆本地的市政设施非常有特点。重庆受山地和河流地貌特征的影响,决定了其起伏错落的城市立体地形,也成就了独特的市政建设特点。与重庆市政设施相关的视频内容基本分布在四个不同的方面:(1)城市特色建筑,包括老吊脚楼、老石板路、老城门还有老码头;(2)具有科技感的城市轨道交通,例如重庆轻轨站李子坝站穿楼而过,是城市建设与高科技融合的代表;(3)路桥交通,如盘山公路、立体立交和跨江大桥,具有这些地理位置标签的热门视频数量较多;(4)现代化的城市夜景地标,例如地标性建筑重庆大剧院、洪崖洞、滨江路夜景等。从其架构机制看,高热度视频不是通过抖音的特效、道具等方式来凸显重庆的市政设施景观。创作者先通过其他专业的摄影工具和视频编辑软件剪辑,再上传至抖音短视频平台,借助抖音的背景音乐来展现城市立体错杂之美和传统与现代结合的城市景观。

(三)情感属性议题

通过对1137个样本视频的反复观看和编码,笔者将视频按前文情绪属性标准进行了分类。如图4所示,统计发现84%的样本视频属于正向情绪表达,11%的样本视频属于没有明显情感态度的中性内容,只有5%的样本视频带有明显的负面情绪表达。

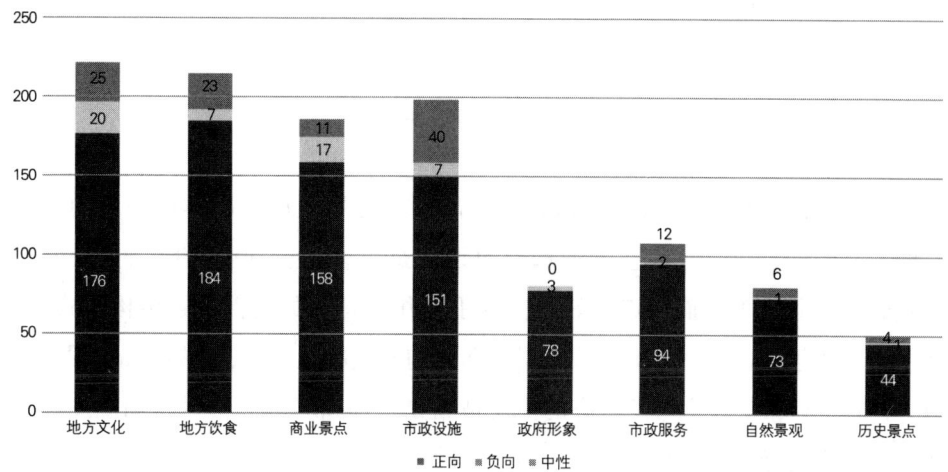

图4 样本视频情感属性分类

借助 Eviews6.0 软件对上述变量进行进一步分析,城市形象相关的抖音视频是否带有正面情感属性与视频综合热度的相关性较显著,如表7所示,相关系数为0.73,这表明抖音传播主体的正向情感表达对受众影响较强。

表13 地方饮食类食品中情感属性与综合热度相关性

	正向	负向	中性
相关系数	0.30	0.04	0.63

具体到不同的认知属性,地方饮食认知属性突出的短视频中,如表13所示,是否带有中性情感属性与综合热度指数的相关系数为0.63,相关性较强;正向情感属性与负向情感属性与综合热度指数的相关性较弱。这表明在地方饮食认知属性议程设置上,抖音视频创作者即使有明显的情感偏向,对观众的态度和情感认知影响力也较小。反而不带引导性色彩的传播地方饮食文化的视频更可能获取受众广泛的关注和认可。

利用 Eviews6.0 软件对城市政府形象类视频的媒介情感属性与受众情感属性进行统计分析,得到相关系数分布如表14所示:

表14 政府形象类视频中媒介情感属性与综合热度指数的相关性

	正向	负向
相关系数	0.54	0.08

由表14可知,正向情感属性与综合热度指数的相关系数为0.54,相关性较强;负向情感属性与综合热度指数的相关性较弱。这表明在政府形象上,从正向情感描述政

府工作和公务人员精神面貌获取的受众关注和赞同更多。

结论与反思

总体来看,抖音平台所强调的认知属性能够成为平台用户所重点关注的认知属性。地方文化、地方饮食、商业景观和市政设施是抖音平台向受众成功推送的四张"城市名片"。抖音的画面及声音处理技术手段作为特有的属性议题架构方式,多少帮助了样本视频作者创作。不同认知属性和架构方式的组合,其设置网民议程的能力更强。抖音平台重庆城市形象带有的主要情绪是正面、积极的,但对营销意图和刻意表演的感知或会降低餐饮相关属性在网民中的效果。

一、提升城市辨别度

抖音媒介在重庆城市形象议题的属性议程设置过程中,通过突出对地方文化、地方饮食、市政设施、商业景观等认知属性,让受众了解和认识重庆城市形象,也形塑了极具辨识度的重庆城市形象。而在移动短视频时代,辨识度成为继曝光度、美誉度之外城市形象评价体系的补充指标。在全国城市规划建设雷同的情况下,重庆独特的人文地理风貌在抖音中得到了更为立体化的呈现:以江北嘴、来福士、洪崖洞等为代表的新地标符号,以方言、码头文化为载体的地方文化符号,以热情、耿直豪爽为代表的居民性格符号,以穿楼轻轨、8D立交为代表的城市建设符号……城市形象的辨识度在属性议题设置的过程中得到了进一步提升。

而在此之前,据2009年的由重庆本土媒体《重庆晨报》、华龙网联合发起的一项"两江大步赶深海"网络调查结果显示,在5万网友参与的影响重庆发展的最大障碍投票中,"重庆不懂得吆喝"排在第一位。其实重庆"不懂城市营销"的形象早在1997年就已经显露了。城市所处的地理位置较为闭塞、媒介传播渠道相对有限、大众媒体时代的图文载体不能准确地传播城市立体的地形特质,这使得顶着"第四个直辖市"的光环的重庆并未在当时取得足够的关注度。此后,自上而下的城市形象宣传也有不少一直处于"自娱自乐"的状态,官方城市宣传片有些流于形式、地方媒体发力点错位。

直到抖音短视频平台的出现,受众自发挖掘并用"播放率""点赞数""评论数""转发数"票选出"夜景""地形""美食"等重庆城市符号,在平台"抖音,记录美好生活"的正向情感引导下,一个独特的、立体的、有温度的重庆才在视频数字平台上越来越多地被大家了解、热爱。

依山傍水而建的重庆,城市形象中包含了穿插交汇的高楼大厦与市井老巷。穿居民楼而过的轻轨二号线李子坝站、被誉为"万里长江第一条空中走廊"和"山城空中公共汽车"的长江索道、让歌词里"停靠在八楼的二路汽车"成为现实的"屋顶马路"……这些城市景观在抖音平台上显现,并在政府和民众的共同推动下成为"爆款","赛博朋克"与"山水之都"交错的重庆的城市形象开始变得更为清晰、浓烈。

二、启发城市建设

在英国 ESRC 项目"虚拟社会？电子技术的社会科学"(1997 年—2002 年)中的研究结果指出,网络空间中的虚拟社会是对真实社会的补充而非取代。同时"愈虚拟愈真实",因为在线活动与虚拟空间会修复并刺激真实世界中的活动与空间。① 因此,抖音平台上受众构建的虚拟城市空间与实体线下的城市空间往往相互耦合交织,共同演变直至城市的新一轮发展。

从前文的内容分析及对域内外受众的访谈中可以发现,抖音的画面及声音处理技术手段帮助了样本视频作者创作,受众对此接受程度较高。抖音在对重庆城市形象的建构表达和传播中,平台背景音乐、特效、滤镜等画面处理技术与城市的立体化景观相得益彰。因而,一些新地标景观如洪崖洞等得以被迅速"抖"红。但是其若想"长"红,特别是与本土居民建立更为强烈的情感链接、凝聚民众记忆,就不仅仅只是在建筑风格上要追求"复古",更应该延续好城市文脉,成为可以承载历史并接续未来的叙事性景观。

在物理空间上,数字平台上展现的魔幻又完美的虚拟城市空间已经启发着以政府为主体的城市规划者进行实体城市空间的改造升级。自从越来越多的都市景观在抖音上走红并吸引大批游客来参观旅游,"网红"景点集聚的渝中区政府在 2018 年 6 月开始对这些城市新地标景观进行改造升级。例如,城市修建了总面积达 1367 平方米的李子坝轻轨观景平台以帮助游客更安全方便地观赏和拍摄;在洪崖洞增设了二台专用电梯以疏散高峰时期来"打卡"的客流等。城市从城市硬件设施上不断完善基础设施建设,力图满足游客对虚拟城市空间的想象和心理需求。抖音上受众对重庆热点城市符号的追捧与政府相应地在实体城市中对城市建设的更新,形成了一种正向的虚实

---

① 陈青文,张国良. 新媒体促进传统媒体"说真话"——上海居民新媒体使用状况焦点小组访谈报告[J]. 新闻记者,2013(04):69-74.

穿梭和互动。重庆官方的积极回应、迎客以礼、待客以诚的做法也进一步提升了政府在线上平台的公众形象。

更进一步地,抖音上构建的虚拟城市形象及传达出的重庆城市精神,对现实中的城市政策亦有很大的启发。在2019年五一假期重庆爆发旅游小高潮后,重庆市政府又立马召开了重庆市旅游发展大会,提出要将旅游产业发展成重庆市支柱产业的决策,加快构建"全域旅游"大格局的步伐。城市作为一个交流交往的空间,在任意一个可触达的媒介上对外进行推介,引发全民对旅游城市形象提升的关注和思考。重庆从一个工业制造中心向旅游城市的转型过程,也是虚拟城市空间激发推动实体城市建设的过程。

三、打造城市传播良性生态

不同于在大众媒体以政府和媒体作为构建传播主体的形态,抖音App汇聚了地方政府、媒体机构和市民公众等多种主体的传播。一些地方政府甚至提出了"视频拍抖音"的口号,鼓励和引导市民公众进行内容创作。除了《短视频与城市形象研究白皮书》中披露的播放量排名前100的热门视频,其中超八成是由个人用户创作的。在本文所采用的样本视频中,大约60%的个人用户也创造了75%的样本量。此外,由于从风格设计与场景的应用上,抖音从传统网络文化的草根气质中实现了升级,成功地突破了阶层和群体的限制。抖音的内容和呈现风格上既能"下里巴人"又能"阳春白雪",因此在社会大众中产生了巨大的影响力。因而,抖音平台不仅为市民公众搭建了一个讲述个人城市故事的场景,又"安排"了广泛而层次多样的观众。

另一方面,在传播内容的差异化补位上,过去大众媒介在对城市文本的符号化过程中,往往会忽略城市空间中承载的城市生活社会交往、文化传承、城市精神等各个鲜活的层面[1]。相比之下,抖音App具有平民化叙事视角和泛娱化内容的特质。抖音的城市形象可以在一定程度上弥补官方叙事中由于构建城市宏观形象需要而对城市生活细节描述的不足,展现更接近"人的尺度"的都市场景[2]。传播主体在平台上的融合有利于从多层次、多视角来进行城市形象的构建传播。同时,以市民公众为主体的视频创作者和观众在抖音平台上更为平等的沟通互动,更容易让城市之外的"他者"从"个人"这个更具体的立场和视角了解城市的文化风貌。而城市的文化气质从某种程度上来说也就是城市居民气质的集合。此外,以政务抖音号为载体,政府也通过抖音

---

[1] 钟怡.从"表征"到"实践":移动媒介时代城市形象建构的新范式[J].学习与实践,2018(07):133-140.
[2] 李昊.从快手到抖音:互联网世界中的城市嬗变[J].北京规划建设,2018(05):160-162.

泛娱化的平台特性实现了"人设"的转变,颠覆了以往官方宣传严肃无趣的刻板印象。与之相反,政府机构在与受众的强互动中塑造了更为友好,具有人情味的政府形象。前文提及的从正面传达政府形象的视频更容易形成爆款式传播。又如在2018年公安机关优秀警务抖音号的评比中获取"最具影响力警务抖音号"的@平安重庆,除了传播法治规范和正能量故事等内容外,还通过酷炫的民警训练镜头和警犬训练等有趣的题材讲述这个严肃群体的日常故事。各种平易近人的画风拉近了城市政府与普通民众的距离。

城市文化资源本就取之于民,理应在大众的数字化叙事中展现城市地域文化精神,建构更为逼真生动的城市形象。从某种程度上看,促成"政府搭台,民众唱戏"的抖音在构建传播城市形象上,促进了各类异质性主体之间围绕城市形象的融合交流,利于打造城市营销的良性生态。

附 录

附录1:抖音样本视频编码手册

在对抖音样本视频进行内容分析之前,本部分以整个短视频为分析单位。编码条目包括短视频创作作者的抖音账户名称、短视频的认知属性、短视频的情感属性、短视频的构架机制属性和短视频的点赞数、评论数、转发数。以抖音账号@雾都重庆为例,编码表录入样本见附表1。

附表1:编码表录入样本表格

	认知属性	视频总数	情感属性			构架机制				视频热度		
			正向	负向	中性	使用重庆特色音乐	使用抖音特效	使用抖音道具	使用抖音背景音乐	点赞数	评论数	转发数
雾都重庆	地方饮食	1	1	0	0	1	1	0	0	201	45	11
	地方文化	9	8	1	0	2	1	2	4	30992	1248	542
	商业景观	12	11	1	0	4	5	0	7	28370	2006	686
	市政设施	19	16	0	3	0	16	0	14	47948	2906	1478
	历史景观	2	2	0	0	0	1	0	1	1052	102	18
	自然景观	3	3	0	0	0	1	0	2	3344	246	44
	政府形象	0	0	0	0	0	0	0	0	0	0	0
	市政服务	1	1	0	0	0	1	0	0	10843	764	326

依次对 24 个样本视频号进行个体统计、分类加总、汇总整理,得到编码手册见附表 2

附表 2:24 个样本视频号编码手册

认知属性	视频总数	情感属性			构架机制				视频热度		
		正向	负向	中性	使用重庆特色音乐	使用抖音特效	使用抖音道具	使用抖音平台音乐	点赞数	评论数	转发数
地方饮食	215	185	7	23	9	90	18	78	3349356	82000	48154
地方文化	221	176	20	25	15	50	10	40	3024269	88554	75676
市政服务	108	94	2	12	6	44	6	42	428260	14830	13842
商业景观	186	158	17	11	8	30	39	55	3202720	109104	26110
市政设施	199	151	8	40	16	62	12	74	1410440	66028	65604
历史景观	47	42	1	4	2	15	0	8	99064	5500	4360
自然景观	80	73	1	6	5	35	1	20	130962	8052	9706
政府形象	81	78	3	0	12	30	16	35	1178365	19136	3954
合计	1137	958	58	121	73	356	102	352	12823436	393204	247406

在编码过程中,笔者邀请了重庆大学新闻学院的一名同学作为编码员,经探讨和培训后独立对短视频内容进行编码工作,抽取样本视频总量的 30% 由包括笔者的两人独立重复编码,对两位编码员的编码结果进行信度检验,衡量信度检验结果值的 Kappa 系数分别为 0.76 和 0.65。信度检验表明笔者和另一位编码员之间的编码结果具有可以接受的信度。

图书在版编目(CIP)数据

中国传播学评论. 第十一辑，算法城市 / 潘霁主编. -- 北京：中国传媒大学出版社，2023.12
（传媒集刊）
ISBN 978-7-5657-3506-6

Ⅰ. ①中… Ⅱ. ①潘… Ⅲ. ①传播学—中国—文集 Ⅳ. ①G206-53

中国国家版本馆 CIP 数据核字（2023）第 228827 号

中国传播学评论（第十一辑）：算法城市
ZHONGGUO CHUANBOXUE PINGLUN (DI SHIYI JI): SUANFA CHENGSHI

主　　编	潘　霁
责任编辑	刘　瑶
封面设计	拓美设计
责任印制	李志鹏

出版发行	中国传媒大学出版社			
社　　址	北京市朝阳区定福庄东街1号	邮　编	100024	
电　　话	86-10-65450528　65450532	传　真	65779405	
网　　址	http://cucp.cuc.edu.cn			
经　　销	全国新华书店			
印　　刷	唐山玺诚印务有限公司			
开　　本	787mm×1092mm　1/16			
印　　张	14.25			
字　　数	287 千字			
版　　次	2023年12月第1版			
印　　次	2023年12月第1次印刷			
书　　号	ISBN 978-7-5657-3506-6/G·3506	定　价	68.00 元	

本社法律顾问：北京嘉润律师事务所　郭建平